汽车维护与保养

主　编　朱胜平　冯汉喜　郭　强
副主编　向志伟　董劲松　罗　伟　施晓强
参　编　陈志成

北京理工大学出版社
BEIJING INSTITUTE OF TECHNOLOGY PRESS

图书在版编目（CIP）数据

汽车维护与保养 / 朱胜平，冯汉喜，郭强主编.—北京：北京理工大学出版社，2019.5
（2021.8重印）

ISBN 978-7-5682-6992-6

Ⅰ.①汽…　Ⅱ.①朱…　②冯…　③郭…　Ⅲ.①汽车－车辆修理－高等学校－升学参考资料②汽车－车辆保养－高等学校－升学参考资料　Ⅳ.①U472

中国版本图书馆CIP数据核字（2019）第081499号

出版发行 / 北京理工大学出版社有限责任公司	
社　　址 / 北京市海淀区中关村南大街5号	
邮　　编 / 100081	
电　　话 / （010）68914775（总编室）	
（010）82562903（教材售后服务热线）	
（010）68944723（其他图书服务热线）	
网　　址 / http：//www.bitpress.com.cn	
经　　销 / 全国各地新华书店	
印　　刷 / 定州市新华印刷有限公司	
开　　本 / 787毫米×1092毫米　1/16	
印　　张 / 13	责任编辑 / 陆世立
字　　数 / 302千字	文案编辑 / 梁　潇
版　　次 / 2019年5月第1版　2021年8月第3次印刷	责任校对 / 周瑞红
定　　价 / 37.00元	责任印制 / 边心超

1. 本书的编写背景

随着汽车工业迅猛发展，目前我国汽车产销量已跃居世界第一位，中国正在由目前的汽车大国向汽车强国转变。汽车工业也已逐渐成为我国国民经济和发展的重要支柱，对我国综合国力的提升作用将日益凸显。一个新的观念，即"七分维护、三分修理""以养代修""维护为主、视情修理"正在被广大车主所接受。为了使大家更好地、更全面地了解汽车维护，学习掌握汽车维护的基本方法和要领，我们深入企业调研，全面、具体分析汽车维护的实际典型工作任务，提炼完成各项任务所应具备的知识和能力，按照认知规律创设学习项目，基于工作过程构建工作过程系统化课程。同时将知识系统和技能系统化整为零，使学生能做到学一样精一样，而且在细化深入的前提下掌握解决问题的途径和思路。同时还以技能高考（汽修类）考试大纲为依据，编写了这本《汽车维护与保养》教材。

2. 本书的主要内容

职业教育教学应遵循"行动导向"的教学原则，强调"为了行动而学习""通过行动来学习"和"行动就是学习"的教育理念，让学生在由实践情境构成的以过程逻辑为中心的行动体系中获取过程性知识，去解决"怎么做"（经验）和"怎么做更好"（策略）的问题，而不是在由专业学科构成的以架构逻辑为中心的学科体系中去追求陈述性知识，只解决"是什么"（事实、概念等）和"为什么"（原理、规律等）的问题。本教材强化职业实践的实用性教学，对理论教学的要求是将抽象深奥的知识简单化、形象化和感性化，使学生能够轻松掌握，并联系实际，融入实践，同时在实践教学中结合理论认识能将实践认知与经验总结为理论。这样，在学中做，在做中学，巩固知识，强化技能。

本教材分为七个学习项目，即汽车维护基本知识、汽车维护工基本知识、汽车的日常维护与不定期维护、汽车的一级维护、汽车的二级维护维护、汽车汽车零部件拆装与检修、发动机控制系统诊断原理与故障诊断。学习项目 1、2 和 3 是其他学习情境的基础，学习情境 4、5、6、7 是并列关系。每个学习情境下有若干任务单元，每个任务单元都是相对独立的一个工作任务，每个工作任务都是一个完整的工作过程。

3. 本书的编写特点：

（1）学习任务工作化。以任务驱动为导向，按照实际工作任务、工作过程和工作情景设计教学内容。从岗位需求出发，实现以教学内容融合工作任务，通过实践任务操作来学习过程，为学生提供体验完整 T 作过程的学习机会，改变了以往学科体系的系统教学框架结构。

（2）教学内容专业化。本教材结合北京理工大学出版社汽车类专业教材的出版优势，准确地契合汽车修理类教学大纲的框架下进行编写，保证了教材理念和内容的先进性，以满足教学的需求。

（3）教学目标具体化。明确应达到的学习目标和为了达到目标而提出的具体知识要求和技能要求，设计任务载体和教学实施的工具媒体，全方位地设计教学活动。

（4）教材内容生动化。本书以现代汽车维护的"清洁、润滑、检查、补给、调整、紧固"维护作业为主线，以雪佛兰科鲁兹轿车为例，用大量结构图、原理图和实景图详细讲述了定期维护和非定期维护主要内容。体现以学生为主体，理论内容"必需、够用"；实训内容贴合工作一线实际；选图讲究，易懂易学。

4. 本书的学习建议

项目一和项目二是做为汽车维修工应掌握的基本知识，项目三是汽车维护理论性知识，项目四和项目五为汽车维护的维护项目，由浅入深，由易到繁，既是相互独立的操作项目，又是有层级关系的典型工作任务，项目六和项目七是汽车维护专业能力的拓展。教师可以运用项目教学法，对学生进行分组教学，培养学生的团队合作意识。结合多媒体教学设备和在线微课，全方位多角度为学生提供专业辅导，帮助师生共同到达教学（学习）目标。

根据汽车专业群的需求建议 84 学时。汽车维护基本知识 4 学时，汽车维护工基本知识 6 学时，汽车的日常维护与不定期维护 6 学时，汽车的一级维护 24 学时，汽车的二级维护维护 32 学时，汽车汽车零部件拆装与检修 6 学时，发动机控制系统诊断原理与故障诊断 6 学时。

5. 本书的编写分工

本书由武汉市交通学校朱胜平，武汉市交通学校冯汉喜，湖北十堰职业技术（集团）学校郭强担任主编，由武汉市交通学校向志伟，武汉市第三职业教育中心董劲松，武汉市交通学校罗伟，武汉市交通学校施晓强担任副主编，湖北十堰职业技术（集团）学校陈志成担任参编。项目一，项目二，项目三由冯汉喜编写，项目四由向志伟、董劲松编写，项目五由罗伟，施晓强编写，项目六、项目七由郭强、陈志成编写，全书由朱胜平担任统稿。

由于编写水平所限，书中难免有缺点甚至错误之处，敬请广大读者给予批评指正！

编　者

目 录
contents

汽车维护基本知识

任务一　了解汽车维护的基本制度

学习目标

1. 了解汽车维护和汽车维护制度的定义。
2. 了解我国汽车维护制度的基本原则。
3. 理解汽车维护的目的。
4. 熟悉汽车维护种类、维护周期和维护项目。

任务导入

　　最近网上有条新闻说有位奥迪车主，他的奥迪从买来之后根本就没有保养过，如今车子都不能起动了，所以车主便把汽车拖到了维修店，维修工把缸盖打开以后，着实吓了一跳，里面已经残留了大量的黑色残渣。而这些残渣都是积碳，维修工还从来没有见过这么多的积碳，如图1-1-1所示，后来车主便和维修工说了这辆车的情况，它已经行驶了15万km都没做过保养。

图 1-1-1　发动机油泥

一、汽车维护的意义

定期维护是用户车辆按一定的行驶间隔里程或使用间隔时间，定期到授权服务站对车辆进行检查和维护，定期维护包括更换发动机机油和机油滤清器等项目。汽车由大量的零部件构成，车辆在使用过程中，各零部件会受到磨损、老化或腐蚀而导致汽车性能降低。车辆的技术性能随着行驶里程的增加以及各种环境因素的影响而发生变化，导致汽车的动力性、经济性和可靠性逐渐变差，各易损、易耗件需要更换或补充，有些损耗和早期故障在使用过程中不容易发现和察觉。用户通过定期回到服务站，按标准的规范对车辆进行维护和检查，可以及时更换易损、易耗件，发现和消除早期的故障隐患，防止故障的发生或损坏的扩大，恢复车辆的性能指标，提高车辆的完好率，有效地延长汽车的使用寿命。汽车维护与否的不同结果如图 1-1-2 所示。

(a)   (b)

图 1-1-2　汽车维护与否的不同结果

(a)汽车维护结果；(b)汽车未维护的结果

二、汽车维护的目的

汽车维护的目的在于保持汽车外观整洁，延长零部件使用寿命，减少不应有的损坏，同时实现下述功能：

(1)车辆经常处于良好的技术状况，随时可以出车。

(2)在合理使用的条件下，不致因中途损坏而停车，以及因机件事故而影响行车安全。

(3)在运行过程中，降低燃、润料以及配件和轮胎的消耗。

(4)各部总成的技术状况尽量保持均衡，以延长汽车大修间隔里程。

(5)减少车辆噪声和排放污染物对环境的污染。

三、汽车维护制度

我国现行的汽车维修制度是：预防为主，定期检测，强制维护，视情修理。

(1) 预防为主：保持车容整洁，及时发现和消除故障、隐患，从而防止车辆早期损坏。

(2) 定期检测：通过现代化的技术手段，定期对汽车进行检查测量，以正确判断汽车的技术状况，根据车辆的技术状况，确定维护作业内容，从而保证车辆的技术状况和使用性能。二级维护前要进行检测诊断，确定附加作业项目。

(3) 强制维护：为了进一步强调维护的重要性，防止追求眼前利益和不重视及时维护所造成的车辆故障，汽车维护必须是定期进行的，基本作业项目为定期维护内容。

(4) 视情修理：经过检测诊断和技术鉴定，确认需要进行修理的项目后而执行，其中，二级维护附加作业项目为视情修理内容。

四、汽车维护周期制定的依据

汽车维护周期的制定是根据国家标准《汽车维护、检测、诊断技术规范》（GB/T 18344—2016）涵盖了所有汽车维修最基础的技术规范，对汽车维护周期、维护作业内容和标准、竣工检验等做出了明确的规定，且对汽车维修原则做了适当调整，为"定期检测、周期维护、视情修理"。

汽车维护不仅仅是汽车维修人员的工作，也是汽车驾驶员使用汽车必须掌握的内容。汽车驾驶员完成汽车的日常维护，汽车维修人员完成汽车的一级维护和二级维护。

五、汽车维护的维护周期划分及其维护内容

1. 日常维护

日常维护一般由驾驶员每天进行。日常维护是日常作业，是保证车辆各部分清洁和润滑，各总成、部件工作正常，尤其是要掌握车辆安全部件的技术状况；是发挥车辆效率，减少行车事故，节约维修成本，降低能源消耗和延长车辆使用寿命的重要环节。

日常维护主要作业内容是清洁、补给和安全检视，具体要求做到车容整洁，工作介质（燃油、润滑油、动力传动液、冷却液及制动液等）充足，密封良好无泄漏，附件齐全无松动，制动可靠，转向灵敏，灯光喇叭等工作正常。有出车前、行车中、收车后这三个重要环节，具体维护内容及技术要求参见表 1-1-1。

表 1-1-1 日常维护作业项目及技术要求

序号	作业项目	作业内容	技术要求	维护周期
1	车辆外观及附属设施	检查、清洁车身	车身外观及客车车厢内部整洁，车窗玻璃齐全、完好	出车前或收车后
		检查后视镜，调整后视镜角度	后视镜完好、无损毁，视野良好	出车前
		检查灭火器、客车安全锤	灭火器配备数量及放置位置符合规定，且在有效期内。客车安全锤配备数量及放置位置符合规定	出车前或收车后

续表

序号	作业项目	作业内容	技术要求	维护周期
1	车辆外观及附属设施	检查安全带	安全带固定可靠、功能有效	出车前或收车后
		检查风窗玻璃雨刮器	雨刮器各挡位工作正常	出车前
2	发动机	检查发动机润滑油、冷却液液面高度，视情补给	油（液）面高度符合规定	出车前
3	制动	制动系统自检	自检正常，无制动报警灯闪亮	出车前
		检查制动液液面高度，视情补给	液面高度符合规定	出车前
		检查行车制动、驻车制动	行车制动、驻车制动功能正常	出车前
4	车轮及轮胎	检查轮胎外观、气压	轮胎表面无破裂、凸起、异物刺入及异常磨损，轮胎气压符合规定	出车前、行车中
		检查车轮螺栓、螺母	齐全完好，无松动	
5	照明、信号指示装置及仪表	检查前照灯	前照灯完好、有效，表面清洁，远近光变换正常	出车前
		检查信号指示装置	转向灯、制动灯、示廓灯、危险报警灯、雾灯、喇叭、标志灯及反射器等信号指示装置完好有效，表面清洁	出车前、行车中
		检查仪表	工作正常	

2. 一级维护

一级维护周期：一般为 5 000~7 500 km（或 6 个月）或根据具体车型而定，以先到者为准。一级维护由专业维修厂维修人员负责执行。其主要内容除日常维护工作外，以清洁、润滑、紧固为主，并检查有关制动、操纵等安全部件，具体作业项目和技术要求参见表 1-1-2。

表 1-1-2　一级维护基本作业项目及技术要求

序号	作业项目	作业内容	技术要求
1	发动机	空气滤清器、机油滤清器和燃油滤清器 清洁或更换	按规定的里程或时间清洁或更换滤清器。滤清器应清洁，衬垫无残缺，滤芯无破损。滤清器安装牢固，密封良好
2		发动机润滑油及冷却液	检查油（液）面高度，视情更换	按规定的里程或时间更换润滑油、冷却液，油（液）面高度符合规定
3	转向系	部件连接	检查、校紧万向节、横直拉杆、球头销和转向节等部位连接螺栓、螺母	各部件连接可靠
4		转向器润滑油及转向助力油	检查油面高度，视情更换	按规定的里程或时间更换转向器润滑油及转向助力油，油面高度符合规定

续表

序号	作业项目		作业内容	技术要求
5	制动系	制动管路、制动阀及接头	检查制动管路、制动阀及接头，校紧接头	制动管路、制动阀固定可靠，接头紧固，无漏气（油）现象
6		缓速器	检查、校紧缓速器连接螺栓、螺母，检查定子与转子间隙，清洁缓速器	缓速器连接紧固，定子与转子间隙符合规定，缓速器外表、定子与转子间清洁，各接件与接头连接可靠
7		储气筒	检查储气筒	无积水及油污
8		制动液	检查液面高度，视情更换	按规定的里程或时间更换制动液，液面高度符合规定
9	传动系	各连接部位	检查、校紧变速器、传动轴、驱动桥壳、传动轴支撑等部位连接螺栓、螺母	各部位连接可靠，密封良好
10		变速器、主减速器和差速器	清洁通气孔	通气孔通畅
11	车轮	车轮及半轴的螺栓、螺母	校紧车轮及半轴的螺栓、螺母	扭紧力矩符合规定
12		轮辋及压条挡圈	检查轮辋及压条挡圈	轮辋及压条挡圈无裂损及变形
13	其他	蓄电池	检查蓄电池	液面高度符合规定，通气孔畅通，电桩、夹头清洁、牢固，免维护蓄电池电量状况指示正常
14		防护装置	检查侧防护装置及后防护装置，校紧螺栓、螺母	完好有效，安装牢固
15		全车润滑	检查、润滑各润滑点	润滑嘴齐全有效，润滑良好。各润滑点防尘罩齐全完好。集中润滑装置工作正常，密封良好
16		整车密封	检查泄漏情况	全车不漏油、不漏液、不漏气

3. 二级维护

二级维护周期一般为 20 000 km、40 000 km、80 000 km，根据各个制造厂商要求不同，所维护的项目有所不同。二级维护是由维修企业负责执行的车辆维护作业，其作业中心内容是除一级维护作业外，以检查、调整转向节、转向摇臂、制动蹄片、悬架等经过一定时间的使用容易磨损或变形的安全部件为主，并拆检轮胎，进行轮胎换位。二级维护必须按期执行，操作流程，如图 1-1-3 所示。

（1）进厂检测。进厂检测包含规定的检测项目和根据驾驶员反映的车辆技术状况确定的检测项目，其中规定的检测项目有：故障诊断（OBD 故障信息）、行车制动性能和尾气排放物含量。

（2）基本作业。车辆维修资料中与本标准规定的二级维护基本作业项目相同的部分，

汽车进场
↓
按规定的检测项目及驾驶员反映的车辆技术状况确定检测项目
↓
检测与诊断
↓
确定附加作业项目
↓
基本作业项目　　　附加作业项目
↓
竣工检验　　不合格
↓合格
签发维护竣工合格证
↓
填写维护档案
↓
汽车出厂

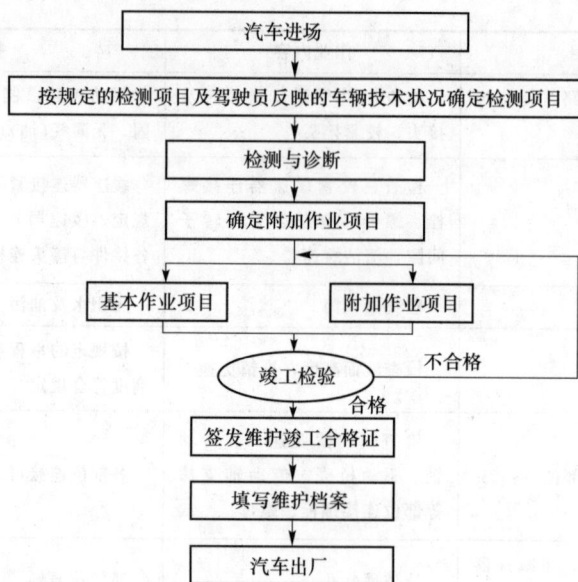

图 1-1-3　二级维护操作流程

依据本标准中相对应的条款执行；车辆维修资料中与本标准规定的二级维护基本作业项目不同的部分，依据车辆维修资料的有关条款执行。车辆维修资料中有特殊维护要求的系统、总成和装置(如免维护蓄电池、免维护轮毂等)，其维护作业项目执行车辆维修资料规定参见表 1-1-3。

表 1-1-3　二级维护基本作业项目及技术要求

序号	作业项目		作业内容	技术要求
1		发动机工作状况	检查发动机起动性能和发动机停机装置	起动性能良好，停机装置功能有效
			检查发动机运转情况	低、中、高速运转稳定，无异响
2	发动机	发动机排放机外净化装置	检查发动机排放机外净化装置	外观无损坏、安装牢固
3		燃油蒸发控制装置	检查外观，检查装置是否畅通，视情更换	碳罐及管路外观无损坏、密封良好、连接可靠，装置畅通无堵塞
4		曲轴箱通风装置	检查外观，检查装置是否畅通，视情更换	管路及阀体外观无损坏、密封良好、连接可靠，装置畅通无堵塞
5		增压器、中冷器	检查、清洁中冷器和增压器	中冷器散热片清洁，管路无老化，连接可靠，密封良好。增压器运转正常，无异响，无渗漏
6		发电机、起动机	检查、清洁发电机和起动机	发电机和起动机外表清洁，导线接头无松动，运转无异响，工作正常

序号	作业项目		作业内容	技术要求
7	发动机	发动机传动带（链）	检查空压机、水泵、发电机、空调机组和正时传动带（链）磨损及老化程度，视情调整传动带（链）松紧度	按规定里程或时间更换传动带（链）。传动带（链）无裂痕和过量磨损，表面无油污，松紧度符合规定
8		冷却装置	检查散热器、水箱及管路密封	散热器、水箱及管路固定可靠，无变形、堵塞、破损和渗漏。箱盖接合表面良好，胶垫不老化
			检查水泵和节温器工作状况	水泵不漏水、无异响，节温器工作正常
9		火花塞、高压线	检查火花塞间隙、积碳和烧蚀情况，按规定里程或时间更换火花塞	无积碳，无严重烧蚀现象，电极间隙符合规定
			检查高压线外观及连接情况，按规定里程或时间更换高压线	高压线外观无破损、连接可靠
10		进、排气歧管、消声器、排气管	检查进、排气歧管、消声器、排气管	外观无破损，无裂痕，消声器功能良好无油污、无灰尘，隔热层密封良好
11		发动机总成	清洁发动机外部，检查隔热层，校紧连接螺栓、螺母	油底壳、发动机支撑、水泵、空压机、涡轮增压器、进排气歧管、消声器、排气管、输油泵和喷油泵等部位连接可靠
12	制动系	储气筒、干燥器	检查、紧固储气筒，检查干燥器功能，按规定里程或时间更换干燥剂	储气筒安装牢固，密封良好。干燥器功能正常，排水阀通畅
13		制动踏板	检查、调整制动踏板自由行程	制动踏板自由行程符合规定
14		驻车制动	检查驻车制动性能，调整操纵机构	功能正常，操纵机构齐全完好、灵活有效
15		防抱死制动装置	检查连接线路，清洁轮速传感器	各连接线及插接件无松动，轮速传感器清洁
16		鼓式制动器	检查制动间隙调整装置	功能正常
			拆卸制动鼓、轮毂、制动蹄，清洁轴承位、轴承、支承销和制动底板等零件	清洁，无油污，轮毂通气孔畅通
			检查制动底板、制动凸轮轴	制动底板安装牢固、无变形、无裂损。凸轮轴转动灵活，无卡滞和松旷现象
			检查轮毂内外轴承	滚柱保持架无断裂，滚柱无缺损、脱落，轴承内外圈无裂损和烧蚀

续表

序号	作业项目		作业内容	技术要求
16	制动系	鼓式制动器	检查制动摩擦片、制动蹄及支承销	摩擦片表面无油污、裂损，厚度符合规定。制动蹄无裂纹及明显变形，铆接可靠，铆钉沉入深度符合规定。支承销无过量磨损，与制动蹄轴承孔衬套配合无明显松旷
			检查制动蹄复位弹簧	复位弹簧不得有扭曲、钩环损坏、弹性损失和自由长度改变等现象
			检查轮毂、制动鼓	轮毂无裂损，制动鼓无裂痕、沟槽、油污及明显变形
			检查制动鼓、轮毂、制动蹄，调整轴承松紧度、调整制动间隙	润滑轴承，轴承位涂抹润滑脂后再装轴承。装复制动蹄时，轴承孔均应涂抹润滑脂，开口销或卡簧固定可靠。制动摩擦片与制动鼓摩擦面应清洁，无油污。制动摩擦片与制动鼓配合间隙符合规定。轮毂转动灵活且无轴向间隙。锁紧螺母、半轴螺母及车轮螺母齐全，扭紧力矩符合规定
17		盘式制动器	检查制动摩擦片和制动盘磨损量	制动摩擦片和制动盘磨损量应在标记规定或制造商要求的范围内，其摩擦工作面不得有油污、裂纹、失圆和沟槽等
			检查制动摩擦片与制动盘间的间隙	制动摩擦片与制动盘之间的转动间隙符合规定
			检查密封件	密封件无裂纹或损坏
			检查制动钳	制动钳安装牢固、无油液泄漏。制动钳导向销无裂纹或损坏
18	转向系	转向器和转向传动机构	检查转向器和转向传动机构	转向轻便、灵活，转向无卡滞现象、锁止、限位功能正常
			检查部件技术状况	转向节臂、转向器摇臂及横直拉杆无变形、裂纹和拼焊现象，球销无裂纹、不松旷，转向器无裂损、无漏油现象
19		转向盘最大自由转动量	检查、调整转向盘最大自由转动量	最高设计车速不小于 100 km/h 的车辆，其转向盘的最大自由转动量不大于 15°，其他车辆不大于 25°

序号	作业项目		作业内容	技术要求
20	行驶系	车轮及轮胎	检查轮胎规格型号	轮胎规格型号符合规定，同轴轮胎的规格和花纹应相同，公路客车（客运班车）、旅游客车、校车和危险货物运输车的所有车轮及其他车辆的转向轮不得装用翻新的轮胎
			检查轮胎外观	轮胎的胎冠、胎壁不得有长度超过25 mm或深度足以暴露出帘布层的破裂和割伤以及凸起、异物刺入等影响使用的缺陷。具有磨损标志的轮胎，胎冠的磨损不得触及磨损标志；无磨损标志或标志不清的轮胎，乘用车和挂车胎冠花纹深度不小于1.6 mm，其他车辆的转向轮的胎冠花纹深度应不小于3.2 mm，其余轮胎胎冠花纹深度应不小于1.6 mm
			轮胎换位	根据轮胎磨损情况或相关规定，视情进行轮胎换位
21	行驶系	悬架	检查、调整车轮前束	车轮前束值符合规定
			检查悬架弹性元件，校紧连接螺栓、螺母	空气弹簧无泄漏、外观无损伤。钢板弹簧无断片、缺片、移位和变形，各部件连接可靠，U形螺栓、螺母扭紧力矩符合规定
			减振器	减振器稳固有效，无漏油现象，橡胶垫无松动、变形及分层
22		车桥	检查车桥、车桥与悬架之间的拉杆和导杆	车桥无变形、表面无裂痕、油脂无泄漏，车桥与悬架之间的拉杆和导杆无松旷、移位和变形
23	传动系	离合器	检查离合器工作状况	离合器接合平稳，分离彻底，操作轻便，无异响、打滑、抖动及沉重等现象
			检查、调整离合器踏板自由行程	离合器踏板自由行程符合规定
24		变速器、主减速器、差速器	检查、调整变速器检查变速器、主减速器、	变速器操纵轻便、挡位准确，无异响、打滑及乱挡等异常现象，主减速器、差速器工作无异响
			差速器润滑油液面高度，视情更换	按规定的里程或时间更换润滑油，液面高度符合规定
25		传动轴	检查防尘罩	防尘罩无裂痕、损坏，卡箍连接可靠，支架无松动

序号	作业项目		作业内容	技术要求
25	传动系	传动轴	检查传动轴及万向节	传动轴无弯曲，运转无异响。传动轴及万向节无裂损、不松旷
			检查传动轴承及支架	轴承无松旷，支架无缺损和变形
26	灯光导线	前照灯	检查远光灯发光强度，检查、调整前照灯光束照射位置	符合 GS7258 规定
27		线束及导线	检查发动机舱及其他可视的线束及导线	插接件无松动、接触良好。导线布置整齐、固定牢靠，绝缘层无老化、破损，导线无外露。导线与蓄电池桩头连接牢固，并有绝缘套
28	车架车身	车架和车身	检查车架和车身	车架和车身无变形、断裂及开焊现象，连接可靠，车身周正。发动机罩锁扣锁紧有效。车厢铰链完好，锁扣锁紧可靠，固定集装箱箱体、货物的锁止机构工作正常
			检查车门、车窗启闭和锁止	车门和车窗应启闭正常，锁止可靠。客车动力启闭车门的车内应急开关及安全顶窗机件齐全、完好有效
29		支撑装置	检查、润滑支撑装置，校紧连接螺栓、螺母	完好有效，润滑良好，安装牢固
30		牵引车与挂车连接装置	检查牵引销及其连接装置	牵引销安装牢固，无损伤、裂纹等缺陷，牵引销颈部磨损量符合规定
			检查、润滑牵引座及牵引销锁止、释放机构，校紧连接螺栓、螺母	牵引座表面油脂均匀，安装牢固，牵引销锁止、释放机构工作可靠
			检查转盘与转盘架	转盘与转盘架贴合面无松旷、偏歪。转盘与牵引连接部件连接牢靠，转盘连接螺栓应紧固，定位销无松旷、无磨损，转盘润滑
			检查牵引钩	牵引钩无裂纹及损伤，锁止、释放机构工作可靠

　　汽车二级维护附加作业项目的确定，根据检测结果进行汽车故障诊断，确定以消除汽车故障为目的的二级维护附加作业项目和作业内容，恢复汽车的正常技术状况。附加作业项目确定后与基本作业项目一并进行二级维护作业。在实际生产过程中，比较常见的故障检测手段是使用故障诊断仪读取故障码。

　　(3)过程检验。二级维护过程中，要始终贯穿过程检验，并作检验记录。过程检验中各维护项目的技术要求，需满足相应的有关技术标准或出厂说明书的有关规定。

（4）完工检验。二级维护作业完成后需要进行完工检验，相关内容参见项目五详细介绍。

任务小结

1. 汽车维护的目的在于保持汽车外观整洁，延长零部件使用寿命，减少不应有的损坏，而确保车辆具有良好的经济性，减少噪声、废气的排放污染。

2. 汽车维护制度贯彻"定期检查、强制维护、预防为主、安全第一"的原则。

3. 汽车定期维护分日常维护、一级维护、二级维护。

4. 日常维护是由驾驶员每日出车前、行车中和收车后负责执行的车辆维护作业。其作业中心内容是清洁、补给和安全检视。

5. 一级维护是由维修企业负责执行的车辆维护作业。其作业中心内容除日常维护作业外，以清洁、润滑、紧固为主，并检查有关制动、操纵等安全部件。

6. 二级维护是由维修企业负责执行的车辆维护作业。其作业中心内容是除一级维护作业外，以检查、调整转向节、转向摇臂、制动蹄片、悬架等经过一定时间的使用容易磨损或变形的安全部件为主，并拆检轮胎，进行轮胎换位。二级维护必须按期执行。

思考与练习

一、判断题

1. 汽车二级维护作业包括基本作业项目和根据车辆实际情况确定的附加作业项目，但不包括一级维护作业项目。　　　　　　　　　　　　　　　　　　　　　　（　　）

2. 车辆"三级维护"制度是指一级维护、二级维护和三级维护。　　　　　（　　）

3. 一级维护是由维修企业负责执行的汽车维护作业，其作业中心内容以检查调整为主，并拆检轮胎进行换位。　　　　　　　　　　　　　　　　　　　　　　（　　）

4. 日常维护，以清洁、补给、紧固和安全检视为作业中心内容，由驾驶员负责执行的车辆维护作业。　　　　　　　　　　　　　　　　　　　　　　　　　　（　　）

5. 汽车维护的分级：日常维护，一级维护，二级维护。　　　　　　　　（　　）

二、单选题

1. 汽车一、二级维护是（　　）在进行操作。

　　A. 汽车维修工　　B. 驾驶员　　　　C. 服务顾问　　　　D. 技术总监

2. （　　）是为了进一步强调维护的重要性，防止追求眼前利益和不重视及时维护所造成的车辆故障，汽车维护必须是定期进行的，基本作业项目为定期维护内容。

　　A. 强制维护　　　B. 预防为主　　　C. 定期检测　　　　D. 视情修理

3. 汽车一、二级维护周期的确定，应以汽车（　　）为基本依据。

　　A. 行车时间间隔　　B. 行驶里程　　　C. 诊断周期　　　　D. 修理厂规定

4. 日常维护由( )完成。

    A. 维修工　　　　　B. 驾驶员　　　　　C. 生产厂　　　　　D. 销售商

5. 一级维护的作业内容，除了日常维护的作业的内容外，以( )为主。

    A. 清洁、润滑、紧固　　　　　　　　B. 清洁、补给、紧固

    C. 清洁、紧固、调整　　　　　　　　D. 清洁、润滑、调整

任务二　了解汽车的相关信息

学习目标

1. 了解车辆 VIN 码的含义。

2. 学会认识车辆维修工单。

3. 能正确安装车内防护五件套。

4. 能正确填写车辆信息。

任务导入

张同学到汽车维修服务站进行实习，学习售后服务接待工作，这时有一辆车到服务站进行维修，张同学热情地接待客户，并根据客户的描述填写车辆维修工单。你能否也可以规范填写维修工单呢？

知识储备

一、汽车 VIN 码的含义

目前世界各国汽车公司所生产的绝大部分汽车都使用了汽车识别代码，简称 VIN(Vehicle Identification Number)码。汽车识别代码的作用及其重要性，被越来越多的人认识和重视。无论是汽车整车及配件营销人员、汽车维修工、车辆保险人员、二手车评估人员，还是车辆交通管理人员以及与汽车相关的其他人员，对于汽车规格参数和性能特征等信息的了解、认识和掌握，必不可少的信息工具都是汽车识别代码。VIN 码是汽车制造厂为了识别一辆汽车而规定的一组字码，由一组英文字母和阿拉伯数字组成，共 17 位，故又称为 17 位码。图 1-2-1 所示为雪佛兰科鲁兹轿车的 VIN 识别码：LSG-PC53U3DF084924。

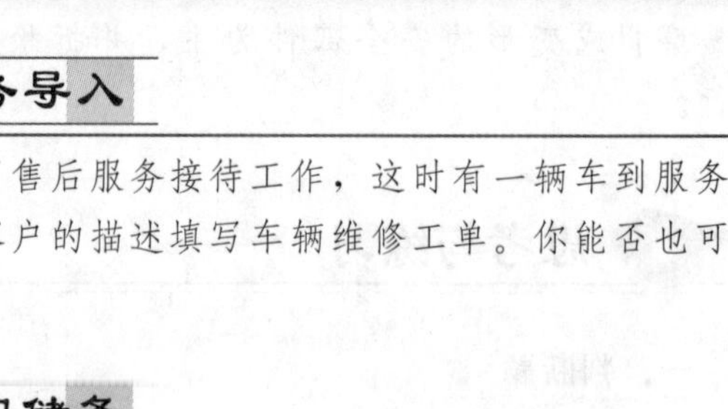

图 1-2-1　雪佛兰科鲁兹轿车的 VIN 识别码

17 位 VIN 码的每一位代码代表着汽车某一方面的信息参数。我们从该码中可以识别出车辆的生产国家、制造公司或生产厂家、车辆的类型、品牌名称、车型系列、车身型式、发动机型号、车型年款(属于哪年生产的年款车型)、安全防护装置型号、检验数字、装配工厂名称和出厂顺序号码等信息。VIN 码具有全球通用性、最大限度的信息承载性和可检索性，已成为全世界识别车辆唯一准确的"身份证"。17 位编码经过特定的排列组合可以保证每个制造厂在 30 年之内生产的每辆汽车识别代号具有唯一性，不会发生重号或错认。由于现代汽车车辆的使用周期逐年缩短，一般 6～10 年就会被淘汰，所以 VIN 码已足够应用。当每辆车打上 VIN 码后，其代号将伴随车辆的注册、保险、年检、保养、修理直至回收报废。在办理车辆牌照、处理交通事故、查获被盗车辆、侦破刑事案件、保险索赔、车辆维修与检测、汽车营销、进出口贸易等方面，17 位 VIN 码都具有十分重要的作用。

二、汽车 VIN 码的组成及规定

世界各国政府以及各汽车公司对本国或本公司生产的汽车的 17 位识别代码(VIN 码)都有具体的规定。各国的技术法规一般只规定车辆识别代码的基本要求，如对字母和数字的排列位置、安装位置、书写形式和尺寸都有相应的规定等，并应保证 30 年内不会重号。除对个别符号的含义有统一要求外，其他不做硬性规定，而是由生产厂家自行规定其代码的含义。各国有关车辆识别代码的技术法规各有所异，但也有共同之处，如汽车识别代码的第 9 位必须是工厂检验数字代码。对于 VIN 码在汽车上的安装位置，各国汽车生产厂家的各类车型也不尽相同。如美国规定 VIN 码应安装在汽车仪表板左侧，在车外透过挡风玻璃可以清楚地看到而便于检查，而欧洲共同体则规定 VIN 码应安装在汽车右侧的底盘车架上或标写在厂家铭牌上。我国《车辆识别代码(VIN)管理规则》规定：汽车识别代码应尽量位于车辆的前半部分、易于看到且能防止磨损或替换的部位。对于小于或等于 9 人座的乘用车和最大总质量小于或等于 3.5 t 的载货汽车，车辆识别代码应位于仪表板上靠近风窗立柱的位置，在白天日光照射下，观察者无须移动任一部件从车外即可分辨出车辆识别代码，如图 1-2-2 所示。也可以在副驾驶室门框的车辆信息上查找到，如图 1-2-3 所示。

图 1-2-2 常见 VIN 码的安装位置

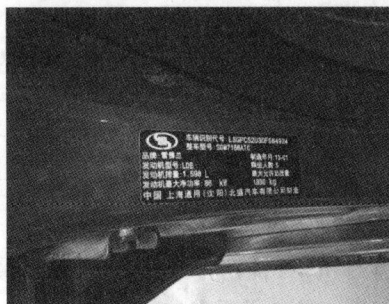

图 1-2-3 副驾驶室门框车辆信息

我国规定汽车识别代码由三个部分组成，对于年产量大于或等于 500 辆的汽车制造厂，汽车识别代码的第一部分为世界制造厂识别代码(WMI)；第二部分为车辆说明部分

（VDS）；第三部分为车辆指示部分（VIS），如图 1-2-4 所示。对于年产量小于 500 辆的汽车制造厂，汽车识别代码的第一部分为世界制造厂识别代码（WMI）；第二部分为车辆说明部分（VDS）；指示部分的第 3、4、5 位字码同第一部分的三位字码一起构成世界制造厂识别代号（WMI），其余五位字码为车辆指示部分（VIS），如图 1-2-5 所示。

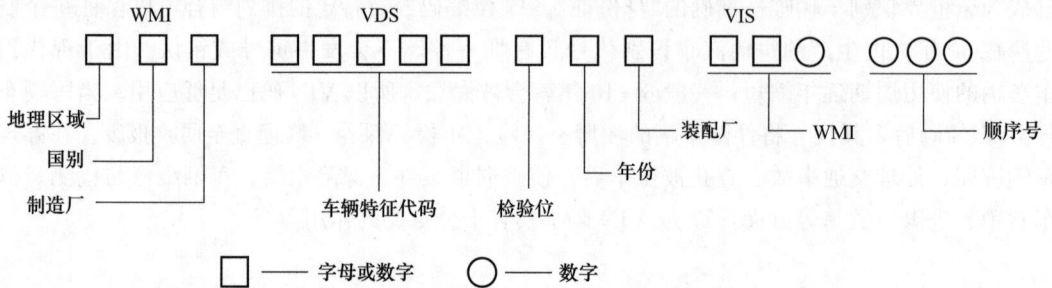

图 1-2-4　年产量大于或等于 500 辆的汽车制造厂的识别代码组成

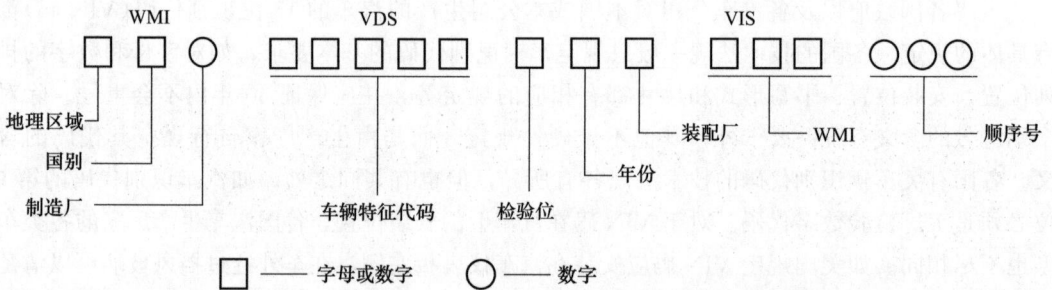

图 1-2-5　年产量小于 500 辆的汽车制造厂的识别代码组成

1. 世界制造厂识别代码（WMI）

世界制造厂识别代码（WMI）由三位字母或数字组成，必须经过申请、批准和备案后方能使用。

第 1 位字码表明一个地理区域的字母或数字。

第 2 位字码表明这个特定区域的一个国家的字母或数字。

第 3 位字码表明某个特定的制造厂的字母或数字。

第 1、2、3 位字码的组合将保证一个国家的某个汽车制造厂识别标志的唯一性。对于年产量小于 500 辆的制造厂，世界制造厂识别代码的第 3 位字码为数字 9。此时，车辆指示部分的第 3～5 位字码，即 17 位码的 12、13、14 位字码将与第一部分的三位字码共同作为世界制造厂识别代码。

美国的 WMI 前两位区段为 1 A－113，4 A－40，5 A－50；中国的 WMI 前两位区段为 LA－L0，规定了所有在中国境内生产的汽车产品的 WMI 编号必须在该区段内。

以下是国内常见汽车制造厂家的 WMI 编号：

LSV：上海大众　LFV：一汽大众　LDC：神龙汽车　LEN：北京吉普

LHG：广州本田　LHB：北汽福田　LKD：哈飞汽车　LS5：长安汽车

LSG：上海通用　LNB：北京现代　LNP：南京菲亚特　LFP：一汽轿车

2. 车辆说明部分由 6 位字码组成

车辆说明部分由制造厂用不同的数字或字母表明车辆型式或品牌、车辆类型、种类、系列、车身类型、发动机或底盘类型、驾驶室类型以及汽车车辆的其他特征参数。如果制造厂不用其中的一位或几位字码，则应在该位置填入制造厂选定的字母或数字占位。车辆说明部分的最后一位（即 17 位代码的第 9 位）为制造厂检验位。检验位由 0~9 中的任一数字或字母 X 表明。与身份证号码中的校验位一样，该校验位的目的是提供校验 VIN 编码正确性的方式，通过它可以核定整个 VIN 码正确与否。检验位在车辆的识别过程中起着极其重要的作用。

3. 车辆指示部分由 8 位字码组成

该部分的第 1 位字码（即 17 位代码的第 10 位）表示汽车生产年份，年份代码按表 1-2-1 的规定对照使用。第 2 位字码（即 17 位代码的第 11 位）用来指示汽车装配厂，若无装配厂，制造厂可规定其他内容。对于年产量大于或等于 500 辆的制造厂，该部分的第 3~8 位字码（即 17 位代码的第 12~17 位）表示生产顺序号；对于年产量小于 500 辆的制造厂，该部分的第 3~5 位字码与第一部分的三位字码共同表示一个车辆制造厂，最后三位字码表示生产顺序号。

表 1-2-1　我国 VIN 码中的年份代码

代码	年份	代码	年份	代码	年份	代码	年份
1	2001	9	2009	H	2017	S	2025
2	2002	A	2010	J	2018	T	2026
3	2003	B	2011	K	2019	V	2027
4	2004	C	2012	L	2020	W	2028
5	2005	D	2013	M	2021	X	2029
6	2006	E	2014	N	2022	Y	2030
7	2007	F	2015	P	2023	1	2031
8	2008	G	2016	R	2024	2	2032

三、整车型号

车辆型号的组成部分，如图 1-2-6 所示。企业名称代号由 2 位或 3 位汉语拼音字母表示；车辆类型代号、主参数代号、产品序号由阿拉伯数字表示；企业自定义代码由汉语拼音字母或数字表示。

（1）首部　用两位汉语拼音字母表示企业名称。

（2）中部　用四位阿拉伯数字表示汽车的主要特征。其中第 1 位表示车辆类别，第 2、3 位数字表示汽车主要参数，第 4 位表示产品序号。

载货汽车 1 表示汽车总质量（单位 t）；

越野汽车 2 表示汽车总质量（单位 t）；

自卸汽车 3 表示汽车总质量（单位 t）；

牵引汽车 4 表示汽车总质量（单位 t）；

专用汽车 5 表示汽车总质量（单位 t）；

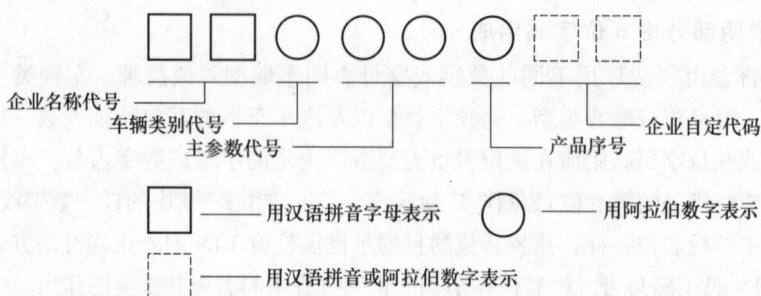

图 1-2-6　整车型号

客车 6 表示汽车总长度(单位 m)；

轿车 7 表示汽车排气量(单位 0.1 L)；

空缺 8 表示汽车总质量(单位 t)；

半挂车及专用半挂车 9 表示汽车总质量(单位 t)。

(3)尾部用于在同一种车辆中对变形车辆和基本型车结构加以区别,可用汉语拼音字母和数字表示,由企业自定。

下面我们举几个例子:

BJ2020S——BJ 表示北京汽车制造厂,2 表示越野车,02 表示该车总质量为 2 t,0 表示该车为第一代产品,S 为厂家自定义。

TJ7131U——TJ 表示天津汽车制造厂,7 表示轿车,13 表示排气量为 1.3 L,1 表示该车为第二代产品,U 为厂家自定义。

比如夏利的型号是 TJ7100。TJ(天津的缩写)表示车的生产厂商,7 表示轿车,中间的 10 表示车的排气量是 1.0 L。再如京华巡洋舰的型号是 BK6180 加后缀。BK(北客的缩写)表示车的生产厂商,6 表示客车,中间的 18 表示车的长度是 18 m。另外由于京华巡洋舰包括了很多不同的具体型号,所以后面加后缀加以区分。

任务实施

实训准备

实训车辆、防护五件套、车辆维修工单。

一、请你完成车辆售后接待工作

1. 正确安装车辆防护五件套。

进入车辆操作前需要安装防护五件套,操作步骤和方法如下。

(1)铺设地板垫,将地板垫铺设在驾驶座前地板上,双手平铺,如图 1-2-7 所示。

(2)安装座椅套。先将座椅套打开,然后找到座椅套的开口,从上往下整齐地套在驾驶座椅上,如图 1-2-8 所示。

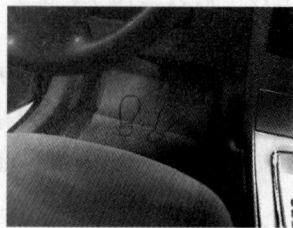

图 1-2-7　安装地板垫

(3)安装方向盘套。展开方向盘套,先套好方向盘上方,然后由上往下拉,直至套好方向盘套,如图 1-2-9 所示。

(4)安装变速杆套，如图 1-2-10 所示。
(5)安装驻车制动杆套，如图 1-2-11 所示。

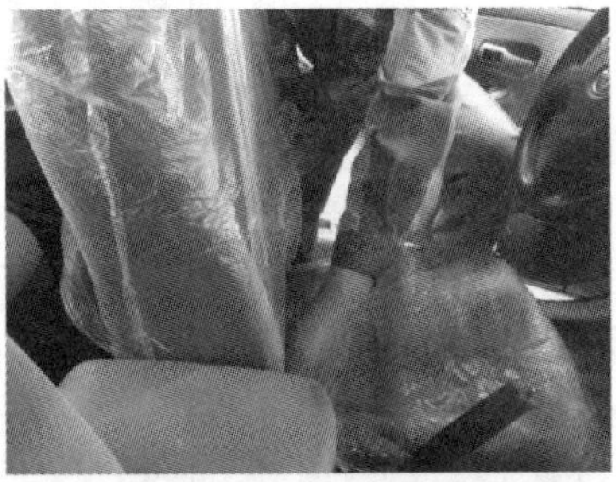

图 1-2-8　安装座椅套

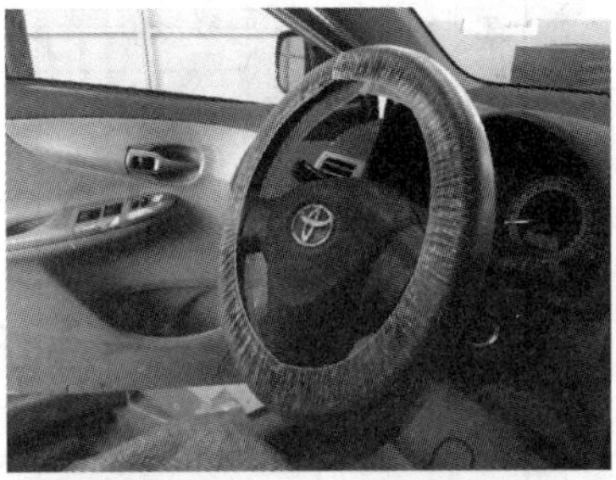

图 1-2-9　安装方向盘套

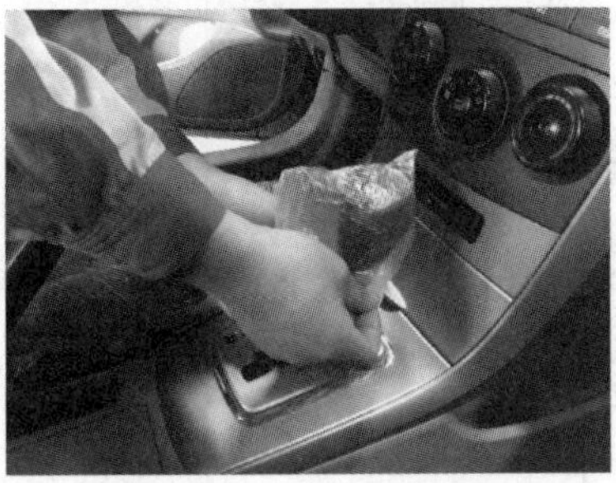

图 1-2-10　安装变速杆套

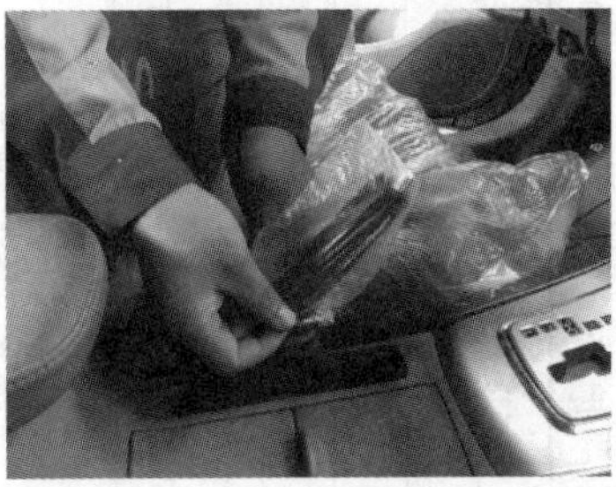

图 1-2-11　安装驻车制动杆套

2. 在轿车上查找车辆相应信息，如图 1-2-12 所示。

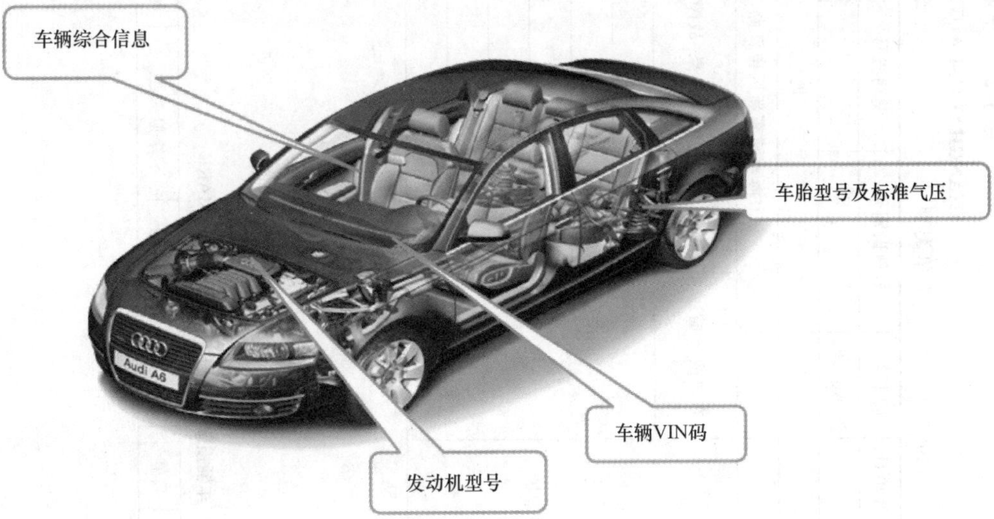
车辆综合信息
车胎型号及标准气压
Audi A6
车辆VIN码
发动机型号

图 1-2-12　车辆信息位置

3. 通过上述获得的信息确定该车需要进行的维护内容。
根据上述信息，填写轿车定期维护表单，见表 1-2-2。

表 1-2-2　上海通用汽车特约售后服务中心维修工单

SHANGHAI GM AUTHORIZEO SERVICE CENTER REPAIR IRDER

ASC 代码	200000	工单类型	维修类型	定期维护	工时单价	100	打印时间		第 1 页共 1 页

维修工单号	开单日	牌照号	车辆识别号	发动机号	品牌	车型	行驶里程数	保修起始日	保修起始里程	车辆颜色
		沪 A00001			别克		40000	2012/12/1	10	亮银

车主	邮箱	地址		送修人	电话	手机	业务接待
张三		上海市浦东新区申江路 1500 号		张三	1390000000	1390000000	李四

项目/操作代码	客户故障描述		检测结果/故障原因	项目名称/维修措施	标准工时	附加工时	工时费	技师	故障代码	投诉代码	营销标志

序号				项目名称/维修措施							
				□更换 □修理 □调整							
定期维护				□更换 □修理 □调整							
				□更换 □修理 □调整							
				□更换 □修理 □调整							
				□更换 □修理 □调整							
				□更换 □修理 □调整							

燃油 FUEL　E　1/2　F

旧件是否保留？ 是□ 否□	是否洗车？ 是□ 否□
其他费用	
预计金额	

业务接待	责任技师	质检签名	预计交车时间
			车内无贵重特品
			客户签名
			入厂　初期

车辆损毁标记 BODYDAMAGEMARK

维修历史	序号	工单号	开单日	工单号	里程数量	维修类型	工单日	维修类型	里程起始

特约售后服务中心名称：　　地址：　　电话：

任务小结

1. 了解车辆 VIN 码的含义，17 位 VIN 码的每一位代码代表着汽车某一方面的信息参数。我们从该码中可以识别出车辆的生产国家、制造公司或生产厂家、车辆的类型、品牌名称、车型系列、车身型式、发动机型号、车型年款(属于哪年生产的年款车型)、安全防护装置型号、检验数字、装配工厂名称和出厂顺序号码等信息。VIN 码具有全球通用性、最大限度的信息承载性和可检索性，已成为全世界识别车辆唯一准确的"身份证"。

2. 知晓车辆 VIN 码中第 10 位所表示的车辆年份。

3. 了解车辆型号的组成部分，企业名称代号由 2 位或 3 位汉语拼音字母表示；车辆类型代号、主参数代号、产品序号由阿拉伯数字表示；企业自定义代码由汉语拼音字母或数字表示。

4. 能够独立完成车辆防护五件套的安装、车辆信息的填写和车辆维修工单的填写。

思考与练习

1. 填空题

(1)汽车维护是 _____。

(2)我国现行的汽车维修制度是 _____。

(3)汽车维护可以分为 _____。

(4)车辆 VIN 码中第 10 位代表的是出厂年份，C 代表_____，E 代表_____。

2. 问答题

(1)汽车维护的目的是什么？

(2)汽车维护周期制定的依据是什么？维护周期分别是多少？

(3)请写出国内常见汽车制造厂家的 WMI 编号。

项目二

汽车维修工基本知识

任务一 汽车维护的主要内容

学习目标

1. 学会汽车维护现场管理"6S"。
2. 掌握汽车维护的基本流程。
3. 掌握汽车维护的操作工位项目。
4. 掌握维护操作安全注意事项。

任务导入

一辆轿车到汽车维修站进行车辆维护，作为维修技师的你怎样高效地对车辆进行 20 000 km 的维护作业？

知识储备

一、汽车维护操作工艺安排原则

定期维修时，技术员主要检查保证车辆安全运行所必需的功能。检查按表 2-1-1 的维护项目进行。

表 2-1-1 维护项目

工作检查	灯，发动机，雨刮器，转向机构等
目视检查	轮胎，外观等
定期更换零件	发动机机油，发动机机油滤清器等
紧固检查	悬架，排气管等
机油和液位检查	发动机机油，动力转向液，防冻冷却液，制动液等

关于检查项目，包括标准值、旋紧力矩和润滑剂量的细节，请参考修理手册。

汽车维护作业不同于维修，具有鲜明的特点，主要有：作业项目繁多，工作部位分散，多个工位作业等。所以目前大部分企业都采用汽车维护定位作业法(在全能工位上进行维护作业的方法)，有效地进行维护作业，可以通过缩短行程距离，减少走动次数，减少不合理的工作地点，减少车辆举升操作的次数，统筹安排作业流程。

(1)缩短车辆周围的工作路径。

①将尽可能多的工作集中在同一地点，并一次做完。

②车辆周围的运动路线应该始于驾驶员的座位，终于技术员围绕车辆工作一次的结束地点。

③工具，仪器和更换部件应该提前准备好并置于易于拿取的地方。

(2)改善工作时的姿势，站式的姿势是操作的基础。所以要努力尽可能地减少蹲式或弯腰工作。

(3)避免空闲时间，把事情组合起来做，比如机油的排放和发动机加热。

(4)减少举升次数，通过提高工作时的位置和集中工作来把工作项目分类，这样能在相同位置做的所有的工作就可以在相同的时间内做。

在维护作业时，常用的举升工位有 5 种不同高度，如图 2-1-1 所示，分别是举升机未举升工位(车辆预检)、举升至中位(维护车轮)、举升至高位(维护车辆底部)、举升至低位(油液的加注)、举升至最低位(维护后复检)，其中举升机可在不同高度停留多次。

| (1) 车辆预检 | (2) 维护车轮 | (3) 维护车辆底部 | (4) 油液加注 | (5) 维护后复检 |

图 2-1-1 车辆举升位置

例如：在举升机未举升的时候可进行车门锁、安全带、灯光、制动液液面高度检查等项目。

二、雪佛兰科鲁兹轿车整车维护的要求

车辆在使用一段时间以后，油液可能泄漏、螺栓可能松动、部件可能损坏，最终导致车况变坏，从而影响车辆的操控性、燃油经济性和乘坐舒适性，严重时会直接影响人身安全，因此定期对车辆进行检查、维护和保养是保障车辆正常运行的必要环节。

通常情况下汽车生产厂商会按照车辆的行驶时间或里程制定相应的保养范围、流程，如 5 000 km 保养、10 000 km 保养等等。需要注意的是：在车辆保养过程中需要随时注意人身和车辆的安全与防护，保养前应铺好车内五件套及翼子板护垫，连接尾气排放装置，同时应保持地面清洁。

三、雪佛兰科鲁兹轿车的维护项目

1. 雪佛兰科鲁兹轿车 5 000 km 的维护项目

5 000 km 保养主要包括仪表及指示警告灯检查、车辆外部灯光检查、雨刮系统检查、油液液位检查、更换发动机机油及机滤、底盘渗漏及磕碰检查、车轮螺栓扭矩检查、胎压及胎纹检查、校正轮胎充气压力等项目。

2. 雪佛兰科鲁兹轿车 10 000 km 的维护项目

10 000 km 保养时，除了完成 5 000 km 保养流程外，还需要完成清洁空气滤清器、检查转向球头间隙、检查蓄电池以及充电电压、更换空气滤清器、轮胎换位、诊断仪检查、检查制动管路及制动片磨损情况、更换空调空气滤清器、点火锁芯维护、曲轴箱通风系统清理、怠速马达清洗、整车门锁润滑、更换雨刮片、检查空调系统制冷制热及泄漏情况、检查冷却系统各部件(包括水箱、储液罐、水管以及各部件接口)、检查底盘螺栓和螺母、减振器、控制臂、护罩和防尘罩、检查手动变速箱油位和品质。

3. 雪佛兰科鲁兹轿车 20 000 km 的维护项目

20 000 km 维护在完成 10 000 km 维护的所有项目外，还需要进行以下维护项目：①更换燃油滤清器；②更换空调滤清器滤芯；③更换空气滤清器滤芯；④检查发动机冷却液；⑤检查制动器、离合器油液。

4. 雪佛兰科鲁兹轿车其他维护计划的维护项目

雪佛兰科鲁兹轿车 40 000 km 和 50 000 km 的维护项目在前述维护计划中已有介绍，此处不再赘述。维护计划中需要重点维护的项目包括：①60 000 km 更换火花塞、正时带及张紧器。②80 000 km 更换自动变速器油。

四、维修车间的"6S"管理

要保持车间环境，实现轻松、快捷和可靠(安全)工作就必须对在生产现场中的人员、机器、材料、方法等生产要素进行有效管理，"6S"活动是一种公认对现场进行管理的有效手段，即在生产中坚持开展以整理(Seiri)、整顿(Setion)、清扫(Seiso)、清洁(Seiketsu)和素养(Shitsuke)、安全(Security)为内容的活动，如图 2-1-2 所示，这 6 个词在日语的罗马拼音或英语中的第一个字母是 S，所以简称 6S。开展以整理、整顿、清扫、清洁、素养和安全为内容的管理活动，称为"6S"管理。

(1)整理。整理即区分要与不要的物品，现场只保留必需的物品。通过整理可以改善和增加作业面积；保持现场无杂物，行道通畅，提高工作效率；减少磕碰的概率，保障安全，提高质量；消除管理上的混放、混料等差错事故；有利于减少库存量，节约资金；改变作风，提高工作情绪。

(2)整顿。整顿即将必需品依规定定位、摆放整齐有序，明确标示，可以避免浪费时间寻找物品，提高工作效率和产品质量，保障生产安全。

图 2-1-2　6S 管理

（3）清扫。清扫即清除现场脏污、清除作业区域的物料垃圾，可以保持现场干净、明亮。

（4）清洁。清洁是将整理、整顿、清扫实施的做法制度化、规范化，维持其成果，用于维护并坚持整理、整顿、清扫的效果，使其保持最佳状态，消除发生安全事故的根源，创造一个良好的工作环境，使职工能愉快地工作。

（5）素养。素养就是要人人按章操作、依规行事，养成良好的习惯，可以提升"人的品质"，培养对任何工作都讲究认真的人。通过素养的培养使人员养成严格遵守规章制度的习惯和作风，是"6S"管理的核心。

（6）安全。安全就是通过制度和具体措施提升安全管理水平，防止灾害的发生。安全是现场管理的前提和决定因素，没有安全，一切成果都失去了意义。重视安全不但可以预防事故发生，减少不必要的损失，更是关心员工生命安全，保障员工生活幸福的人性化管理要求。安全管理的目的是加强员工的安全观念，使其具有良好的安全工作意识，更加注重安全细节管理。这样不但能够降低事故发生率，而且能提升员工的工作品质。安全不仅靠口号和理念，还必须有具体措施来保证实施。

五、汽车维护与保养的安全问题

大部分汽车维护工作是在汽修车间内完成的，由于汽车的复杂性，在汽车维护中要使用很多的工具、设备和机器。通常在汽修车间内会有很多工作人员，加上复杂的工具、设备、机器和易燃、易爆的油品，使汽修车间成为一个事故易发地。汽修车间内的安全性已经成为汽车技术研究中的极为重要的问题。正确对待工作安全标准和规则，对安全工作提供了很好的帮助。

工作场地的安全是每一个人的责任，汽修车间内应尽可能地保证安全。每一个车间都存在很多的事故隐患，事故的发生常常是由于人们做事不小心造成的。而有些事故的发生可能是由于维修人员试图走捷径，不按照规范操作而导致的。因此，这些情况应当予以纠正。维修人员有责任确保在维修车间内没有危险情况，从而减少汽修车间的事故隐患。

1. 工作着装安全

为防止事故的发生，工作服必须结实、合身，以便于工作。为防止工作时损坏汽车，不要暴露工作服的带子和纽扣。防止受伤或烧伤的安全措施是不要裸露皮肤。工作时要穿安全鞋，因为穿着凉鞋或运动鞋危险，易摔倒并因此降低工作效率，还容易使穿戴者由于偶然掉落的物体而受到伤害。提升重的物体或拆卸热的排气管及类似的物体时，建议戴上手套。对于普通的维护工作戴手套并非一项必需的要求，可根据工作的性质来决定是否必须戴手套。

2. 在车间内的安全

始终使你的工作场地保持清洁来保障自己和其他人免受伤害。不要把工具或零件留在自己或者其他人有可能踩到的地方。将其放置在工作架或工作台上，并养成好习惯。立即清理干净飞溅的燃油、机油或者润滑脂，防止自己或者他人滑倒。工作时不要采取不舒服的姿式，这不仅会影响工作效率，而且有可能跌倒和伤害自己。处理沉重的物体时要加倍小心，以免它们跌落到你的脚上而受伤，而且如果试图举起一个太重的物体，背部可能会受伤。搬运重物从一个工作地点转移到另外一个工作地点时，一定要走指定的通道。不要在开关、配电盘或电机等附近使用可燃物，这样很容易产生火花，并造成火灾。

3. 使用工具工作时注意安全

请正确使用电气、液压和气动设备，否则可能导致严重的伤害。在使用产生碎片的工具前，戴好护目镜。使用砂光机和钻孔机一类的工具后，要清除其上的粉尘和碎片。使用操作旋转的工具或者工作在一个有旋转运动的地方时，不要戴手套，手套可能被旋转的物体卷入，伤及手臂。使用升降机升起车辆时，初步提升到轮胎稍微离开地面为止，然后在完全升起之前，确认车辆牢固地支撑在升降机上。升起后，千万不要试图摇晃车辆，这样可能导致车辆跌落，造成严重伤害。

4. 防火安全

如果火灾警报响起，所有人员应当配合扑灭初期火焰。要做到这一点，我们应知道灭火器放在何处，应如何使用。在非吸烟区严禁抽烟，并且要确认将香烟熄灭在烟灰缸里。在机油存储地或可燃的零件清洗剂附近，不要使用明火。不要在处于充电状态的电池附近使用明火或产生火花。不要将可燃性废机油和汽油丢弃到阴沟里，将这些材料倒入一个合适的容器内回收处理。

任务小结

1. 汽车维护作业的原则为有效地进行维护作业，可以通过缩短行程距离，减少走动次数，减少不合理的工作地点，减少车辆举升操作的次数，统筹安排作业流程。

2. 在维护作业时，常用的举升工位有 5 种不同高度，分别是举升机未举升工位、举升至低位、举升至中位(轮胎中心齐胸)、举升至高位(维修工可在车下站立)、举升至最低位(举升机举升在最低位置，轮胎接触地面)，其中举升机可在不同高度停留多次。

3. 科鲁兹轿车 5 000 km、10 000 km、20 000 km 维护作业项目包括的内容。

4."6S"活动是一种公认对现场进行管理的有效手段，即在生产中坚持开展以整理(Seiri)、整顿(Setion)、清扫(Seiso)、清洁(Seiketsu)和素养(Shitsuke)安全(Security)为内容的活动，这 6 个词在日语的罗马拼音或英语中的第一个字母是 S，所以简称 6S。

思考与练习

一、判断题

1. 汽车维修操作时，维修技师为了掌握时间，可佩戴手表作业。　　　　　(　　)

2. 为方便行走，维修技师可穿着运动鞋进行汽车维护作业。　　　　　　(　　)

3. 在车下检查排气装置时，若车辆停运时间超过 5 分钟，可不戴手套操作。(　　)

4. 蓄电池充电设备可与砂轮机安装在相近的工位。　　　　　　　　　　(　　)

5. 必须在指定区域内报废汽油或机油。　　　　　　　　　　　　　　　(　　)

二、单选题

1. 汽车维修作业时由于电路短路引起火灾首先应(　　　　)。

　　A. 用水扑救　　　　　　　　　　　B. 切断电源

　　C. 用布盖住　　　　　　　　　　　D. 用干粉灭火剂灭火

2.6S 现场管理中的整理是根据物品的(　　　　)来决定取舍。

　　A. 购买价值　　　　　　　　　　　B. 使用价值

　　C. 是否需要　　　　　　　　　　　D. 是否能卖好价钱

3. 整顿的目的是为了(　　　　)。

　　A. 方便使用　　　　　　　　　　　B. 节约空间

　　C. 保持清洁　　　　　　　　　　　D. 形成自律

任务二 汽车维修工具的使用

学习任务

1. 了解汽车维护各种常用工具的名称、种类及用途。
2. 知道汽车维护常用工具的使用方法。
3. 知道汽车维护常用工具的注意事项。
4. 能够规范使用汽车维护常用工具。

任务导入

几名同学到汽车售后维修站参加生产实习，第一天售后服务经理把大家分配到汽车维护工位进行实习，并布置了一个任务，要求同学们选出汽车 40 000 km 维护所需的工具，进行演示操作。同学们要完成任务，必须掌握常用工具的特点、使用方法和注意事项。

汽车维护常用的工具

一、扳手

扳手是一种常用的安装与拆卸工具，是利用杠杆原理拧转螺栓、螺钉、螺母和其他螺纹紧持螺栓或螺母的开口或套孔固件的手工工具。扳手种类繁多，常见的有梅花扳手、开口扳手、组合套筒扳手、气动扳手以及活动扳手等。

使用原则：首选套筒扳手，其次选用梅花扳手，最后选用开口扳手。

注意事项：选用扳手的规格应该与螺栓或螺母规格保持一致。使用时都要采用向身体方向用力，并控制好力度，切记不可用力过猛。

1. 梅花扳手和开口扳手

梅花扳手两端呈花环状，其内孔是由 2 个正六边形相互同心错开30°而成。很多梅花扳手都有弯头，常见的弯头角度在 10°～45°之间，从侧面看旋转螺栓部分和手柄部分是错开的，如图 2-2-1 所示。

开口扳手的一端或两端带有固定尺寸的开口，其开口尺寸与螺钉头、螺母的尺寸相适应，并根据标准尺寸制作而成，如图 2-2-2 所示。

这种结构方便于拆卸装配在凹陷空间的螺栓、螺母，并可以为手指提供操作间隙，以防止擦伤。用在补充拧紧和类似操作中，可以使用梅花扳手对螺栓或螺母施加大扭矩。梅花扳手有各种大小，使用时要选择与螺栓或螺母大小对应的扳手。因为扳手钳口是双六角形的，可以容易地装配螺栓或螺母，这可以在一个有限空间内重新安装。常用规格8～10 mm、9～

11 mm、12～14 mm、13～15 mm、14～17 mm、17～19 mm、22～24 mm。

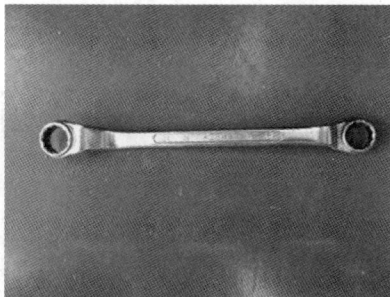

图 2-2-1 梅花扳手

图 2-2-2 开口扳手

2. 扭矩扳手

扭矩扳手分为可调式和不可调式两种，主要用于按规定扭矩的最终拧紧。

通过扭转扭矩扳手的手柄可以获取不同的扭矩，在扭矩扳手的前部有调节旋向的装置。

指针式扭力扳手结构相对比较简单，如图 2-2-3 所示。它有一个刻度盘，当紧固螺栓时，扭力扳手的杆身在力的作用下发生弯曲，这样就可以通过指针的偏转角度表示螺栓、螺母的旋转程度，其数值可通过刻度盘读出。使用指针式扭力扳手时，应注意左手在握住扳手与套筒连接处时，不要碰到指针杆，否则会造成读数不准。

预置力式扭力扳手可通过旋转手柄，预置调整设定扭矩，达到设定扭矩时，该扳手会发出警告声响以提示用户，如图 2-2-4 所示。当听到"咔嗒"声响后，立即停止旋转以保证扭矩正确，当扳手设在较低扭力值时，警告声可能很小，所以应特别注意。

图 2-2-3 指针式扭力扳手

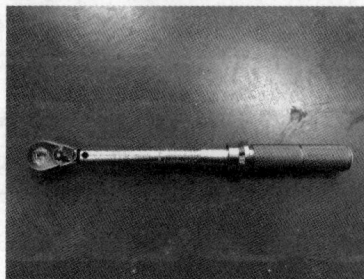

图 2-2-4 预置力式扭力扳手

3. 气动扳手

气动扳手，也称为是风动扳手，俗称风炮，如图 2-2-5 所示。气动扳手是一种以最小的消耗提供高扭矩输出的工具，它通过持续的动力源让一个具有一定质量的物体加速旋转，然后瞬间撞向出力轴，从而可以获得比较大的力矩输出。压缩空气是最常见的动力源，不过也有使用电动或液压做动力源的扭矩扳手。

4. 成套套筒扳手

(1)套筒是指套筒扳手的简称，如图 2-2-6 所示。因其是套在各类扳手之上并且形如筒状，故称为套筒，是常用生产、维修、生活工具。套筒扳手是由多个带六角孔或十二角孔的套筒并配有手柄、接杆等多种附件组成，特别适用于拧转位置十分狭小或凹陷很深处的螺栓或螺母。

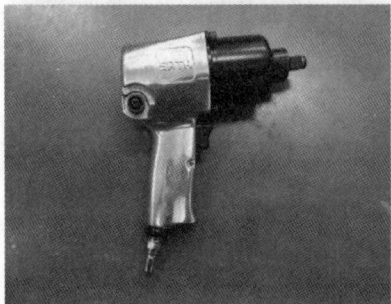

图 2-2-5　气动扳手

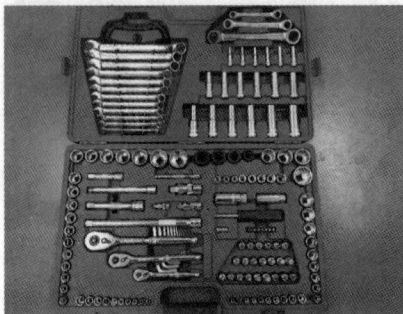

图 2-2-6　套筒扳手

套筒的规格：按所拆卸螺栓的扭矩和使用的工作环境不同，可将套筒分为大、中、小三个系列，并以配套手柄方榫的宽度来区分。常见的有 6.3 mm 系列、10 mm 系列和 12.5 mm 系列，如使用英寸表示，则对应为 1/4 in 系列、3/8 in 系列和 1/2 in 系列。

套筒的类型：除常见的标准套筒外，还有很多特殊套筒，如六角长套筒、六角或十二角花形套筒、旋具套筒。头部制成特殊形状的螺栓或螺母，就必须采用专用套筒进行拆卸。

套筒的使用方法及注意事项：将套筒套在配套手柄的方榫上（视需要与长接杆、短接杆或万向接头配合使用），再将套筒套住螺栓或螺母，左手握住手柄与套筒连接处，保持套筒与所拆卸或紧固的螺栓同轴，右手握住配套手柄加力。在使用套筒的过程中，左手握紧手柄与套筒连接处，切勿摇晃，以免套筒滑出或损坏螺栓或螺母的棱角。朝自己的方向用力，以防止滑脱造成手部受伤。

（2）棘轮手柄。棘轮手柄是最常见的套筒手柄，如图 2-2-7 所示。套筒手柄是装在套筒上用于扳动套筒的配套手柄，如果没有配套手柄，套筒将无法独立工作。使用棘轮手柄时，可使套筒扳手以小的回转角锁住并在有限空间中工作。棘轮手柄头部设计有棘轮装置，在不脱离套筒和螺栓的情况下，可实现快速单方向的转动。通过调整锁紧机构可改变其旋转方向。将锁紧机构手柄调到左边，可以单向顺时针拧紧螺栓或螺母；将锁紧机构手柄调到右边，可以单向逆时针松开螺栓或螺母。

棘轮手柄使用方便但不够结实。不要使用棘轮扳手对螺栓或螺母进行最后的拧紧，另外，严禁对棘轮手柄施加过大的扭矩，否则会损坏内部棘爪结构。使用时，按下锁紧按钮，将套筒头套入棘轮扳手的方榫中，松开锁定按钮，套筒即被锁止，如果再次按下锁定按钮，即可解除套筒锁定。

（3）接杆。接杆也称延长杆或加长杆，是套筒类成套工具不可缺少的一部分，如图 2-2-8 所示。日常维修工作中，有 75 mm、125 mm、150 mm 和 250 mm 等不同长度的接杆供选用，即我们常说的长接杆和短接杆。接杆的主要作用是加装在套筒和配套手柄之间，用于拆卸和更换装得更深，仅凭套筒和手柄无法接触螺栓或螺母。另外，在拆卸平面上的螺栓或螺母时，工具会紧贴在操作面上，妨碍正常拆卸，甚至会产生安全事故。接杆可将工具抬离平面一定高度，便于操作。

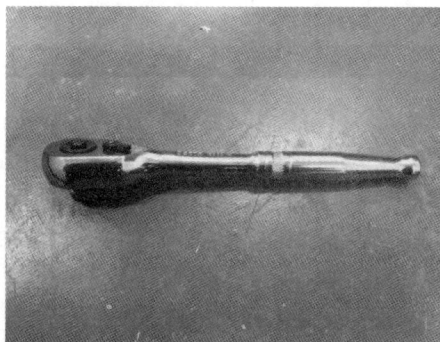

图 2-2-7 棘轮扳手

图 2-2-8 接杆

（4）快速摇杆。快速摇杆俗称摇把，如图 2-2-9 所示，是旋转螺母最快的配套手柄，但不能在螺母上施加太大的扭矩。主要用于拧下已经松动的螺母，或者把螺母快速旋上螺栓。使用快速摇杆时，左手握住摇杆端部，并保持摇杆与所拆卸螺栓同轴，右手握住摇杆弯曲部，迅速旋转。使用快速摇杆时，握摇杆的手不可摇晃，以免套筒滑出螺栓或螺母，产生安全事故。

（5）滑杆。滑杆也称为 T 形杆，如图 2-2-10 所示，是套筒专用配套手柄，横杆部可以滑动调节。通过滑动方榫部分，手柄可以有 2 种使用方法。方榫转移在一端，形成 L 形结构，从而增加力矩，达到拆卸或紧固螺栓的目的，与 L 形扳手类似。方榫部分在中部位置，形成 T 形结构，两只手同时用力，可以增加拆卸速度，但要求的工作空间很大。当拆卸扭矩过大时，禁止在滑杆的手柄上再加装套管或用锤子锤击，否则会造成工具或螺栓损坏。

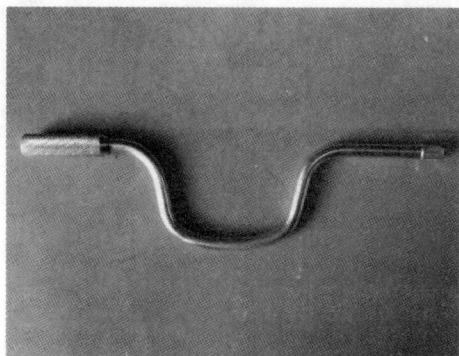

图 2-2-9 快速摇杆

图 2-2-10 滑杆

二、螺钉旋具

螺钉旋具又称螺丝刀，俗称起子或改锥，主要用于旋拧小扭矩、头部开有凹槽的螺钉。螺丝刀的类型取决于本身的结构及尖部的形状，常用的有一字螺丝刀和十字螺丝刀。一字螺丝刀用于单个槽头的螺钉，如图 2-2-11 所示。十字螺丝刀用于带十字槽头的螺钉，如图 2-2-12 所示。

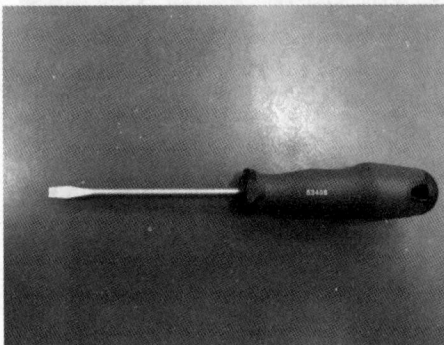

图 2-2-11　一字螺丝刀

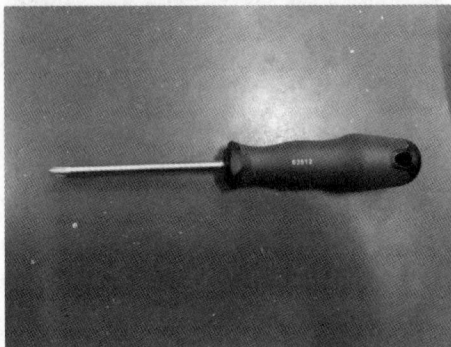

图 2-2-12　十字螺丝刀

　　根据所要拆装的螺钉选择合适的螺丝刀，切不要选错螺丝刀，例如一字的螺钉要选择一字螺丝刀，十字的螺钉必须选择十字螺丝刀，其间还要注意选择大小规格相应的螺丝刀。

　　使用螺丝刀时应注意以下事项：

　　(1)电工必须使用带绝缘手柄的螺丝刀。

　　(2)使用螺丝刀紧固或拆卸带电的螺钉时，手不得触及螺丝刀的金属杆，以免发生触电事故。

　　(3)为了防止螺丝刀的金属杆触及皮肤或触及相邻近带电体，应在金属杆上套装绝缘管。

　　(4)使用时应注意选择与螺钉槽相同且大小规格相应的螺丝刀。

　　(5)切勿将螺丝刀当做錾子使用，以免损坏螺丝刀手柄或刀刃。

三、钳子

　　钳子，是一种用于夹持、固定加工工件或者扭转、弯曲、剪断金属丝线的手工工具。钳子的外形呈 V 形，通常包括手柄、钳腮和钳嘴三个部分。按形状可分为：尖嘴；扁嘴；圆嘴；钢丝钳；花鳃钳等，如图 2-2-13 所示。

注意事项

　　(1)使用钳子是用右手操作。将钳口朝内侧，便于控制钳切部位，用小指伸在两钳柄中间来抵住钳柄，张开钳头，这样便于分开钳柄。

　　(2)钳子的刀口可用来剖切软电线的橡皮或

图 2-2-13　钳子

塑料绝缘层。

(3)钳子的刀口也可用来切剪电线、铁丝。剪 8 号镀锌铁丝时，应用刀刃绕表面来回割几下，然后只需轻轻一扳，铁丝即断。

(4)铡口也可以用来切断电线、钢丝等较硬的金属线。

(5)钳子的绝缘塑料管耐压 500 V 以上，可以剪切带电电线。使用中切忌乱扔，以免损坏绝缘塑料管。

(6)切勿把钳子当锤子使用。

任务小结

1. 扳手是一种常用的安装与拆卸工具，是利用杠杆原理拧转螺栓、螺钉、螺母和其他螺纹紧持螺栓或螺母的开口或套孔固件的手工工具。扳手种类繁多，常见的有梅花扳手、开口扳手、组合套筒扳手、气动扳手以及活动扳手等。

2. 使用原则：首选套筒扳手，其次选用梅花扳手，最后选用开口扳手。

3. 选用扳手的规格应该与螺栓或螺母规格保持一致。使用时都要采用向身体方向用力，并控制好力度，切记不可用力过猛。

4. 根据所要拆装的螺钉选择合适的螺丝刀，切不要选错螺丝刀，其间还要注意选择大小的螺丝刀。

思考与练习

一、填空

1. 使用_____对螺栓或螺帽的棱角损坏程度小，但切勿用大力，以防扭断螺栓。

2. _____使用灵活安全，可以任意组合。

3. 使用螺丝刀时应_____顶在螺钉头的部上，一边顶压着一边转动螺丝刀。

4. _____可读出所施扭矩大小。

5. 扳手的选用原则为_____。

6. 使用扳手时，应使拉力作用在_____的一边。

7. 起子型号规格的选择应以_____为原则，不可带电操作。

二、单选题

1. 拆卸螺栓时应尽量不使用的工具是(   )。

    A. 套筒   B. 活动扳手   C. 开口扳手   D. 梅花扳手

2. 在拆卸螺栓时，应优先选用(   )。

    A. 活动扳手   B. 开口扳手   C. 梅花扳手   D. 套筒扳手

任务三 汽车维修量具的使用

学习任务

1. 了解各种量具的名称、种类和用途。
2. 了解汽车维护中常用量具的注意事项。
3. 知道常用量具的使用方法。
4. 能规范使用汽车维护常用工具。

任务导入

几名同学到汽车售后维修站参加生产实习，第一天售后服务经理把大家分配到汽车维护工位进行实习，并布置了一个任务，要求同学们选出汽车 40 000 km 维护所需量具，进行演示操作。同学们要完成任务，必须掌握常用量具的特点、使用方法和注意事项。

汽车维护常使用的量具有钢直尺、百分表及磁性表座、外径千分尺、游标卡尺、气压表、轮胎花纹深度尺、冰点测试仪、万用表等。

一、钢直尺

钢直尺是最基本的测量工具，如图 2-3-1 所示，是用薄钢板制成的，它一般用于精度要求不高的测量，可以直接测量出工件的尺寸。钢尺一般有钢直尺、钢卷尺等。有 150 mm，300 mm，500 mm 和 1 000 mm 四种规格。

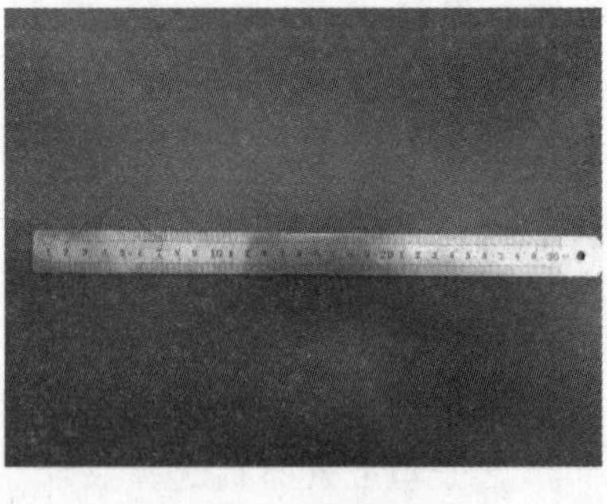

钢直尺用于测量零件的长度尺寸，其测量结果不太准确。这是由于钢直尺的刻线间距为 1 mm，而刻线本身的宽度就有 0.1～0.2 mm，所以测量时读数误差比较大，只能读出毫米数，即最小读数值为 1 mm，

图 2-3-1 钢直尺

比 1 mm 小的数值，只能估计而得。使用钢直尺时，要以端边的"0"刻线作为测量基准。这样，在测量时不仅容易找到测量基准，而且便于读数和计数。

测量时，钢直尺要放平、放正，刻度面朝上、朝外，不得前后、左右歪斜，否则，从尺上读得的数比被测得实际尺寸大。使用钢直尺前应先检查钢直尺各部位有无损伤，不允许有影响使用性能的外观缺陷，例如碰弯、划痕、刻度断线或看不清刻度线等缺陷。

如果用钢直尺直接去测量零件的直径尺寸（轴径或孔径），则测量精度更差。其原因除了钢直尺本身的读数误差比较大以外，还由于钢直尺无法正好放在零件直径的正确位置。所以，零件直径尺寸的测量，可以利用钢直尺和内外卡钳配合进行。

钢直尺主要用于汽车维护中制动摩擦片的测量和制动踏板的测量。

二、百分表

百分表利用指针和刻度将心轴移动量放大来表示测量尺寸，主要用于测量工件的尺寸误差以及配合间隙，如图 2-3-2 所示。

1. 百分表的种类

百分表的测量头包括四种类型，如图 2-3-3 所示。

(1)长型，用于在有限空间中测量。

(2)辊子型，用于轮胎的凸面/凹面测量。

(3)杠杆型，用于测量不能直接接触的部件。

(4)平板型，用于测量活塞突出部分。

2. 百分表的结构

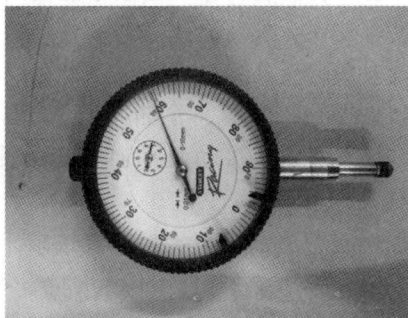

图 2-3-2 百分表

百分表主要是由尺条和小齿轮装配而成的，其工作原理是利用尺条和小齿轮将心轴的移动量放大，再由指针的转动来读取测定数值，如图 2-3-4 所示。

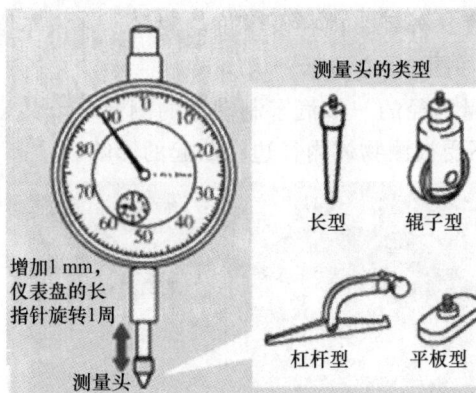

图 2-3-3 百分表的种类

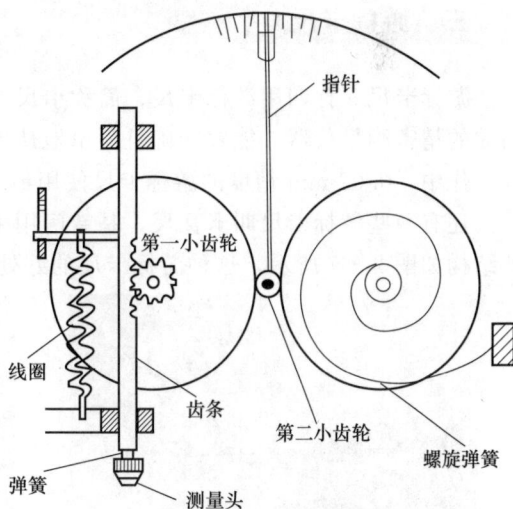

图 2-3-4 百分表的内部结构及原理示意图

测量头和心轴的移动量带动第一小齿轮转动，再利用同轴上的动齿轮传递给第二小齿轮转动，于是装置在第二小齿轮上的指针即能放大心轴的移动量显示在刻度盘上。由于长针每一个回转相当于 1 mm 的移动量，将刻度盘分刻 100 等份，所以测定的移动量可精确到 1/100 mm。

3. 百分表的读数

百分表表盘刻度分为 100 格，当量头每移动 0.01 mm 时，大指针偏转 1 格；当量头每移动 1.0 mm 时，大指针偏转 1 周。小指针偏转 1 格相当于 1 mm。百分表的表盘是可以转动的。

4. 百分表的组装

百分表要装设在支座上才能使用，在支座内部设有磁铁，旋转支座上的旋钮使表座吸附在工具台上，因而又称磁性表座。此外，百分表还可以和夹具、V 形槽、检测平板和顶心台合并使用，从事弯曲、振动及平面状态的测定或检查，如图 2-3-5 所示。

5. 百分表的使用维护注意事项

使用百分表时要注意以下两点：

（1）百分表内部构造和钟表相类似，应避免摔落或遭受强烈撞击。

图 2-3-5　百分表的组装

（2）心轴上不可涂抹机油或油脂。如果心轴上沾有油污或灰尘而导致心轴无法平滑移动时，请使百分表保持垂直状态，再将套筒浸泡在品质极佳的汽油内浸至中央部位，来回移动数次后再用干净的抹布擦拭，即能恢复至原来平滑的状态。

三、游标卡尺

游标卡尺又称四用游标卡尺，简称卡尺，是由主尺和附在主尺上能滑动的游标两部分构成的精密测量仪器，能够准确且简单地从事长度、外径、内径及深度的测量。在汽车维修工作中，0.02 mm 精度的游标卡尺使用最多，如图 2-3-6 所示。

还有一些游标卡尺叫卡瓦尺，是专门用来测量内径的，如汽车制动鼓的测量等，其量爪结构如图 2-3-7 所示，这种游标卡尺的好处是不受被测物体内径边缘凸起的影响。

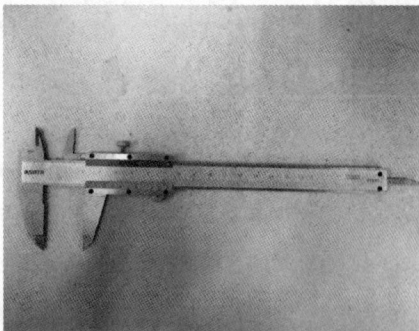

图 2-3-6　游标卡尺

图 2-3-7　卡瓦尺

1. 游标卡尺的使用

(1)使用前的检查。使用游标卡尺时先应依照下列事项逐一检查。

①测定量爪的密合状态：主、副尺的量爪必须完全密合。内径测定用量爪在密合状态下，能够看到少许光线表示密合良好；反之，如果穿透光线很多，则表示量爪密合不佳。

②零点校正：当量爪密切结合后，主、副尺零点必须相互一致才是正确的。

③游标的移动状况：游标必须能够在主尺上轻轻地移动而不会发出声音。

(2)测量操作。在测量作业之前，必须事先清理测量零件及游标卡尺。在测量外径时，需要将零件深夹在量爪中，然后用右手拇指轻压游标卡尺，同时使测定工件和游标卡尺保持垂直状态，如图 2-3-8 所示。

内径尺寸的测量首先是用拇指轻轻拉开副尺，并使主尺量爪与测定物件保持正确的接触，上下晃动，由指示的最大尺寸读取读数，如图 2-3-9 所示。

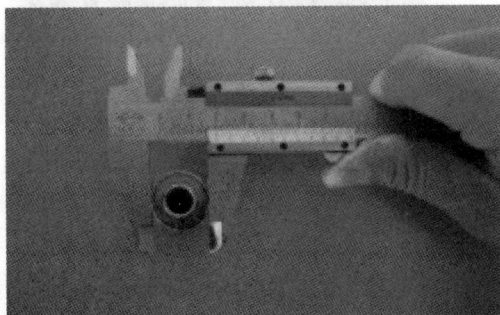

图 2-3-8　测量外径

图 2-3-9　测量内径

此外，用游标卡尺还可以测量汽车零部件的深度。

(3)游标卡尺的读取。游标卡尺主刻度尺和游标刻度尺每个刻度差是 0.02 mm，这就是此游标刻度尺的测量精度。

主刻度尺每个刻度为 1 mm，游标刻度尺每个刻度为 49 mm/50＝0.98 mm，所以主刻度尺和游标刻度尺每一刻度尺差为 0.02 mm。

如图 2-3-10 所示，读数时，首先读出游标零线左边与主刻度尺身相邻的第一条刻线的整毫米数，即测得尺寸的整数值，读数为 13.00 mm。

再读出游标尺上与主刻度尺刻度线对齐的那一条刻度线所表示的数值，如图 2-3-11 所示，即为测量值的小数，读数为 0.44 mm。把从尺身上读得的整毫米数和从游标尺上读得的毫米小数加起来即为测得的实际尺寸。

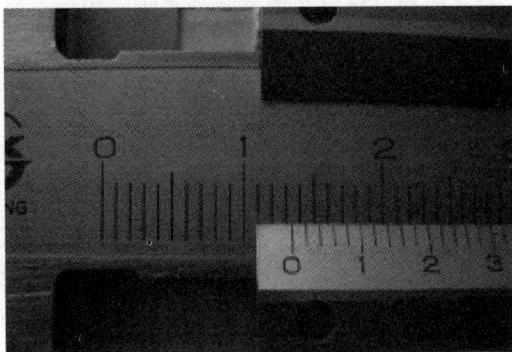

图 2-3-10　游标卡尺主刻度尺读数

13＋(0.02×22)＝13＋0.44＝13.44(mm)

(4)游标卡尺的维护注意事项。游标卡尺是一种精密的测量工具，要获得很好的精度应小心轻放和妥善保存。

测量前，应将游标卡尺清理干净，并将两量爪合并，检查游标卡尺的精度情况。在使用之后，应清除灰尘和杂物。读数时，要正对游标刻度，看准对齐的刻线，目光不能斜视，以减小读数误差。游标卡尺用完后，应清除污垢并涂上防锈油，将其放回盒子里并放在不受冲击及不易掉下的地方保存，如图 2-3-12 所示。

图 2-3-11 游标尺读数

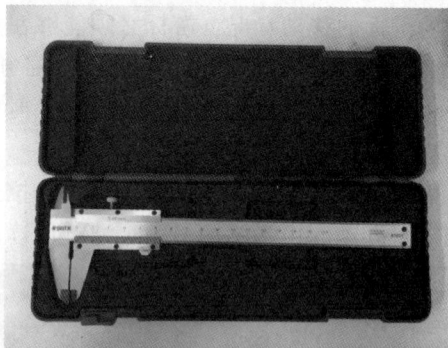

图 2-3-12 游标卡尺的存放

四、外径千分尺

千分尺也称为螺旋测微器，如图 2-3-13 所示，它是利用螺纹节距来测量长度的精密测量仪器，用于测量加工精度要求较高的零部件，汽车维修工作中一般使用可以测至 0.01 mm 的千分尺。

外径千分尺是用于外径宽度测量的千分尺，测量范围一般为 0～25 mm。根据所测零部件外径粗细，可选用测量范围为 0～25 mm、25～50 mm、50～75 mm、75～100 mm 等多种规格的千分尺。

1. 外径千分尺的构造

外径千分尺的构造如图 2-3-14 所示，主要由测砧、测微螺杆、尺架、固定套筒、微分筒、棘轮旋钮及锁紧装置等部件组成。固定套筒上刻有刻度，测轴每转动一周即可沿轴方向前进或后退 0.5 mm。活动套管的外圆上刻有 50 等份的刻度，在读数时每等份为 0.01 mm。

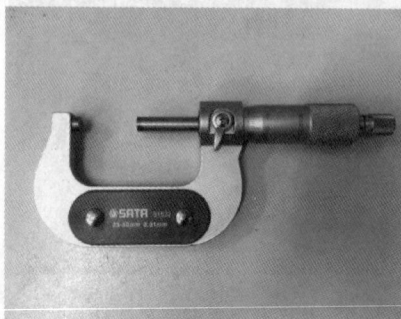

图 2-3-13 外径千分尺

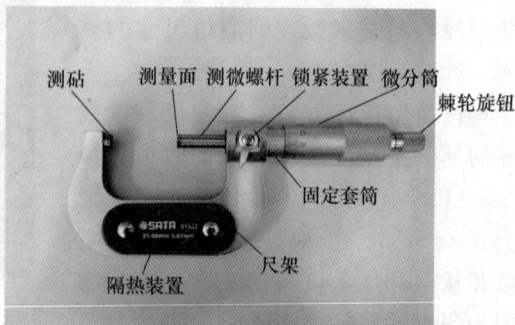

图 2-3-14 外径千分尺的结构

棘轮旋钮的作用是保证测轴的测定压力，当测定压力达到一定值时，限荷棘轮即会空转。如果测定压力不固定则无法测得正确尺寸。

2. 外径千分尺的读数

套筒刻度可以精确到 0.5 mm，由此以下的刻度则要根据套筒基准线和套管刻度的对齐线来读取读数。如图 2-3-15 所示，套筒上的读数为 30 mm ＋ 0.5 mm ＝ 30.5 mm，套管上的 0.23 mm 的刻度线对齐基准线，因此读数是 30.5 mm ＋ 0.45 mm ＝ 30.75 mm。

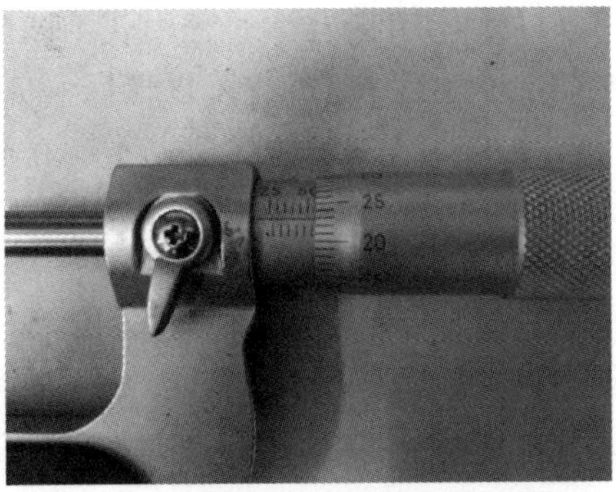

3. 千分尺属于精密的测量仪器

千分尺属于精密的测量仪器，在测量时应注意以下事项：

图 2-3-15　千分尺的读数

（1）使用前确保零点校正，若有误差请用调整扳手调整或用测定值减去误差。

（2）被测部位及千分尺必须保持清洁，若有油污或灰尘需立即擦拭干净。

（3）测量时请将被测面轻轻顶住测砧，转动棘轮旋钮及套筒使测轴前进。不可直接转动活动套管。

（4）测定时尽可能握住千分尺的弓架部分，同时要注意不可碰及测砧。

（5）旋转后端棘轮旋钮，使两个砧端夹住被测部件，然后再旋转棘轮旋钮一圈左右，当听到发出两三响"咔咔"声后，就会产生适当的测定压力。

（6）为防止因视差而产生误读，最好让眼睛视线与基准线成直角后再读取读数。

（7）当测量活塞、曲轴轴径之类的圆周直径时，必须保证测轴轴线与最大轴径保持一致（即测试处为轴径最大处）。若从横向来看，测轴应与检测部件中心线垂直，只有这样才能保证测试数据正确无误。

五、万用表

万用表又叫多用表、三用表、复用表，是一种多功能、多量程的测量仪表，一般万用表可测量直流电流、直流电压、交流电压、电阻和音频电平等，有的还可以测交流电流、电容量、电感量及半导体的一些参数，是一种简单实用的测量仪器。如今最主流的常用万用表都是数字万用表，如图 2-3-16 所示，数字式万用表工作可靠，它最大的优点就是可以直接显示测量数据，而指针式万用表的读数则不能直接显示，需要根据量程及指针摆度进行计算，指针万用表很少用。

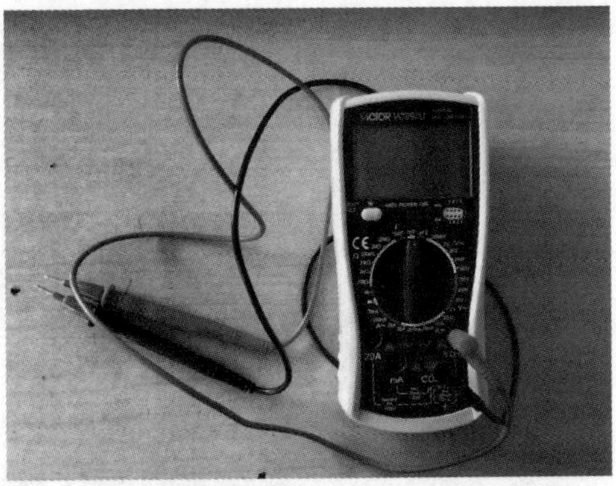

图 2-3-16　数字万用表

1. 万用表使用的注意事项

(1)在使用万用表之前，应先进行"机械调零"，即在没有被测测时，使万用表指针指在零电压或零电流的位置上。

(2)在使用万用表过程中，不能用手去接触表笔的金属部分，这样一方面可以保证测量的准确，另一方面也可以保证人身安全。

(3)在测量某一电量时，不能在测量的同时换挡，尤其是在测量高电压或大电流时，更应注意，否则会使万用表毁坏。如需换挡，应先断开表笔，换挡后再去测量。

(4)万用表在使用时，必须水平放置，以免造成误差。同时，还要注意到避免外界磁场对万用表的影响。

(5)万用表使用完毕，应将转换开关置于交流电压的最大挡。如果长期不使用，还应将万用表内部的电池取出来，以免电池腐蚀表内其他器件。

2. 万用表的使用方法

(1)二极管挡的使用。

首先我们学习一个最简单的二极管挡，把万用表的旋钮旋转到二极管标识符所处的位置，如图 2-3-17 所示，然后把两表笔短接下，你会听到蜂鸣器发出响声，这说明该挡可以正常使用，另外可以确定两表笔之间的电阻为零。生活中常用于这一点测量线路有没有发生断路现象，以及器件是否电气连在一块，既然该挡是二极管挡，所以我们可以用该挡，测量二极管压降。在测量的时候把红表笔放在二极管的阳极，黑表笔放在二极管的阴极，在显示屏可以直接显示出压降数值。此外利用该挡还可以判断二极管是硅管还是锗管，以及二极管是否损坏。

(2)电阻挡的使用。

从二极管挡位逆时针可以看到电阻挡，如图 2-3-18 所示，有一个 Ω 符号，表示测量电阻挡，在测量的时候我们首先应该判断所选电阻大小，然后再选择旋钮进行选择量程，如果不知道电阻多大，可以选择一个中间挡位进行尝试测量，然后根据测量估测值进行更换挡位。我们选用 1 k 电阻进行试验，所以把指针更换挡 2 k 挡，然后在显示屏上直接读出数值，至于表针部分，由于电阻没有正负之分，所以，红黑表笔连在电阻两侧即可（在测量大电阻的时候不要用手触摸表笔），不分正负。

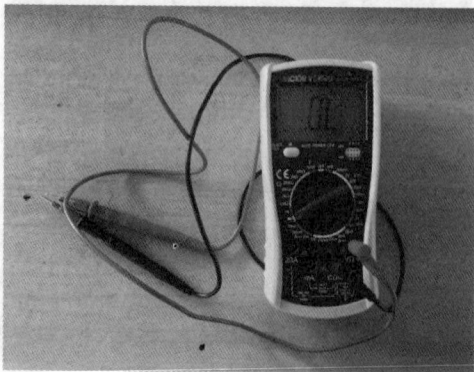

图 2-3-17　二极管挡测量

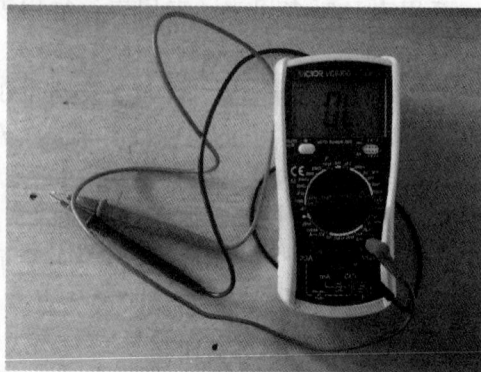

图 2-3-18　电阻挡测量

（3）电压挡的使用。

旋转测量旋钮到电压挡，如图 2-3-19 所示，在这个万用表中交流挡和直流挡是两个量程，所以在测量之前我们首先应该判断我们测量电压是交流电压还是直流电压，该万用表在测量之前不需要知道测量电压值，直接使用电压挡测量即可。

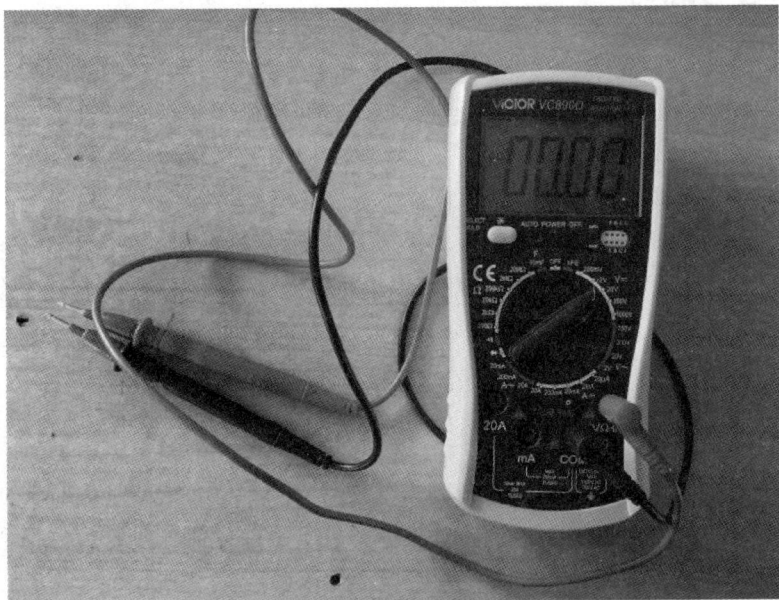

图 2-3-19　电压挡测量

任务小结

1. 钢直尺是最基本的测量工具，是用薄钢板制成的，它一般用于精度要求不高的测量，可以直接测量出工件的尺寸。

2. 百分表利用指针和刻度将心轴移动量放大来表示测量尺寸，主要用于测量工件的尺寸误差以及配合间隙。

3. 游标卡尺又称四用游标卡尺，简称卡尺，是由主尺和附在主尺上能滑动的游标两部分构成的精密测量仪器，能够准确且简单地从事长度、外径、内径及深度的测量。在汽车维修工作中，0.02 mm 精度的游标卡尺使用最多。

4. 千分尺也称为螺旋测微器，它是利用螺纹节距来测量长度的精密测量仪器，用于测量加工精度要求较高的零部件，汽车维修工作中一般使用可以测至 0.01 mm 的千分尺。

5. 万用表又叫多用表、三用表、复用表，是一种多功能、多量程的测量仪表，一般万用表可测量直流电流、直流电压、交流电压、电阻和音频电平等，有的还可以测交流电流、电容量、电感量及半导体的一些参数，是一种简单实用的测量仪器。如今最主流的常用万用表是都是数字万用表，数字式万用表工作可靠，它最大的优点就是可以直接显示测量数据，而指针式万用表的读数则不能直接显示，需要根据量程及指针摆度进行计算，指针万用表很少用。

思考与练习

1. 填空题

(1)_____可以测量内外尺寸、深度、孔距、环形壁厚和沟槽等，其读数部分由_____和_____组成。

(2)_____又称螺旋测微器，是一种精密量具。

(3)_____是齿轮传动式测微量具，常用来测量机器零件的各种几何形状偏差和表面相互位置偏差，也可测量工件的长度尺寸，具有外廓尺寸小、重量轻和使用方便等特点。

(4)使用游标卡尺和千分尺时应先将测量面_____，并检查_____。

2. 选择题

(1)在使用游标卡尺之前，应采取下列(　　)步骤。

A. 在滑动部分涂上大量的润滑油

B. 检查钳口的端面是否变形，并对看得见的变形之处进行调整

C. 当钳口紧贴在一起时，检查零刻度是否对准

D. 检查游标是否松开，并通过拧紧止动螺钉进行必要的调整

(2)百分表长指针表示的长度单位是(　　)。

A. 1 mm 　　　　　　　　　B. 0.1 mm

C. 0.01 mm 　　　　　　　　D. 0.001 mm

(3)外径千分尺的最小测量值(　　)。

A. 0.01 mm 　　　　　　　　B. 0.02 mm

C. 0.1 mm 　　　　　　　　D. 0.05 mm

(4)游标卡尺所测量的最小测量值是(　　)。

A. 0.01 mm 　　　　　　　　B. 0.02 mm

C. 0.1 mm 　　　　　　　　D. 0.05 mm

3. 判断题(对的打√，错的打×)

(1)游标卡尺是一种精密量具，能直接测量工件外径、内径、长度、深度等尺寸。

(　　)

(2)温度过高的工件可选用精密量具测量。　　　　　　　　　　　　(　　)

(3)使用万用表测量电容前，只要断开电路电源就可以。　　　　　　(　　)

(4)百分表的心轴过段时间就需要涂抹适量机油或润滑脂进行润滑。　(　　)

(5)就测量电阻来说，一个当前处于良好状态的部件，其电阻值一定小于0.01 Ω。

(　　)

任务四 举升机的使用项目

学习目标

1. 知道汽车维修企业举升机的种类。
2. 掌握各种举升机操作方法。
3. 掌握举升机操作注意事项。
4. 能够规范操作双柱式举升机。
5. 能够规范操作子母式举升机。

任务导入

学生到汽车维修服务站参加生产实习，分配到汽车维护岗位。第一天和师傅一起进行汽车维护作业，维护车辆已经停在举升机上，师傅要求你把车辆安全举起到合适高度。你要完成这个项目，必须掌握举升机的结构、使用方法和使用注意事项。

知识储备

汽车举升机是用于汽车维修过程中举升汽车的设备，汽车开到举升机工位，通过人工操作可使汽车举升一定的高度，便于汽车维修。举升机在汽车维修养护中发挥着非常重要的作用，现在的维修厂都配备了举升机，举升机是汽车维修厂的必备设备。

一、举升机的分类

1. 单柱式举升机

单柱式举升机是将停放在地面上的轿车等交通工具举升到一定的高度进行维修的专用设备，如图 2-4-1 所示，是一种典型的用于汽车及工程车辆的局部举升，以便更换车轮轮胎或对车辆底盘进行各种维修作业的机具。单柱举升机操作容易、美观、不占用空间便能将重物方便省力地举起，具有省时省力的效果，不用时完全放置于地面，方便汽车倒车和放置物品，是汽车修理不可缺少的机具。单柱车辆举升机分可移动式和固定式两种类型。单柱移动式举升机适用于室内外场地，单柱固定式举升机适用于室内面积较为紧凑的场所。

2. 双柱式举升机

双柱式汽车举升机是一种汽车修理和保养单位常用的专用机械举升设备，如图 2-4-2 所示，广泛应用于轿车等小型车的维修和保养。双柱式汽车举升机将汽车举升在空中的同时可以节省大量的地面空间，方便地面作业。

图 2-4-1 单柱式举升机

图 2-4-2 双柱式举升机

双柱式举升机有对称式和非对称式两种。对称式举升机四根臂的臂长大致相等，这样使得汽车中心（或质心）处于立柱的中间位置，对于皮卡和厢式货车等类型的汽车日常维修来说这种对称式举升机可能是最佳的选择。但是对于一些柱间宽度不够大的对称式双柱式举升机来说，汽车举升后不能打开车门是一个很大的缺点。非对称式举升机的立柱向后旋转了一个角度（大约 30°），并且前臂比后臂稍微短一些。当把汽车停放到这种非对称式的举升机适当位置时，车的位置就向后移动了一些，因此，我们就很容易地从车门进出。而且，这种非对称式举升机转动的立柱，可以确保车辆的重心安全地定位在立柱之间。

双柱式举升机操作使用要求

（1）举升臂应尽量缩到最小长度，举升胶垫应放在车辆推荐举升部位下面的中部，并调节举升胶垫以便均匀接触。

（2）先将举升臂升至举升胶垫完全接触车辆，检查是否已牢固负载。

（3）缓慢将车辆从地面升起，确保平衡负载，再举升至所需工作高度。

（4）放开上升按钮，将车辆降低至安全保险位置，即可进行维修工作。

（5）放下车辆前应先举升车辆，将安全保险打开，再按下降按钮使车辆缓慢下降至举升臂最低为止，移开举升臂，驶出车辆。

双柱式举升机使用注意事项

（1）使用时载荷分布应符合使用说明书中规定的托臂额定载荷分布规定。

（2）举升车辆前应调整好各托盘的高度，使支撑点保持在同一水平面上。

（3）车辆受托举的裙边或大梁必须置于托盘中心，尽量使车辆重心位于支撑面中心处。

（4）托盘就位后，确定托臂定位可靠后才可起动举升机。

（5）当汽车举升机升至距离地面 10 cm 时，检查并确认汽车托举安全可靠，举升机运行正常后，再起动举升至所需工作高度。举升过程中，严禁任何人进入车辆下面。

（6）注意电源不能接反，否则限位开关不起作用。

（7）应定期补充润滑油，保证丝杆螺母充分润滑，防止早期磨损。

3. 四柱式举升机

四柱式汽车举升机是一种大吨位汽车或货车修理和保养单位常用的举升设备，四柱式汽车举升机也适合于四轮定位，因为一般四柱式汽车举升机都有四轮定位挡位，可以调整确保水平。四柱举升机按其结构又分为上油缸式以及下油缸式两种。上油缸式四柱举升机其油缸置于立柱顶部(带横梁)，下油缸式的油缸置于平板下面。上油缸式四柱举升机主要依靠四根链条拉起四个角，拉力油缸置于顶部，这种结构简单，但自重增加。多数上油缸式四柱举升机二次举升为手动或气动，修理工需要在底下操作，这对于经常使用二次举升的用户不方便也不安全。保险装置为气动装置，若没有气源则比较麻烦。下油缸四柱举升机主要依靠四根粗钢索拉起四角，拉力油缸置于平板下面，通过六个圆盘将力传达四面。这种结构比较紧凑，自重降低。二次举升一般为电动液压，和主泵连接在一起，只要转动转换阀即可，升降速度快，保险装置为楔块式，四个楔块利用拉杆联动，扳动拉杆就可打开保险装置，方便耐用，如图 2-4-3 所示。

四柱举升机使用注意事项

(1)应设专人操作、保养、维修举升机设备，禁止未阅读过说明书及无操作资格的人员擅自起动举升机。

(2)汽车停放的位置应使其重心接近工作平台的重心。

(3)严禁超载运行。

(4)工作平台升降过程中，任何人员不得滞留于工作平台上面或下面。

(5)禁止在设备故障情况下运行。

(5)只有在确定四个安全挂钩挂上后，人员方可进入工作区。

图 2-4-3　四柱式举升机

(6)在工作平台停留的汽车必须拉紧手刹及垫好防滑支座。

(7)举升机不使用时应下降至最低位置，并切断电源。

(8)举升机使用一段时间后，钢丝绳会被不同程度地拉长，以致引起工作平台不平及四个挂钩不能同步挂上，此时应及时调整钢丝绳的长度。

(9)应严格按说明书对机器进行维护及检修。

4. 剪式举升机

剪式举升机执行部分采用剪式叠杆形式，电力驱动机械传动结构，目前广泛用于大型车辆维修。剪式举升机的举升速度适中且不占用车坑位置，对于一些车型相对固定，工作强度大(如公共汽车)的修理领域无疑是最好的选择。而且结构简单，同步性好，一般常用作四轮定位仪的平台。

剪式举升机分为大剪(子母式)举升机(如图 2-4-4 所示)，小剪(单剪)举升机(如图 2-4-5 所示)，超薄系列剪式举升机等几种类型。大剪举升机是配合四轮定位仪的最佳设备，并可以作为汽车维修，轮胎、底盘检修用，可以挖槽直接安装在地面上。小剪举升机主要用于汽车维修保养，安全性高，操作方便。超薄系列剪式举升机无须挖槽，适用于任何修理厂。

图 2-4-4 子母剪举升机　　　　　　　　图 2-4-5 单剪举升机

剪式举升机的操作注意事项

(1)工作前,排除机器周围和下方的障碍物。

(2)升降时,举升机规定区域和机器上下方以及平台上的车辆内不能有人。

(3)不能举升超过本机举升能力范围的车辆或其他货物。

(4)举升时,应在车辆底盘下方垫上胶垫。

(5)升降过程中随时观察举升机平台是否同步,如发现异常,应及时停机,检查并排除故障后方能投入使用。

(6)下降操作时,先将举升平台上升一点,注意观察两个保险爪与保险齿间是否完全脱开,否则停止下降。

(7)机器长期不用时,平台应降到最低位置,并驶出车辆,切断电源。

任务实施

实训准备

双柱式举升机;实训车辆。

1. 正确操作双柱举升机

(1)安装举升机支撑臂至车身举升处,如图 2-4-6 所示。举升机举升臂可以伸缩,使举升垫块的卡槽对准车辆举升点,如图 2-4-7 所示,四个支撑点必须每个都调整好,保持支撑点在一个水平面上。

图 2-4-6 安装举升机支撑臂至车身举升处　　　图 2-4-7 举升垫块对准举升点

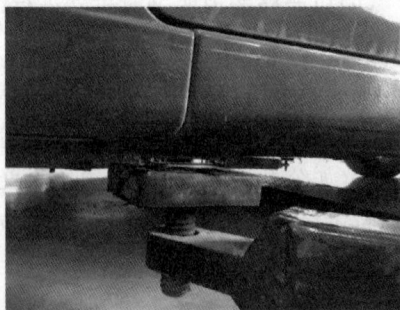

(2)确定支撑安全后举升汽车(一人观察确认,另一人操纵举升机),如图 2-4-8 所示。

注意:操作举升机的同学在操作前要发出"请注意,操作举升机"的举升信号。

另一同学观察车辆四周是否有影响举升安全的物体和人，如图2-3-9所示。安全情况下报告："举升机周围无障碍物，可以操作"。

（3）按下举升机进油阀开关，将汽车举升少许，检查支撑是否可靠，如图2-4-10所示。

（4）将汽车举升至合适高度，按下举升机回油阀，使举升机保险锁止可靠，如图2-4-11所示。

（5）操作完毕后将汽车举升少许，解除举升机保险，如图2-4-12所示。

（6）打开油缸阀门，使汽车降落，如图2-4-13所示。

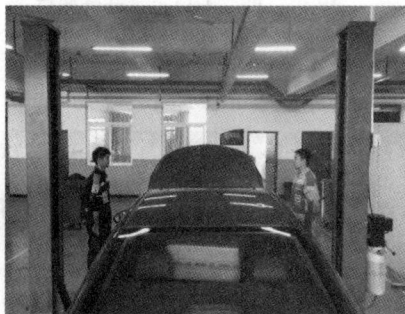

图 2-4-8　确定支撑安全

图 2-4-9　报告可以操作举升机

图 2-4-10　按下举升机进油阀

图 2-4-11　按下举升机回油阀

图 2-4-12　解除举升机保险

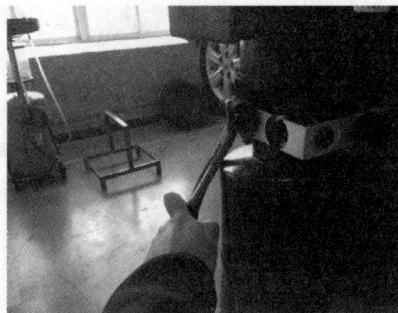

图 2-4-13　打开油缸回油阀

注意：

在操作前，两位同学需确认操作安全，操作同学发出举升信号，在另一同学确认安全的情况下，操作举升机；操作举升机的同学需要注意车辆下降的情况，以防锁止装置没有解开导致车辆倾斜发生危险。

（7）整理举升机举升臂归位，如图 2-4-14 所示。

注意：车辆降下后，整理举升机举升臂，以便车辆离开举升位置。

图 2-4-14 举升臂归位

2. 子母剪式举升机的操作步骤

（1）操作前的准备。掌握子母式举升机操作面板操作方法，如图 2-4-15 所示。

（2）调整正确子母剪切换开关，按下举升键，举升大剪平台，如图 2-4-16 所示。

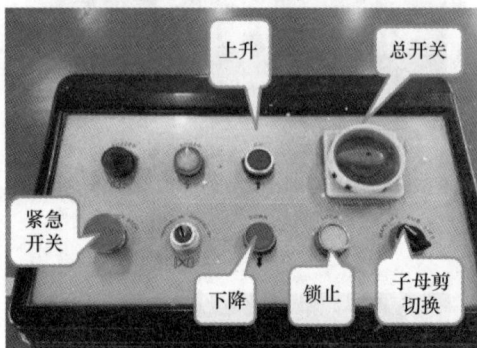

图 2-4-15 子母剪举升机操作面板

图 2-4-16 大剪举升键

（3）大剪举起，如图 2-4-17 所示。按下锁止键，大剪落锁保证安全，如图 2-4-18 所示。

（4）调整举升开关，举升小剪平台，如图 2-4-19 所示。到达操作位置后落锁保证操作安全，如图 2-4-20 所示。

（5）车辆维护或检修完毕，按下 DOWN（降）控制按钮降下车辆，直至车辆平稳停靠地面，如图 2-4-21 所示，举升机归位。

图 2-4-17 大剪举起

图 2-4-18 大剪平台落锁

图 2-4-19 举升小剪平台

图 2-4-20 小剪平台落锁

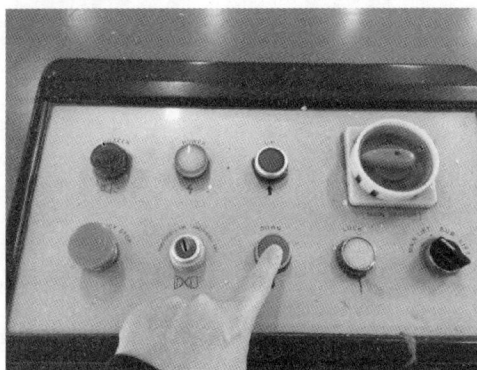

图 2-4-21 按下降键

任务小结

1. 举升机可以分为单柱式举升机、双柱式举升机、四柱式举升机和剪式举升机四种，汽车维修行业中主要使用的是双柱式举升机和剪式举升机。

2. 小剪举升机主要用于汽车维修保养，安全性高，操作方便。大剪举升机是配合四轮定位仪的最佳设备，并可以作为汽车维修，轮胎、底盘检修用。

3. 双柱式汽车举升机是一种汽车修理和保养单位常用的专用机械举升设备，广泛应用于轿车等小型车的维修和保养。双柱式汽车举升机将汽车举升在空中的同时可以节省大量的地面空间，方便地面作业。

思考与练习

判断题

1. 举升机举起车辆时，首先了解被举升车辆的质量，以此判断是否超出了举升机的安全负荷标准。　　　　　　　　　　　　　　　　　　　　　　　　（　　）

2. 车辆被举升到规定位置，进行维护作业时，必须将举升机锁止。 （ ）

3. 车辆在起升或下降过程中，为了提高作业效率，可进行车下部分维护操作。

（ ）

4. 举升机必须由专人负责，定期检查和维护。 （ ）

5. 车辆与举升机之间必须施加橡胶垫块，确保彼此之间有最大的摩擦系数。 （ ）

汽车的日常维护与不定期维护

任务一　汽车的日常维护

学习目标

1. 知道汽车日常维护的项目。
2. 知道汽车日常维护的"三检"、"四清"、"四漏"。
3. 掌握汽车"四漏"的检查方法。

任务导入

张同学的家里有一辆轿车，一天他父亲对他说："家里的车开了有三年了，总觉得没有别人家保养得好，既然你学汽车维修专业，那么到底是什么原因呢？"张同学说："应该是日常保养不够引起的。"如果张同学对自己家轿车进行日常维护需要掌握哪些维护知识和技能呢？

知识储备

汽车的日常维护属于预防性的维护，由驾驶员负责执行。它以清洁、检查、紧固等为主要内容。目的是使汽车各部分零部件工作可靠，及时发现和消除运行中产生的缺陷，保证运行安全。日常维护分为运行前的检查维护、行车途中的检查维护和收车后的检查维护。

汽车日常维护主要内容是坚持"三检"，即出车前、行车中、收车后检视车辆的安全机构及各部机件连接的紧固情况；保持"四清"，即保持机油滤清器、空气滤清器、燃油滤清器和蓄电池表面的清洁；防止"四漏"，即防止漏油、漏水、漏气和漏电。以保持车容整洁、车况良好。

一、汽车规定日常维护项目

汽车日常维护项目如表 3-1-1。

表 3-1-1　汽车日常维护项目

车身外部	1. 检查、清洁驾驶室内外各镜面及风挡、风窗玻璃
	2. 检查整车外观、油漆和腐蚀情况
	3. 检查调整轮胎状况和车轮固定螺栓紧固情况
	4. 检查、调整雨刮器刮水片状况
	5. 检查全车各部液体泄漏情况
	6. 检查、润滑车门和发动机罩
	7. 检查、调整蓄电池液面高度
车身内部	1. 检查、调整灯光、信号状态
	2. 检查、调整喇叭的工作状态
	3. 检查雨刮器、挡风玻璃清洗器状态
	4. 检查挡风玻璃除霜器工作情况
	5. 检查、调整后视镜、遮阳板
	6. 检查方向盘自由行程以及方向盘回转平顺情况
	7. 检查油门踏板操作情况
	8. 检查离合器、制动踏板的自由行程以及踩下、抬起的平顺情况
	9. 检查制动器的制动性能
	10. 检查驻车制动器的制动性能
发动机舱	1. 检查、补充发动机机油
	2. 检查、补充发动机冷却液
	3. 检查、补充挡风玻璃清洗器液量
	4. 检查、并清除散热器的污物，紧定软管管箍，检查老化情况
	5. 检查、补充制动总泵和离合器液压主缸储液罐的液量
	6. 检查发动机排气系统固定和其他变化情况

⏱ 任务实施

一、准备工作

实训轿车；防护五件套；翼子板布；抹布数块。

二、操作步骤

车辆日常维护可以分为行车前、行车中和收车后三部分。

1. 运行前的检查维护

行车前对车辆进行清洗

运行前的检查维护主要有以下这些内容：

(1)检查润滑油(发动机、变速器)、冷却液、制动液、洗涤液(挡风玻璃清洁液)、动力转向油是否足量；蓄电池内电解液量是否符合要求。

(2)检查轮胎气压是否符合规定并清除轮胎花纹间夹石、钉子或其他杂物。

(3)检查汽车各部位有无漏水、漏油、漏气、漏电现象。

(4)检查转向盘自由转动量及转向装置各连接部位是否牢固可靠，工作是否良好。

(5)起动发动机：检查发动机运转是否正常，有无异响，各仪表工作是否正常，各总成件自诊断装置是否正常。

(6)检查照明、信号、喇叭、刮水器、内外后视镜、门锁、门窗玻璃升降机构是否齐全有效。

(7)检查离合器、行车制动器、驻车制动器是否工作良好。

(8)检查驾驶证、行驶证和必须随车携带的行车证件是否带齐。

检查时若发现不符合规定的情况，应立即采取措施予以排除；若暂时不能排除而影响行驶安全，应暂停出车。

2. 行车途中的检查维护

当汽车运行一段路程或一定时间后，应选择平坦、宽阔、避风或遮阳的地方停车，进行途中检查维护。检查内容有：

(1)检查仪表各种警告灯、指示灯是否正常点亮，燃油表、水温表、车速表是否正常工作。要求警告灯、指示灯、燃油表、水温表、车速表正常有效。

(2)仔细倾听发动机及车辆各运动件、紧固件是否有异响。要求运动件、紧固件无异响。

(3)停车检查车轮紧固螺栓、螺母及各种外露螺栓、螺母是否有松动。要求紧固件外露螺栓、螺母紧固正常。

(4)停车检查。检查发动机舱的机油、冷却液、制动液等是否泄漏，电路是否漏电，车辆底部是否有制动液、燃油、变速器油等油液泄漏。要求发动机舱及底盘无油液泄漏、发现问题应立即就地解决，实在难以解决，应报救急或驶向就近的修理场所。

3. 收车后的检查维护

收车后的检查维护应做好下列维护项目并及时排除。

①清洁全车外表，打扫驾驶室和车厢。

②检查发动机运转是否正常，倾听有无异响。

③检查有无漏油、漏水、漏气、漏电现象，并补充燃油、润滑油、制动液、洗涤液等。

④按规定对润滑点进行检查和加注润滑油、脂。

⑤检查轮胎气压情况，紧定轮胎螺母。

⑥检查整理随车工具和附件。

任务检验

完成车辆日常维护的工作项目工作页

班级	姓名	项目	作业时间	得分

作业准备				

作业项目	工作过程	检查情况	小组检验
出车前的检查			
行车中的检查			
收车后的检查			

任务小结

1. 汽车的日常维护属于预防性的维护，由驾驶员负责执行。它以清洁、检查、紧固等为主要内容。

2. 汽车的日常目的是使汽车各部分零部件工作可靠，及时发现和消除运行中产生的缺陷，保证运行安全。

3. 日常维护分为运行前的检查维护、行车途中的检查维护和收车后的检查维护。

4. 保持"四清"，即保持机油滤清器、空气滤清器、燃油滤清器和蓄电池表面的清洁。

5. 防止"四漏"，即防止漏油、漏水、漏气和漏电。

🔷 思考与练习

1. 日常维护是以清洁、补给、紧固和安全检视为作业中心内容，由驾驶员负责执行的车辆维护作业。　　　　　　　　　　　　　　　　　　　　（　　）

2. 汽车维护的分级：日常维护，一级维护，二级维护。　　　　　　（　　）

3. 汽车日常维护与保养包括出车前的维护与保养、行驶中的检查、回场后的维护与保养。　　　　　　　　　　　　　　　　　　　　　　　　　　（　　）

4. 日常维护的中心内容是（　　　　）。

A. 清洁、润滑、紧固 　　　　　　　　　B. 清洁、补给和安全检视

C. 检查、调整 　　　　　　　　　　　　D. 拆检

任务二　汽车走合期维护与季节维护

🔰 学习目标

1. 知道汽车走合期维护的里程。
2. 知道汽车走合期维护的项目。
3. 知道汽车夏季维护的项目。
4. 知道汽车冬季维护的项目。

❖ 任务导入

张同学家最近添置一辆新轿车，一天他父亲对他说："家里有了新车，既然你学汽车维修专业，那么车辆刚开始使用需要注意哪些方面，冬季与夏季又有什么不同的保养方式呢？"如果张同学对自己家轿车进行走合期维护和季节维护需要掌握哪些维护知识和技能呢？

◎ 知识储备

走合期维护

为保证汽车的使用寿命，新车、大修车以及装用大修发动机的汽车必须进行走合期的

磨合，并在走合期结束时进行一次走合维护，其作业项目和深度按汽车生产厂家的要求进行。

走合期间汽车磨合的状况好坏，直接关系着汽车寿命的长短。除了必须按生产厂家的规定驾驶汽车外，做好此期间的维护工作，会有利于汽车机件的磨合。因此，要认真对待，不得疏忽。

新车走合期结束的维护，一般是由生产厂家免费提供服务。走合期间的维护内容比较简单，在不出现特殊情况下，驾驶员自己可以完成。汽车走合期的里程为 1 500～3 000 km(部分进口汽车将首次维护里程定为 7 500～10 000 km)，维护内容主要是清洁、润滑、紧固等。

一、走合前期的维护

走合前维护是为了防止汽车出现事故和损伤，保证汽车顺利地完成走合期的磨合，其作业主要内容为：

(1)清洁全车，检查全车各部位的连接情况，全车外露的螺栓、螺母必须紧固稳妥。

(2)检查、添加燃油和润滑油料驾驶新车前，应将各润滑部位按规定加注足够的润滑油或润滑脂。使用规定标号的汽油或柴油，如不得已改变燃油标号时，需对供油系和点火系作相应调整。

(3)检查、补充冷却液，排除"四漏"现象，检查补充散热器的冷却液，并检查排除全车的漏油、漏气、漏水和漏电现象。

(4)检查底盘的技术状况。检查变速器各挡能否正确变换；检查转向机构各部位有无松旷和发卡现象；检查和调整轮胎气压。发现变速器或转向系统等底盘故障时，应及时将车进厂维修。

(5)电气系统的检查。检查电气设备、灯光和仪表工作是否正常，并检查蓄电池电解液比重及液面高度。

(6)检查制动效能。检查制动系统的性能，试车检查汽车的制动距离，是否有无跑偏和制动发咬等现象。如不符合要求时，应查明原因，及时排除。

二、走合中期的维护

走合中期维护是在汽车行驶 500 km 左右进行的。主要是对汽车各部分技术状况开始发生变化部分进行一次及时的维护，以恢复其良好的技术状况，保证下阶段走合顺利进行，其主要作业内容有：

1. 润滑

充分润滑全车的各个润滑点。在最初行驶 30～40 km 时，应检查变速器、驱动桥、轮毂和传动轴等是否发热或有杂音。如发热或者有杂音应查明原因，予以调整或修理。

2. 检查

检查制动效能和各连接处、制动管路的密封程度，必要时加以调整和紧固，认真做好总成和机件的检查、调整工作。

3. 紧固

新车行驶 150 km 后，需检查一次全车外部螺栓、螺母紧固情况；行驶 500 km 时，则应将前、后轮毂螺母紧固一次。

有些国产车需要对缸盖螺栓进行紧固。在拧紧气缸盖螺栓时，应按规定顺序由缸盖中部螺栓开始，依次向两侧及上下部位拧紧，以防气缸垫皱起影响气缸密封性。注意，铸铁气缸盖可在发动机升温后拧紧；铝合金缸盖则必须在发动机冷状态下拧紧。缸盖螺栓扭紧力矩的大小，应按具体车型的使用说明书规定，使用扭力扳手逐次拧紧。

在汽车走合行驶过程中，要注意观察各总成的温度情况，并要随时检查和排除"四漏"情况。

三、走合后的维护

汽车走合期结束后，应及时将汽车送到厂家指定的维修站做走合期维护。做这次维护的目的，一方面是对汽车进行全面的检查、紧固、调整和润滑作业，使汽车达到良好的行驶状态；另一方面也是生产厂家对汽车售后服务的身份认定。

1. 走合期汽车的维护内容

(1)更换机油，更换机油滤芯；

(2)检查、补充发动机冷却液；

(3)检查、调整发动机传动皮带紧度；

(4)检查、校正点火正时；

(5)检查、调整发动机尾气排放；

(6)检查、调整制动系统；

(7)检查、调整离合器踏板自由行程；

(8)检查、紧固悬挂和转向机构；

(9)检查全车各部泄漏情况并进行排除；

(10)润滑各部铰链；

(11)检查轮胎技术状况；

(12)检查调整电气系统的技术状态。

2. 走合期后的注意事项

汽车虽然已经通过走合期，但汽车在走合期后开始的 3 000～4 000 km 内，实质是汽车由走合期到使用期的过渡阶段。因此，发动机仍不要以很高的转速运转，车速不宜过快，汽车不要超载，并尽量避免在恶劣路面上行驶。

季节性维护

在季节交替时，必然导致与汽车运行条件相关的气温、气压等参数的变化。为了使汽车在不同的地区、不同的季节里都能可靠地工作，在季节转换之前，结合定期维护保养，并附加一些相应的作业项目，使汽车能顺利地适应变化的环境，这种附加性维护保养称为季节维护保养或换季维护保养。换季维护保养有进入夏季和进入冬季时两种典型的季节性维护保养。例如，换用适合季节要求的润滑油，加装或拆除冷却系统的保暖装置等，汽车每个工作日的例行保养作业多由驾驶员在出车前、行驶中和收车后进行，其他各级保养作业一般由汽车保养厂或服务站的专业技工承担。

一、夏季汽车的车况特点与维护保养

1. 夏季汽车的车况特点

(1)发动机在夏季运转时因工作环境温差变小散热变差而导致润滑油的抗氧化安定性能变坏，会加剧其热分解、氧化与再聚合。同时，润滑油通过气缸壁、活塞、活塞环、轴颈及油底壳等过热区域时会加剧蒸发和烧损。发动机的活塞顶、燃烧室壁、气门头等零件上易黏附积碳与胶质，使金属零件的热传导性变差，由于发动机过热、机油黏度降低，机油压力降低，润滑油膜不易形成，易使磨损加剧。

(2)气温升高空气密度会减小，进入气缸里充气量减少使充气系数下降，从而导致发动机输出功率下降，当气温由 15 ℃上升到 40 ℃时，无增压进气的发动机的功率下降值约为 6%～8%。

(3)制动蹄片、轮毂、刹车盘在高温下摩擦系数会下降，特别是汽车在山区坡陡、弯急、狭窄等情况复杂的道路条件下行驶时频繁制动后，制动系统温度会急剧升高，使制动性能变差或丧失(在制动液处于沸腾时)。另外油渣路面会因高温逐渐变形(有的地方还可能变成流动的液体)，路面的附着力显著下降，制动或转弯时极易造成事故。

(4)供油系统受热后部分汽油会以气体状态存于油管与汽油泵中，气体的可压缩性会使汽油泵供油管中的汽油蒸气随汽油泵的脉动压力不断被压缩和膨胀，破坏了汽油泵吸油过程中所形成的真空度，增大了汽油的流动阻力，造成发动机供油不足或中断(形成供油系统气阻)。

(5)随着大气温度的增高，发动机的温度将更高，使窜入气缸中的润滑油在高温缺氧的情况下生成胶质和积碳，在活塞顶部、燃烧室壁、气门顶部和火花塞上形成炽热点。引起发动机炽热点火，产生自燃或爆燃(或飞车)。

2. 夏季汽车的维护保养

(1)由于外界气温高轮胎散热较慢，汽车在高温条件下高速行驶时胎压会异常增高，极易引起爆胎。为防止爆胎，在高温下行驶要经常检查胎温和胎压，保证胎压符合规定的标准。若发现亏气应及时补足，绝对不可凑合行驶。长途行驶时要适当降低车速，必要时需将车辆停靠荫凉地点，待胎温降低后再继续行驶(切不可用泼浇冷水的办法降胎温，这样胎面和胎侧胶层各部分会因收缩不均而发生裂纹)。

(2)根据发动机的压缩比选用辛烷值合适的汽油(尽量不用辛烷值低于要求的汽油)，当汽油辛烷值低于标准时要注意保持发动机的正常温度，适当推迟点火提前角和加浓混合气，同时要及时对燃烧室、气门头等部位的积碳进行彻底的清除。汽车载重上坡时应选择适当挡位，以防止因加油过猛发生爆燃。

(3)要注意修正电解液的比重(其比重要比冬季小一些)，为防止因温度高造成电解液消耗量过大，还要经常检查蓄电池液面高度，及时补充蒸馏水并保持通气孔畅通。为防蓄电池损坏，需减小发电机充电电流。

（4）适时清洗汽油滤清器、燃油箱和油路管道，使之保持清洁畅通。检查、调整汽油泵的工作压力，使之保持正常，一旦出现气阻应停车降温。

（5）液压制动车辆要适时检查制动总泵和分泵，按时更换刹车油（换油检查时要彻底排尽制运管道的空气），检查并调整刹车踏板的高度。气压制动车辆要注意检查制动皮碗和制动软管是否良好，发现损坏应及时更换。

（6）汽车进入夏季时应对全车进行一次技术检查和调整。

①检查冷却系统机件是否齐全完好、冷却系统是否密封、风扇皮带的松紧度是否正常、散热器盖上的通风口和通气口是否畅通、冷却水是否充足、节温器状况是否良好等。另外还要及时消除水垢，保证水路畅通。

②调整润滑，减轻机件磨损。要保证润滑油质量良好，使机件能得到充分润滑。

③检查空气滤清器和机油滤清器，对多尘条件下使用的车辆，要适当缩短润滑油的更换周期。经常在高温天气行驶的车辆可加装机油散热器，并换用夏季发动机油，变速器、主减速器、差速器和转向器厚质齿轮油。

二、冬季汽车的车况特点与维护保养

1. 冬季汽车的车况特点

冬季气候寒冷，车辆在冬季使用时，发动机起动困难，冷却液和电解液易冻结。同时，零件磨损和燃油消耗量显著增加。因此，在入冬之前必须采取相应的保养措施，加强维护，确保车辆安全过冬。

作为专业驾驶员、维修人员必须掌握冬季汽车车况特点。

（1）汽车难以起动或无法起动。由于冬季气温较低，润滑油黏度大，甚至凝结，流动性差，使发动机起动阻力增大，难以达到起动所需的转速。加上蓄电池容量及端电压显著降低，使发动机得不到所需的输出功率，达不到起动转速的要求。同时燃油黏度大，蒸发性变差，雾化不良，使发动机转速低，进气管内气体流速减慢，混合气难以达到可燃的浓度等，从而导致了汽车难以起动或无法起动。

（2）磨损严重，易发出噪声。低温条件下起动发动机，机件磨损相对加快，对发动机的寿命影响极大。由于摩擦表面润滑不及时，冷起动时，机油泵不可能立即将润滑油压送到各摩擦表面，使初始阶段润滑条件变坏，并且气缸壁润滑油膜遭到破坏。由于温度低，汽油雾化困难，一部分未雾化的燃料以液态进入气缸，冲刷气缸壁上残存的油膜，使缸壁与活塞环之间的润滑条件恶化，磨损量急剧增加。因此，应将夏用机油换成冬用机油。

（3）制动效果变差，制动距离变长，安全性能下降。有些车辆使用的制动液含水较多，在夏季还勉强可以使用（但会加剧对制动系统部件的锈蚀）。但到了冬季，制动液就可能会发生冻结，使刹车不灵，因此必须更换品质好的冬用制动液。检查油水分离器、放污开关是否工作正常。这些部件在冬季时，可以保证制动系统管路内的水分被及时排出，防止制动管路发生冻结故障，如性能不良要及时维修、更换。

（4）电瓶易亏电，使用寿命下降。蓄电池最怕低温，低温使蓄电池物理、化学性能下降，低温下蓄电池的电容量比常温时的电容量低很多，加上冬季冷车起动，耗电量特别大，容易亏电，极大地降低了蓄电池的使用寿命。

2. 冬季汽车的维护保养

（1）更换各种油液。

①使用凝点低、流动性好的燃油。低温时燃油的黏度增加，流动性变差，雾化不良容易使燃油的燃烧过程恶化，发动机的起动性、动力性、经济性明显下降。因此，在有条件的情况下应选用凝点较低的燃油。一般选用原则是，燃油的凝点比环境温度低 5 ℃左右。

②更换机油。选用黏度较小的发动机机油，在低温条件下，发动机机油的黏度随着温度下降而增大，流动性变差，摩擦阻力增大，发动机起动困难。因此，应通过及时更换黏度较小的机油来弥补或消除这种不良影响。

③更换冬季用的各种润滑油和润滑脂。进入冬季应对变速器、主减速器、转向器等换用冬季润滑油，轮毂轴承换用低凝点润滑脂。

（2）保养发动机冷却系统。

①检查节温器工作状况，保证节温器工作良好，防止发动机水温过低或过高。如发动机经常处于低温运行，会导致机件磨损的增加。

②清除水套内水垢。对发动机水套进行清洗，清除内部水垢，防止水垢积聚过多，影响发动机散热，如水垢堵塞放水开关，会导致放水不净。

③加注防冻液。在气温过低而条件又允许时，可使用防冻液，在使用前应对冷却系统进行彻底清洗，并应选择品质好、腐蚀性低的防冻液，避免因防冻液品质次而腐蚀机件的现象发生。

（3）保养电气设备。

①检查调整电解液密度。可适当调高电解液密度，防止因电解液密度过低，而发生冻裂蓄电池外壳的事故。

②调高发电机充电电压。由于低温下蓄电池放电量增大，因此发电机充电量必须提高，可适当调高调节器限额电压，一般情况下冬季调节器的限额电压比夏季时高 0.6 V 比较合适。

③保养起动机。冬季发动机起动困难，起动机的使用次数频繁，如起动机功率不足，又会进一步增加发动机起动难度。实践表明，在夏季，如果起动机稍有故障而功率略显不足时，起动发动机可能会很顺利，但到了冬季起动就会变得很困难，甚至不能起动。因此，应对起动机进行一次彻底的保养，保持起动机各部清洁、干燥，尤其是电刷与换向器之间应接触良好。

④加强蓄电池的保温。为防止蓄电池过冷发生冻结及影响起动性能，冬季可给蓄电池制作一个夹层保温电池箱，以提高蓄电池的温度。调整燃料系和点火系统，冬季时可适当升高化油器浮子室油平面高度与调整加速油泵行程，使混合气适应低温工作的需要。为了便于低温起动，应适当增加断电器触点闭合角度，触点间隙调整为 0.3～0.4 mm，以增强火花强度。对带有预热装置的发动机（大多为柴油发动机），入冬之前应对预热装置进行一次检查保养，确保技术状况良好。保养时重点检查电路和油路，防止因预热装置工作不良而影响发动机的起动性。

（4）保养制动系统。检查更换制动液，检查油水分离器、放污开关是否工作正常。

(5)调整点火时间。根据冬季的特点，及时检查并调整供油(点火)提前角(时间)、发动机气门间隙、发动机气缸压力，使其达到规定值，便于发动机的顺利起动，减少机件磨损及油料的消耗。

相关拓展

换季时的轮胎保养

轮胎的使用寿命往往受到季节性因素的影响，而轮胎的品质与日常维护更是车主安全行车的保障。因此，换季时节要注意轮胎的检修与保养，才能保持更佳的行车状态。

1. 及时检修降低损耗

换季保养的前提就是对轮胎进行常规检查，一些意外的割伤、不正确的花纹搭配，汽油、柴油的污染都会降低轮胎的性能。

2. 正确保养延长寿命

气压是轮胎寿命的重要指标，超出正常气压的20%，轮胎的寿命就会降低10%，低于正常气压的30%，轮胎寿命则会减少52%。因此，夏季行车时把胎压放掉一点，以防温度过高而爆胎；到了秋天温度相对较低，就要给轮胎补充胎压，要保持轮胎在规定的气压范围内。

除了时刻进行胎压检测之外，日常的保养也必不可少。在给轮胎充气时，建议填充氮气，这样不仅能提高行驶安全性，还能保持胎压的持久稳定，更能节省2%～10%的燃油。此外，良好的驾驶习惯也能降低轮胎的损耗。驾驶时要避免过急的加速、转向及刹车，这样就会减少胎面橡胶的损耗。

任务小结

1. 为保证汽车的使用寿命，新车、大修车以及装用大修发动机的汽车必须进行走合期的磨合，并在走合期结束时进行一次走合维护，其作业项目和深度按汽车生产厂家的要求进行。

2. 走合期间的维护内容比较简单，在不出现特殊情况下，驾驶员自己可以完成。汽车走合期的里程为1 500～3 000 km(部分进口汽车将首次维护里程定为7 500～10 000 km)，维护内容主要是清洁、润滑、紧固等。

3. 为了使汽车在不同的地区、不同的季节里都能可靠地工作，在季节转换之前，结合定期维护保养，并附加一些相应的作业项目，使汽车能顺利地适应变化的环境，这种附加性维护保养称为季节维护保养或换季维护保养。

思考与练习

1. 一般厂家对于新车走合期维护里程是多少？分别由哪几个部分组成？
2. 举例说明车辆夏季维护的项目。
3. 举例说明车辆冬季维护的项目。

汽车的一级维护

任务一　车辆照明与信号系统的检查

学习目标

1. 了解汽车照明与信号系统的作用与组成。
2. 知道汽车照明与信号系统维护项目。
3. 掌握检查汽车照明与信号系统检查方法。

学习任务

　　张先生到店进行车辆维护，并与服务顾问提及该车夜间开启灯光时，感觉到前照灯没有以前亮了。据分析可能是前照灯有一侧灯泡不亮引起，那么该如何检查车辆灯光呢？
你作为维修技师能否完成检查车辆照明与信号系统的检查作业？

知识储备

一、汽车照明的作用与组成

1. 汽车照明系统的作用和组成

　　汽车照明系统的作用是用以夜间汽车的内外照明。是汽车夜间行驶必不可少的照明设备，为了提高汽车的行驶速度，确保夜间行车的安全，减少交通事故和机械事故的发生，汽车上都装有多种照明设备和灯光信号装置。

　　汽车照明系统根据安装位置和功能不同，一般可分为：外部照明装置、内部照明装置（如图 4-1-1 所示）。汽车照明灯的种类、特点及用途见表 4-1-1。

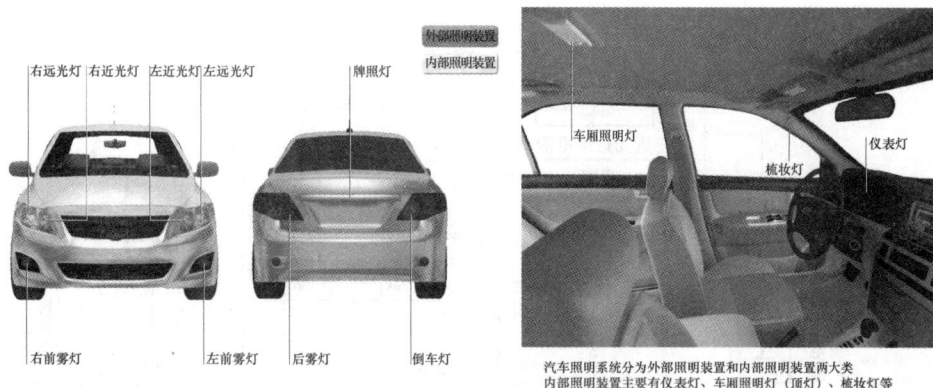

图 4-1-1　汽车照明系统的组成

表 4-1-1　汽车照明系统种类、特点及用途

种类	外照明灯			内照明灯		
	前照灯	雾灯	牌照灯	顶灯	仪表灯	行李厢灯
工作时的特点	白色常亮远近光变化	黄色或橙色单丝常亮	白色常亮	白色常亮	白色常亮	白色常亮
用途	为驾驶员安全行车提供保障	雨雪雾天保证有效照明及提供信号	用于照亮汽车尾部牌照	用于夜间车内照明	用于夜间观察仪表时的照明	用于夜间拿取行李物品时的照明

2. 前照灯

前照灯：又称大灯，装在汽车头部的两侧，主要用途是用于夜间或光线昏暗路面上照明车前的道路和物体，确保行车安全，同时还可利用远近开关交替变换作夜间超车信号。前照灯有两灯制和四灯制之分。

汽车前照灯一般由光源（灯泡）、反光镜、配光镜（散光镜）三部分组成，如图 4-1-2 所示。前照灯控制电路主要由灯光开关、变光开关、前照灯继电器及前照灯组成（如图 4-1-3）。

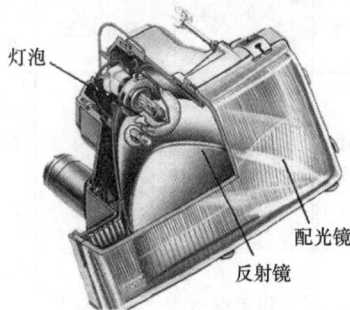

图 4-1-2　前照灯的组成

二、信号系统作用于组成

1. 汽车信号系统的种类及用途

汽车上的信号灯具按其所处位置不同，分为外部信号灯具和内部信号灯具两大类。各种信号灯的特点及用途见表 4-1-2。

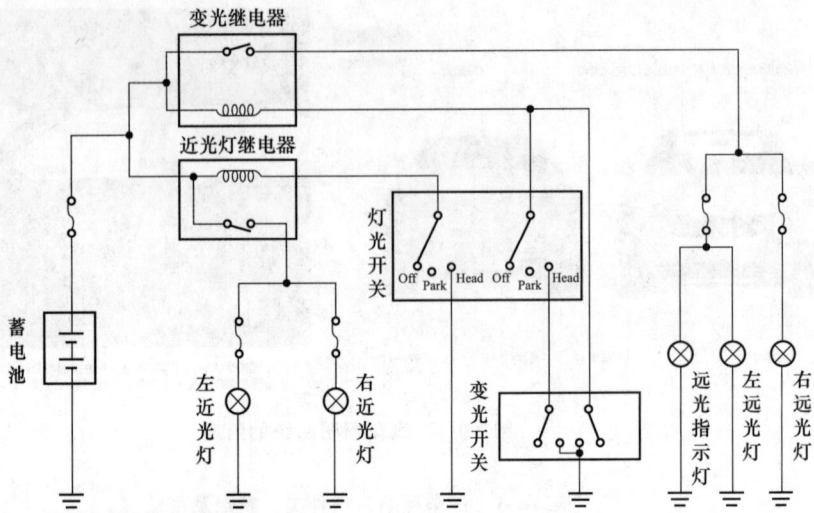

前照灯电路由灯光开关、变光开关和灯光继电器控制

图 4-1-3　前照灯的工作电路

表 4-1-2　汽车信号系统的种类、特点及用途

种类	外信号灯				内信号灯		
	转向灯	制动灯	示宽灯（小灯）	倒车灯	转向指示灯	其他指示灯	报警灯
安装位置	汽车头部、尾部两侧	汽车尾部	汽车前部和后部	汽车尾部	仪表板上	仪表板上	仪表板上
工作时的特点	黄色闪亮左右变化	红色制动时亮	前小灯为白色后小灯为红色	白色倒车时亮	绿色闪亮	绿色或蓝色常亮	红色或黄色常亮
用途	用于指示车辆行驶趋向或有紧急情况	对尾随车辆发出制动信号，防止追尾	用于夜间标示车辆的轮廓或位置	向其他车辆和行人发出倒车信号，夜间倒车照明	提示驾驶员车辆的行驶方向	提示驾驶员车辆的状况	监视汽车异常状况
功率	20 W 以上	20 W 以上	5～10 W	20 W 以上	2 W	2 W	2 W

2. 汽车信号系统的组成

汽车信号系统主要有转向信号装置、制动信号装置、倒车信号装置及喇叭信号装置等。

（1）转向信号灯：转向信号灯装在汽车的前后左右四角，其用途是在车辆起步、靠边停车、变更车道、超车和转弯时，发出明暗交替的闪烁信号，使前后的车辆、行人、交警注意。前转向信号灯的灯色为橙色，后转向信号灯的灯光颜色为红色或橙色。

（2）示宽灯：一般都安装在车前和车尾的两侧边缘。某些大型汽车的中部、驾驶室外侧还增设了一对示宽灯，用来表示该车的存在和车体宽度。要求在距车100 m处能确认灯光信号。前示宽灯也称为小灯、示位灯，灯光一般为白色或琥珀色。后示宽灯也称为尾灯、行车灯，灯光多为红色。侧位灯光多为琥珀色。

（3）制动灯：又称为刹车灯，安装在车尾两侧，用来表明该车正在进行制动的灯具。灯光一律为醒目的红色。要求白天距车尾100 m处能确认灯光信号。现在有的轿车后窗内加装了高位制动灯。

（4）倒车灯：倒车灯安装在汽车后面。其作用有两个：一个是向其他车辆和行人发出倒车信号，另一个是用于夜间倒车照明。倒车灯的颜色一般为白色。

（5）指示灯：指示灯一般装在仪表盘上，用以指示有关照明、灯光信号及某些装置的工作情况的灯具。灯光的颜色可根据需要为绿色或蓝色。

（6）危险报警灯：由于现代交通密度日益增高，除了给特制车辆使用外，还需为发生交通事故或道路堵塞被迫停在车道上的车辆采取安全措施，通过危险报警闪光器接通前后左右转向灯发出报警光信号。

（7）报警灯：报警灯一般装在仪表盘上，用以指示某些装置的工作情况的灯具。灯光的颜色可根据需要为黄色或红色。

（8）喇叭：喇叭为声响信号装置，按下喇叭按钮，发出声响，警告行人车辆，以确保行车安全。

目前，多将前照灯、雾灯、前位灯等组合起来，称为组合前灯；将后位灯、后转向信号灯、制动信号灯、倒车灯组合起来称为组合后灯。

三、汽车照明与信号系统的故障检查

汽车照明与信号系统比较常见的失效形式有灯光不亮、灯光亮度低等。

若前照灯不亮、亮度不够会导致夜间行驶无法看清道路安全情况，信号灯不亮会使发出的信号无法被其他人或车辆接收，可能会导致行车安全事故，所以必须定期检查外部照明与信号灯是否能正常点亮。导致照明与信号灯不亮的原因主要有灯泡损坏、熔断丝熔断、灯光开关或继电器损坏及线路短路或断路等。

灯光亮度不够，导线接头松动或接触不良、散光镜坏或反射镜有尘垢、灯泡玻璃表面发黑或功率过低及灯丝没有位于反射镜的焦点上，均可导致灯光暗淡。

汽车照明与信号系统与行车安全有着密切的联系，该系统不能正常运行可能会导致行车事故，所以需要检查汽车照明与信号系统是否存在故障。

任务实施

1. 准备工作

（1）将车停放到实训区域，安装车轮挡块，拉紧驻车制动器，变挡杆处于P挡。

（2）安装驾驶室防护五件套。

（3）插入点火钥匙，并转至"ON"挡。

（4）安排两名同学，一人在车外，另一人进入驾驶室，共同完成检查项目。

2. 检查车辆前部灯光及仪表指示灯

（1）车外同学检查前部组合灯、雾灯外观是否有划痕、破裂和破损，安装是否紧固。车内同学检查阅读灯和仪表灯是否点亮。注意安全的情况下起动车辆，同时检查仪表灯是否工作正常，如图4-1-4所示。

（2）车外同学做示宽灯检查的手势，如图4-1-5所示，等灯亮后检查是否正常。车内同学打开示宽灯开关，如图4-1-6所示，并检查仪表灯是否点亮。

（3）车外同学做近光灯检查的手势，如图4-1-7所示，等灯亮后检查是否正常。车内同学打开近光开关，如图4-1-8所示，并检查指示灯是否点亮。

（4）车外同学做远光灯检查的手势，如图4-1-9所示，等灯亮后检查是否正常。车内同学打开远光灯开关，并检查指示灯是否点亮，如图4-1-10所示。

（5）车外同学做闪光灯检查的手势，检查前照灯是否闪烁，如图4-1-11所示。车内同学打开远光灯开关，并检查指示灯是否点亮。

图 4-1-4　仪表灯

图 4-1-5　示宽灯检查手势

图 4-1-6　打开示宽灯

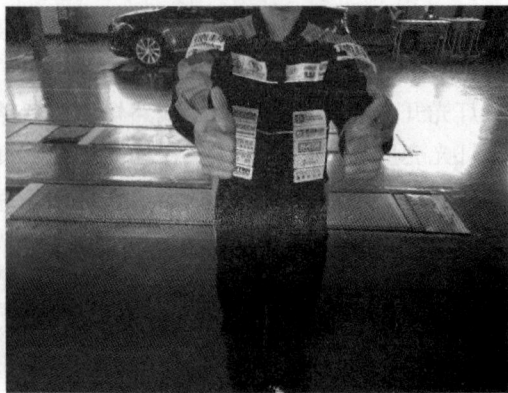

图 4-1-7　近光灯检查手势

图 4-1-8　前照灯开关

图 4-1-9　远光灯检查手势

图 4-1-10　远光灯指示灯

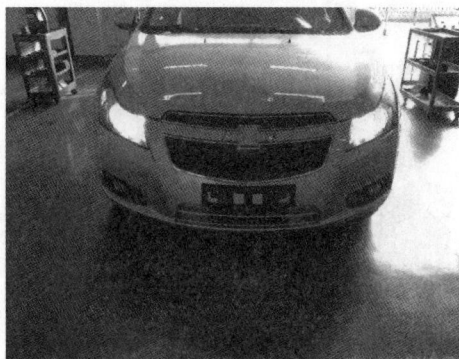

图 4-1-11　前照灯闪烁

（6）车外同学做雾灯检查的手势，如图 4-1-12 所示，等灯亮后检查是否正常。车内同学打开雾灯开关，如图 4-1-13 所示，并检查指示灯是否点亮。

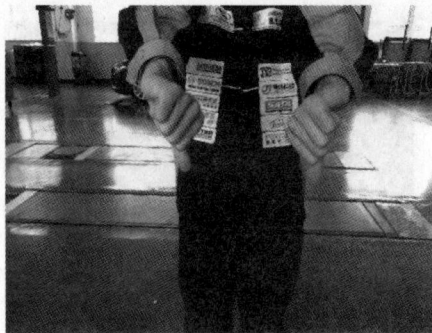

图 4-1-12　雾灯检查手势

图 4-1-13　雾灯开关

（7）车外同学做左转向灯检查的手势，如图 4-1-14 所示，等灯亮后检查是否正常。车内同学打开左转向灯开关，并检查指示灯是否点亮，如图 4-1-15 所示，并转动方向盘，检查转向灯能否回位。

（8）车外同学做右转向灯检查的手势，如图 4-1-16 所示，等灯亮后检查是否正常，如

图 4-1-17 所示。车内同学打开右转向灯开关，并检查指示灯是否点亮，并转动方向盘，检查转向灯能否回位。

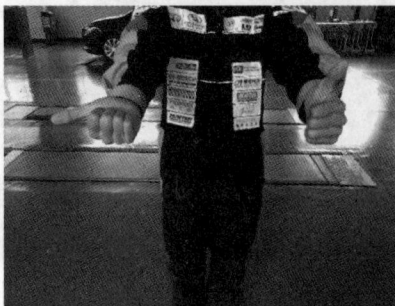

图 4-1-14　左转向灯检查手势

图 4-1-15　左转向指示灯

图 4-1-16　右转向灯检查手势

图 4-1-17　右转向灯点亮

（9）车外同学做危险警告灯检查的手势，如图 4-1-18 所示，等灯亮后检查是否正常。车内同学打开危险警告灯开关，如图 4-1-19 所示，并检查指示灯是否点亮。

图 4-1-18　危险警告灯检查手势

图 4-1-19　危险警告灯开关

3. 检查车辆后部灯光及仪表指示灯

（1）车外同学绕到车辆后部检查后部组合灯、雾灯外观是否有划痕、破裂和破损，安装是否紧固。

（2）车外同学在车辆后部做尾灯检查的手势，如图 4-1-20 所示，等灯亮后检查尾灯和牌照灯是否正常，如图 4-1-21 所示。车内同学打开尾灯开关(打开示宽灯)，并检查指示灯是否点亮。

图 4-1-20　尾灯检查手势

图 4-1-21　尾灯和牌照灯点亮

(3)车外同学在车辆后部做制动灯检查的手势，如图 4-1-22 所示，等灯亮后检查是否正常，如图 4-1-23 所示。车内同学重复踩下制动踏板。

图 4-1-22　制动灯检查手势

图 4-1-23　制动灯点亮

(5)车外同学在车辆后部做雾灯检查的手势，如图 4-1-24 所示，等灯亮后检查是否正常，如图 4-1-25 所示。车内同学打开雾灯开关，并检查指示灯是否点亮。

图 4-1-24　后雾灯检查手势

图 4-1-25　后雾灯点亮

(6)车外同学在车辆后部做左转向灯检查的手势，如图 4-1-26 所示，等灯亮后检查是否正常，如图 4-1-27 所示。车内同学打开左转向灯开关，并检查指示灯是否点亮，并转动方向盘，检查转向灯能否回位。

（7）车外同学在车辆后部做右转向灯检查的手势，如图 4-1-28 所示，等灯亮后检查是否正常，如图 4-1-29 所示。车内同学打开右转向灯开关，并检查指示灯是否点亮，并转动方向盘，检查转向灯能否回位。

图 4-1-26　左转向灯检查手势

图 4-1-27　后部左转向灯

图 4-1-28　右转向灯检查手势

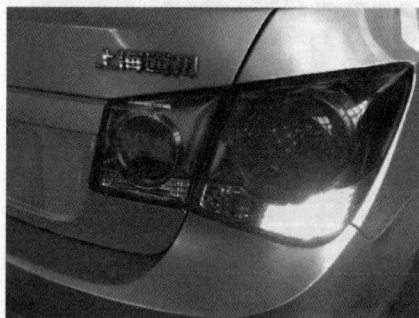

图 4-1-29　右转向灯点亮

（8）车外同学在车辆后部做危险警告灯检查的手势，如图 4-1-30 所示，等灯亮后检查是否正常，如图 4-1-31 所示。车内同学打开危险警告灯开关，并检查指示灯是否点亮。

图 4-1-30　危险警告灯检查手势

图 4-1-31　后部危险警告灯点亮

（9）车外同学在车辆后部做倒车灯检查的手势，如图 4-1-32 所示，等灯亮后检查是否正常，如图 4-1-33 所示。车内同学踩紧制动踏板，将变速器置于倒挡。注意车辆一定要熄火。

图 4-1-32　倒车灯检查手势

图 4-1-33　倒车灯点亮

4. 整理现场

(1)取下车钥匙，收回驾驶舱防护套丢弃至分类垃圾桶。

(2)清洁地面。

任务检验

检查并完成车辆灯光检查的工作页

班级	姓名	项目	作业时间	得分

作业准备				

作业项目	工作过程	检验结果		小组检验
车辆前部灯光检查	检查示宽灯是否点亮			
	检查近光灯是否点亮			
	检查远光灯是否点亮			
	检查闪光灯是否点亮			
	检查雾灯是否点亮			
	检查左转向灯是否点亮			
	检查右转向灯是否点亮			
	检查危险警告灯是否点亮			
车辆后部灯光检查	检查尾灯和牌照灯是否点亮			
	检查制动灯是否点亮			
	检查后雾灯是否点亮			
	检查左转向灯是否点亮			
	检查右转向灯是否点亮			
	检查危险警告灯是否点亮			
	检查倒车灯是否点亮			
5S管理	1. 工具使用规范			
	2. 量具使用规范			
	3. 场地整洁			

任务小结

1. 汽车照明系统是汽车安全行驶的必备系统之一。它主要包括外部照明灯具、内部照明灯具、外部信号灯具、内部信号灯具等。

2. 汽车照明系统的作用是用以夜间汽车的内外照明。是汽车夜间行驶必不可少的照明设备，为了提高汽车的行驶速度，确保夜间行车的安全，减少交通事故和机械事故的发生，汽车上都装有多种照明设备和灯光信号装置。

3. 汽车照明系统根据安装位置和功能不同，一般可分为：外部照明装置、内部照明装置。

4. 汽车信号系统主要有转向信号装置、制动信号装置、倒车信号装置及喇叭信号装置等。

思考与练习

一、判断题

1. 前照灯由灯泡、反射镜、配光镜三部分组成。　　　　　　　　　　　　（　　）

2. 牌照灯属于信号及标志用灯具。　　　　　　　　　　　　　　　　　　（　　）

3. 当车辆出现有远光而无近光，或有近光而无远光时，应先检查变光开关。（　　）

4. 大灯闪光检查时，不论灯光总开关是否打开，只要向上拉起开关至顶位，大灯远光就会点亮。　　　　　　　　　　　　　　　　　　　　　　　　　　　　　　（　　）

5. 有些汽车设置了高位制动灯，主要目的是踩刹车时，后部灯光更加绚丽、美观。
　　　　　　　　　　　　　　　　　　　　　　　　　　　　　　　　　　（　　）

二、单项选择题

1. 前照灯灯光暗的原因是（　　　）。

    A. 电源电压低　　　　　　　　　　　　B. 熔断丝烧断

    C. 发电机电压过大　　　　　　　　　　D. 灯光开关故障

2. 超车信号的灯光是（　　　）。

    A. 左侧转向信号灯　　　　　　　　　　B. 危险信号灯

    C. 大灯远光　　　　　　　　　　　　　D. 其他

3. 汽车倒车信号灯的灯罩颜色是（　　　）。

    A. 红色　　　　　　　　　　　　　　　B. 白色

    C. 橙色　　　　　　　　　　　　　　　D. 其他

4. 汽车制动灯的灯罩颜色是（　　　）。

    A. 红色　　　　B. 白色　　　　C. 橙色　　　　D. 其他

5. 有的车型转向灯带故障报警功能，当其中一只转向灯灯泡发生断路故障时，该侧转向灯就（　　　），发出信号，提醒驾驶员及时更换灯泡。

    A. 不闪烁　　　　B. 快速闪烁　　　　C. 慢速闪烁　　　　D. 其他

任务二　发动机机油及滤清器的检查和更换

学习目标

1. 知道机油的作用和选用标准。
2. 掌握机油和机油滤清器更换周期和工艺流程。
3. 能够熟练进行机油和机油滤清器的更换。

学习任务

　　一辆雪佛兰科鲁兹轿车，行驶了 16 000 km，到汽车维修服务站检查，技师提醒车主说车辆使用后未进行机油和滤清器的更换，已经超过机油和滤清器超过更换周期，需更换机油及机油滤清器。你通过学习和训练，对车主介绍机油及滤清器更换的周期，完成机油和机油滤清器的更换作业。

知识储备

　　机油是发动机零部件润滑的液态工作介质，机油滤清器是发动机润滑系统非常重要的组成部分，更换机油和机油滤清器，是保证发动机润滑、延长发动机使用寿命非常重要的维护操作。

一、发动机机油的作用

　　发动机润滑油，被誉为汽车的"血液"，能对发动机起到润滑、清洁、冷却、密封、减磨、防锈、防蚀等作用。发动机是汽车的心脏，发动机内有许多相互摩擦运动的金属表面，这些部件运动速度快、环境差，工作温度可达 400℃～600℃。在这样恶劣的工况下面，只有合格的润滑油才可降低发动机零件的磨损，延长使用寿命。

1. 润滑

　　活塞和气缸之间，主轴和轴瓦之间均存在着快速的相对滑动，要防止零件过快的磨损，则需要在两个滑动表面间建立油膜。有足够厚度的油膜将相对滑动的零件表面隔开，从而达到减少磨损的目的。

2. 辅助冷却降温

　　机油因比热值较低，且在发动机内部，本身并不具有冷却作用。但发动机内由于燃料燃烧产生热能，在发动机工作时，机油能够将热量带回机油箱再散发至空气中帮助水箱冷却发动机，真正起冷却作用的是发动机壳外部的水（或防冻液体类）。

3. 清洗清洁

　　机油能够将发动机零件上的碳化物、油泥、磨损金属颗粒通过循环带回机油箱，通过润滑油的流动，冲洗了零件工作面上产生的脏物。

4. 密封防漏

机油可以在活塞环与活塞之间形成一个密封圈，减少气体的泄漏和防止外界的污染物进入。

5. 防锈防蚀

润滑油能吸附在零件表面防止水、空气、酸性物质及有害气体与零件的接触。

二、发动机机油的标号的含义

机油标号在机油的外包装上，我们都经常会看到 SAE 和 API，包括分级和黏度规格两部分。机油标号通常表示黏度和品质。其中 SAE 是美国汽车工程师协会的简称，API 是美国石油协会的简称。SAE 后边的标号表明机油的黏度值，而 API 后边的标号则表明机油的质量级别。

1. 黏度表示

10 W－40 就是 SAE 标准黏度值，这个黏度值首先表示这个机油是复级润滑油（民用领域已经基本没有单级润滑油了），W 代表 Winter 冬天，W 前面的数字代表倾点温度，简单来说就是结冰点温度。10 W 的机油对应的结冰点温度是－25 ℃，其他常见的 0 W 是－35 ℃，5 W 是－30 ℃，15 W 是－20 ℃。W 后面的数字代表机油在 100 ℃时的运动黏度，数值越高说明黏度越高。40 代表 100 摄氏度时运动黏度标准为 12.5 mm²/s 到 16.3 mm²/s 之间，绝对不是某些坊间说法所称可以在 40 ℃之下使用，如图 4-2-1 所示。

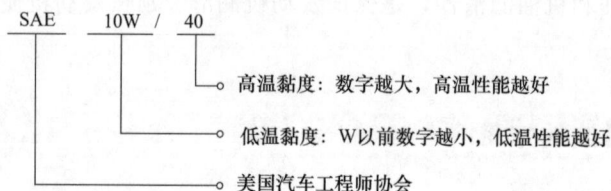

SAE 10W / 40

○—— 高温黏度：数字越大，高温性能越好

○—— 低温黏度：W 以前数字越小，低温性能越好

○—— 美国汽车工程师协会

图 4-2-1　发动机机油黏度表示

2. 品质表示

SL/SL：表示汽油引擎车使用。

CF/CG：表示柴油引擎车使用。

API(American Petroleum Institute)是美国石油协会的英文缩写，API 等级代表发动机油质量的等级。它采用简单的代码来描述发动机机油的工作能力。

API 发动机油分为两类："S"开头系列代表汽油发动机用油，规格有：APISA，SB，SC，SD，SE，SF，SG，SH，SJ，SL，SM，SN。"C"开头系列代表柴油发动机用油，规格有：APICA，CB，CC，CD，CE，CF，CF－2，CF－4，CG－4，CH－4，CI－4。当"S"和"C"两个字母同时存在，则表示此机油为汽柴通用型。

在 S 或 C 后面的字母表示的意义是：从"SA"一直到"SN"，每递增一个字母，机油的性能都会优于前一种，机油中会有更多用来保护发动机的添加剂。字母越靠后，质量等级越高，国际品牌中机油级别多是 SF 级别以上的，如图 4-2-2 所示。例如，壳牌非凡喜力

(Shell Helix Plus)是 API SM 级，而壳牌红色喜力机油(Shell Helix Red Motor Oil)则是 API SG 级，说明非凡喜力的质量等级要高于红喜力。

图 4-2-2　机油等级排列

3. 机油的分类

由于欧洲在发动机设计、车辆行驶条件及政府对节能和环境保护等政策方面，与美国有显著差别，因此这种差别也反映在欧洲汽车制造商对发动机机油性能的关注重点及程度也不相同。欧洲汽车工业十分注意节能，把汽车燃料经济性放在首位，兼顾动力性和排放性能。

ACEA 欧洲润滑油分类标准，最新的 2007 版的分类为 3 个系类，见表 4-2-1。

表 4-2-1　ACEA 欧洲润滑油分类表

系列	适用范围	级别
A/B	汽油和轻负荷柴油发动机油	A1/B1；A3/B3；A3/B4；A5/B5
C	适应催化剂型发动机油	C1；C2；C3；C4
E	重负荷柴油发动机油	E2；E4；E6；E7

常见的机油企业标准，见表 4-2-2。

表 4-2-2　常见机油企业标准

商标	企业名称	标准
BMW	宝马	BMW Longlife—98，—01，BMW Longlife—04
Daimler	戴姆勒奔驰	MB 229. 1/229. 3/229. 5
VW	大众	VW 500 00/502 00/503 00/505 00/506 00/507 00
GM	通用汽车	GM—LL—B—025
Ford	福特汽车	WSS—M2C 913—A/—B，917—A/—C，934—B
Renault	雷诺汽车	RND0700/0710/0720
Porsche	保时捷	Porsche A40，C30
MAN	曼	M 270，M 271，M 3575，M 3275 M 3277，M 3477
MTU	MTU	Type 1，Type 2. 1，Type 2，Type 3. 1，Type 3

三、选用发动机机油的标准

选择合适的机油是保证发动机正常工作、延长使用寿命的重要条件，机油的选择要兼顾使用性能级别和黏度级别，首先根据发动机的结构特点和要求确定合适的使用性能级别，然后再根据发动机使用的外部环境温度，选择合适的黏度等级，其次选用时尽可能选择正规厂家产品，不可与其他品牌润滑油混用。

机油使用性能级别的确定主要根据发动机的结构特征、工作条件和燃油品质来选择，一般可参照说明书的规定，可采用更高性能级别的润滑油但不能降低级别。

汽车机油的具体分类为夏季用油 4 种，冬季用油 6 种，冬夏通用油 16 种。其中夏季用油牌号分别为：20、30、40、50，数字越大其黏度越大，适用的最高气温越高；而冬季用油牌号分别为：0 W、5 W、10 W、15 W、20 W、25 W，符号 W 代表冬季 Winter(冬天)的缩写，W 前的数字越小，低温黏度越小低温流动性越好，适用的最低气温越低；然后是冬夏通用油，牌号分别为：5 W—20、5 W—30、5 W—40、5 W—50、10 W—20、10 W—30、10 W—40、10 W—50、15 W—20、15 W—30、15 W—40、15 W—50、20 W—20、20 W—30、20 W—40、20 W—50，代表冬用部分的数字越小，代表夏季部分的数字越大者黏度越高，适用的气温范围越大，如图 4-2-3 所示。

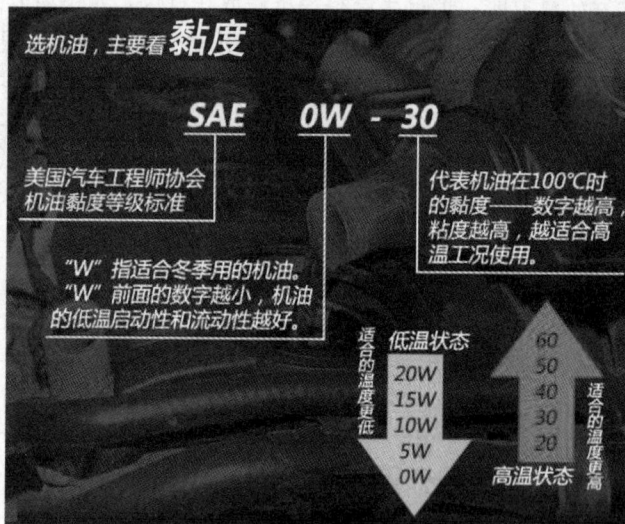

图 4-2-3　机油的选择

四、定期更换机油

(1)机油的抗酸性以及中和酸性物质的能力随着长时间的使用而变差，使得发动机在工作时机油酸值明显增加，对发动机造成酸性腐蚀，缩短发动机使用的寿命。

(2)长时间使用的机油的黏温特性变差，在高、低温下，黏度变化非常大，较差的低温起动性会使机油无法在发动机起动时迅速到达各运动部件的间隙，导致机件间干摩擦，增大磨损。同样高温时也无法形成良好的润滑油膜，也就无法为发动机提供良好的保护。

（3）长期使用的机油的清净分散性、抗氧化性很差，在工作时发动机容易产生大量积碳、胶质、油泥等物质沉积在发动机内，可能会造成润滑不良、器件磨损加剧、燃油油耗大增、功率下降，甚至严重时还会堵塞油道，出现拉缸等后果。

五、更换机油周期界定

新车买回来后前面都是在4S店里进行保养的，保养用的机油也都是所谓的原厂机油。在这种情况下，只需要遵循着汽车保养手册上面的指引周期来更换机油，如表4-2-3所示。

表 4-2-3　科鲁兹轿车保养手册

保养操作	按朋数①	6	12	18	24
	公里（×1 000）①	10	20	30	40
与排放相关的项目					
传动皮带	每 10 年/5 000 km 更换				
检查发动机机油油位	每 3 000 km/1 个月更换				
发动机机油和机油滤清器	每 5 000 km/6 个月更换				
燃油滤清器	○	●	○	●	
燃油管路和连接	○	○	○	○	
添加燃油添加剂（适用）	参见附注②				

①以先到者为准
②对于使用 Turbo 发动机的车辆，建议用户在每次更换机油时，向油箱中添加一瓶燃油添加剂。在此间隔内可视发动机工作状况应添加，但无须频繁添加

　　○：检查这些项目及其相关零件。必要时，进行校正、清洗、添加、调整或更换
　　●：更换

实际上机油多久换一次跟很多因素有关，包括你所使用的机油质量、所在地区的用车环境、车型的年龄等等都有关系。一般来说，使用矿物机油需要在 5 000 km 内更换一次，最长也不要超过 5 000 km。半合成机油可以将换油周期适当延长至 7 500 km，全合成机油可以延长至 10 000 km 更换一次。根据不同的用车环境、驾驶习惯等因素可以做适当的延长或缩短。当然除了根据行驶里程来决定换油周期外，机油也是有保质期的。因为相比放置机油桶内，机油在发动机内高温、高压的恶劣环境下保质期会大幅缩短，性能大幅下降，久而久之对发动机起不到保护所用。所以尽管车辆行驶里程较少，也需要定期更换机油，如表4-2-4所示。车辆进行首次保养可以提前一些，因为发动机在首保之前，是处于首个磨合期，会有较多的机械碎屑会出现发动机内。早些做保养把它们"放"出来，对发动机绝对是有百利而无一害的。

表 4-2-4　机油更换周期

路况 ＼ 油品	矿物质	半合成	全合成
北上广拥堵	5 000 km 或 6 个月	7 500 km 或 1 年	10 000 km 或 1 年
一般城市	7 500 km 或 1 年	40 000 km 或 1 年	1 000～15 000 km 或 1 年
城效高速	10 000 km 或 1 年	10 000～15 000 km 或 1 年	15 000 km 或 1 年
注：以先到者为准			

六、机油滤清器的作用和类型

机油滤清器也称机油滤芯，发动机工作过程中，金属磨屑、尘土、高温下被氧化的积碳和胶状沉淀物、水等不断混入润滑油中。机油滤清器的作用就是过滤掉这些机械杂质和胶质，保持润滑油的清洁，延长其使用寿命。现代轿车上普遍只设有集滤器和一个全流式机油滤清器（串联于机油泵和主油道之间），而从结构上和材质上主要有纸制分体式滤清器和金属整体式滤清器，如图 4-2-4 所示。

图 4-2-4　发动机机油滤清器

七、机油滤清器拆卸专用工具

机油滤清器拆卸专用工具（以世达为例）主要有帽式滤清器扳手、钳式滤清器扳手、带式滤清器扳手和两用滤清器扳手等，如图 4-2-5 所示。

帽式滤清器扳手需要配合棘轮扳手使用，适合特定车型；钳式滤清器扳手主要用于拆卸顽固、难以拆卸的滤清器；带式滤清器扳手适合狭窄空间使用；两用滤清器扳手可拆卸直径在 102 mm 之内的滤清器。

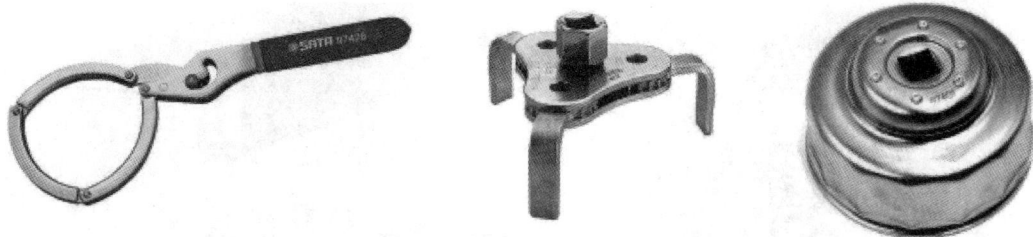

图 4-2-5　机油滤清器拆卸专业工具

任务实施

准备工作

科鲁兹轿车、翼子板布、机油、机油滤清器、扭力杆、世达 120 件套维修工具、抹布、手套。

1. 准备工作

将车辆停放至举升机中央位置，拉起驻车制动器、挂 P 挡（或空挡），安装防护五件套，拉发动机舱释放杆，打开发动机舱，安装翼子板布和前格栅布。

2. 检查机油液面高度

拧松机油加注口盖，取出机油尺擦拭干净，插入直至机油尺手柄限止位，然后取出读取发动机机油液面高度，如图 4-2-6 所示，正常值在 Max～Min 之间。部分发动机会发生机油稀释的现象，油尺上会有机油稀释限位，该发动机液位应在低位和机油稀释限位之间，如图 4-2-7 所示。

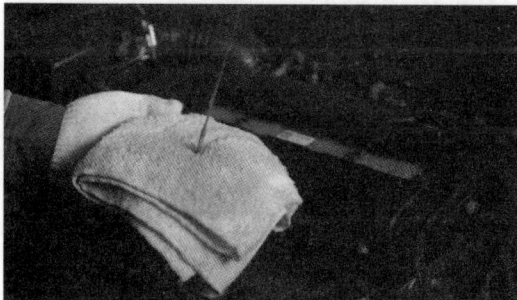

图 4-2-6　检查发动机机油液面高度

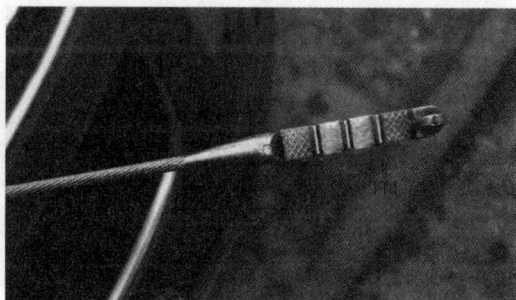

图 4-2-7　机油合格位置

如果检查发现机油位置不合格或失效，需要查明原因，是否有漏油或者其他故障存在。

3. 更换发动机机油和滤清器

（1）安装举升垫块确保安全的前提下举升车辆至最高位置并锁止，如图 4-2-8 所示。

（2）检查废机油回收车，将其推放到机油排放塞下部，如图 4-2-9 所示。

图 4-2-8　举升到合适高度

图 4-2-9　安放废机油回收车

（3）拆下机油排放塞，如图 4-2-10 所示，排放发动机机油至废机油回收车中，直至机油呈滴状流出。

（4）清洁和更换排放塞密封垫，如图 4-2-11 所示。

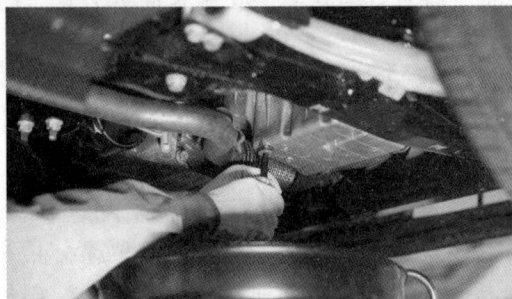

图 4-2-10　拆卸机油排放塞

图 4-2-11　更换排放塞密封垫

（5）清洁放油塞螺纹和油底壳的螺纹，将新垫片安装到放油塞上并将放油塞安装到油底壳上并紧固至 14 N·m，如图 4-2-12 所示。

（6）降下车辆，注意车辆安全，如图 4-2-13 所示。

图 4-2-12　紧固机油排放塞

图 4-2-13　降下车辆

（7）拧松机油滤清器盖，如图 4-2-14 所示，拆卸机油滤清器盖及滤芯。

（8）检查并更换机油滤清器滤芯，给机油滤清器密封圈涂上新发动机机油，组装纸质滤芯和滤清器壳，如图 4-2-15 所示。

图 4-2-14　拆卸机油滤清器盖

图 4-2-15　组装机油滤芯

(9)将机油滤清器安装至滤清器座上并紧固至 25 N·m，如图 4-2-16 所示。切记不可过度拧紧机油滤清器盖，可能导致机油滤清器盖受损，从而导致漏油。

(10)根据维修手册规定加注新发动机机油 4.5 L(实际加注量根据当时检查情况而定)，如图 4-2-17 所示。

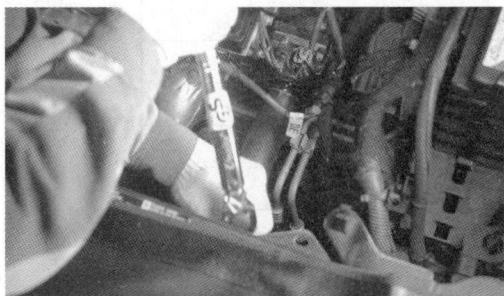

图 4-2-16　安装机油滤清器盖

图 4-2-17　加注发动机机油

(11)检查机油是否合格，起动发动机并使其运转，直到机油压力控制指示灯熄灭。

(12)举升车辆，检查发动机机油滤清器及发油螺栓是否漏油。

(13)降下车辆，收回翼子板布、前格栅布和防护五件套，关闭发动机舱盖，锁好车门。

(14)清洁地面、将工具清洁并归回原位，如图 4-2-18 所示。

图 4-2-18　清洁场地

任务检验

检查与更换发动机机油及滤清器的工作页

班级	姓名		项目	作业时间	得分

作业准备					

作业项目	工作过程	检验结果	小组检验
排放发动机加油	1. 检查发动机机油液位		
	2. 松开机油滤清器		
	3. 打开机油加注口盖		
	4. 举升车辆		
	5. 放好集油车		
	6. 松开排放塞，排放机油		
	7. 清洁及更换排放塞密封垫		
	8. 安装排放塞		
更换机油滤清器	1. 举升机下降到最低位置		
	2. 拆卸机油滤清器		
	3. 检查及组合新滤芯并涂抹机油		
	4. 安装新的机油滤芯		
加注机油	1. 加注发动机加油		
	2. 检查发动机加油液位		
	3. 检查发动机加油有无泄漏		
5S 管理	1. 工具使用规范		
	2. 量具使用规范		
	3. 场地整洁		

任务小结

1. 发动机润滑油，被誉为汽车的"血液"，能对发动机起到润滑、清洁、冷却、密封、减磨、防锈、防蚀等作用。

2. 机油标号在机油的外包装上，我们都经常会看到 SAE 和 API，包括分级和黏度规格两部分。机油标号通常表示黏度和品质。其中 SAE 是美国汽车工程师协会的简称，API 是美国石油协会的简称。SAE 后边的标号表明机油的黏度值，而 API 后边的标号则表明机油的质量级别。

3. 机油使用性能级别的确定主要根据发动机的结构特征、工作条件和燃油品质来选择，一般可参照说明书的规定，可采用更高性能级别的润滑油但不能降低级别。

4. 新车买回来后前面都是在 4 S 店里进行保养的，保养用的机油也都是所谓的原厂机油。在这种情况下，只需要遵循汽车保养手册上面的指引的周期来更换机油即可。

5. 机油滤清器也称机油滤芯，发动机工作过程中，金属磨屑、尘土、高温下被氧化的积碳和胶状沉淀物、水等不断混入润滑油中。机油滤清器的作用就是过滤掉这些机械杂质和胶质，保持润滑油的清洁，延长其使用寿命。

思考与练习

一、判断题

1. 随时可以检查机油液面高度。　　　　　　　　　　　　　　　　　　（　　）

2. 当机油滤芯堵塞时机油将不会从机油滤清器流出。　　　　　　　　　（　　）

3. 更换机油时机油滤清器可以不更换。　　　　　　　　　　　　　　　（　　）

4. 安装机油滤清器滤芯时，应注意安装方向。　　　　　　　　　　　　（　　）

5. 加注润滑油时，加入量越多，越有利于发动机的润滑。　　　　　　　（　　）

6. 润滑油的主要作用有润滑、清洗、密封、冷却等。　　　　　　　　　（　　）

7. 汽车行驶里程不到发动机更换机油的规定路程，但更换机油的时间已经超过了 6 个月，此时必须更换机油。　　　　　　　　　　　　　　　　　　　　　（　　）

二、选择题

1. 机油中渗入冷却液，机油数量将变多，机油颜色将变成（　　　）。

　　A. 深色　　　　　　　B. 乳白色　　　　　　C. 浅红色　　　　　　D. 其他颜色

2. 关于汽油发动机使用机油的说法，（　　　）是正确的。

　　A. SF 级可替代 SJ 级使用　　　　　　　　B. SJ 级可代替 SF 级使用

　　C. 没有明确规定　　　　　　　　　　　　D. 其他

3. 发动机机油数量检查要求在发动机停转至少（　　　）后进行。

　　A.1 分钟　　　　　　　B.5 分钟　　　　　　C.10 分钟　　　　　D. 其他

4. 普通级别机油更换周期为（　　　）。

　　A. 5 000 km 或 6 个月　　　　　　　　　B. 7 500 km 或 12 个月

　　C. 10 000 km 或 8 个月　　　　　　　　D. 其他

5. 发动机排放机油的最佳状态为（　　　）。

　　A. 机油热态　　　　　　　　　　　　　　B. 机油冷态

　　C. 油温在 80 ℃90 ℃时　　　　　　　　D. 其他

任务三 发动机冷却液的检查和更换

学习目标

1. 了解发动机冷却液的作用和类型。
2. 掌握发动机冷却液更换周期。
3. 掌握规范检查与更换发动机冷却液的方法。

学习任务

　　一辆雪佛兰科鲁兹轿车的车主来到 4S 店要求对车辆进行 40 000 km 的维护，根据维修手册要求必须更换发动机冷却液，以免因冷却液失效造成发动机冷却系统结冰、损坏。你通过学习和训练，能否跟客户解释为什么需要检查冷却液并进行更换作业。

学习资料

　　冷却液，又称防冻液、抗冻液、水箱宝等，如图 4-3-1 所示。主要功能为保护发动机正常良好运行，在发动机水箱内循环，起到防冻、防沸、防锈、防腐蚀等效果，大多防冻液的颜色为红色或绿色，以观察是否泄漏，或与发动机其他液体相区别，避免混淆。

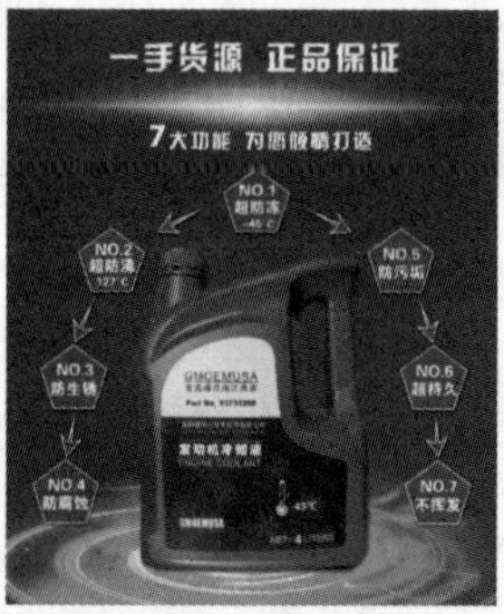

图 4-3-1 发动机冷却液

一、汽车发动机冷却液的作用

　　为保证汽车发动机正常工作和延长发动机的使用寿命，要求汽车发动机冷却液应具备下列品质。

1. 冷却作用

　　冷却液的基本作用是冷却，发动机工作时，冷却液通过水泵在发动机冷却系统内强制循环，带走发动机燃料燃烧做功产生的热量。

2. 防腐作用

冷却系统的一些零部件材质是铸铁、铝、黄铜、焊锡等金属，金属材质在工作过程中容易发生化学腐蚀，导致冷却系统的水箱、喷油嘴隔套、冷却管道、接头等处发生故障。同时，腐蚀物有可能堵塞管道造成循环不良，引起发动机过热。因此，冷却液中都加入了一定量的防腐蚀添加剂，用于防止冷却系统中各零部件的腐蚀。

3. 防垢作用

冷却液的成分大部分是水，水中的钙、镁等阳离子在热负荷条件下，容易与水中的各种酸根阴离子发生化学反应生成水垢。水垢覆盖在循环管道的外壁上使零部件导热不良引起发动机过热。因此，冷却液中通常加入一些防止水垢生成的添加剂。

4. 防冻、防沸作用

冷却液最重要的作用是防冻、防沸。冷却液里含有降低水冰点和提高水沸点的防冻剂，因此，在冬季低温工作时，发动机冷却系统不会因结冰而损坏；在夏季高温工作时，升高沸点，使发动机拥有更高的工作温度。

二、冷却液的组成

汽车发动机冷却液主要由水、乙二醇和添加剂组成，而添加剂以腐蚀抑制剂为主。添加剂的主要作用是防腐，同时兼有防垢和抗泡作用。目前，汽车发动机冷却液的基础液主要是乙二醇，不同冷却液配方的差异在于采用了不同的腐蚀抑制体系。在水和乙二醇作为基液的前提条件下，冷却液配方研究的关键技术是腐蚀抑制剂的选择与复配。通常根据腐蚀抑制剂的组成，将冷却液分为无机盐型和有机酸型，其中，无机盐型又分磷酸盐型、胺型、硅酸盐型。

目前最常用的防冻剂是乙二醇。乙二醇是一种无色无味的液体，能与水以任意比例混合。防冻液中水与乙二醇的比例不同，其冰点也不同，例如47.7％的水与52.3％的乙二醇混合而成的防冻液，其冰点约为−40 ℃。在水中加入防冻剂还同时提高了防冻液的沸点，例如含50％乙二醇的防冻液的沸点是103 ℃。因此，防冻剂有防止防冻液过早沸腾的附加作用。

由此可见，冷却液的作用并不只有防冻功能它还具有冷却、防腐、防垢的作用，对维持发动机冷却系统的正常工作非常重要，需要全年使用。

三、定期检查或更换冷却液

不同的车厂对冷却液的更换周期会有所差异，但其中绝大部分厂商建议车主每两年或四万公里更换一次冷却液。当然这个更换周期也只是一个参考，因为每辆车的行驶情况都不一样，大家可以根据实际使用情况来选择更换，及时检查冷却液的使用情况。如果发现冷却液低于最小的刻度值(冷却液正常值应在 Max 和 Min 之间)，就要及时添加，不然会影响发动机的冷却性能。

常见的乙二醇型冷却液是由乙二醇和水勾兑而成。乙二醇在长期的高温作用下会转化为乙酸，与缓蚀剂相互作用，当缓蚀剂消耗殆尽的之后，乙酸就会腐蚀发动机的金属机体，同时冷却液中的消泡剂、着色剂、防霉剂、缓冲剂等也会随着时间的推移而消耗殆尽，冷却液的防腐、防溶胀等作用就会减弱。另外，由于乙二醇浓度降低，冷却液的冰点也会升高。所以，为了防止上述现象发生，需要定期检查或更换冷却液。

四、添加冷却液的注意事项

1. 冷却液不能混用

不同型号的冷却液最好不要混用，以免产生化学反应、沉淀或气泡，对橡胶密封造成损害，进而会造成水泵水封及焊缝处漏水现象，严重时导致发动机损伤。不过目前通用型的冷却液一定程度上解决了这类难题。

2. 人体不要接触防冻液

防冻液及其添加剂均为有毒物质，请勿用手接触，使用后应将其置于安全场所。没用完的冷却液不宜再使用，应严格按有关法规处理废弃的冷却液，否则易引起化学反应。

3. 加注前的必要检查

加注冷却液前，要对发动机冷却系统进行全面彻底检查，如有渗漏现象，应及时修复后再加注冷却液。

4. 不宜在冷却液中加水

如果在冷却系统中加入的是自来水，它在冬季会因结冰而影响冷却系统的正常工作，甚至造成发动机、水箱等冻裂。

五、长期不更换冷却液会对发动机的影响

目前，市场上的防冻液一般是由水与乙二醇混成的，同时，再加上缓蚀剂、消泡剂、着色剂、防霉剂、缓冲剂等添加剂。除在冬天具有防冻、夏天止沸的作用之外，它还具有润滑、防腐蚀、防锈、防溶胀等作用。一般而言，我们应该两年或三四万公里就去更换防冻液，如果记不住的话就多翻翻说明书，按照上面的规定去做就好了。当然，也可以根据车辆的具体情况适当延长或缩短更换的期限，但最长不要超过四年。

当使用一定时间后，防冻液里的乙二醇就会和水在高温的作用下生成乙醇，与其中的缓蚀剂相互作用。而如果长时间不更换防冻液，里面的缓蚀剂会逐渐消耗殆尽，这样乙醇就会腐蚀发动机的金属机体。而且，各种添加剂也逐渐消耗殆尽，其防腐、防溶胀等作用也会相应减弱。如此一来，产生较明显的现象就是水管接头处会渗漏，金属水管内有腐蚀的痕迹，防冻液还会产生变稠的现象。最明显的就是水管接头处会渗漏，橡胶水管有轻微的裂痕。拆下水管，会发现金属水管内部有腐蚀的痕迹，冷却液甚至会有黏稠的感觉。严重时甚至会将水箱腐蚀漏水(一般先漏水的是暖风水箱)，或者将暖风水箱堵塞，造成暖风不热，如图 4-3-2 所示。

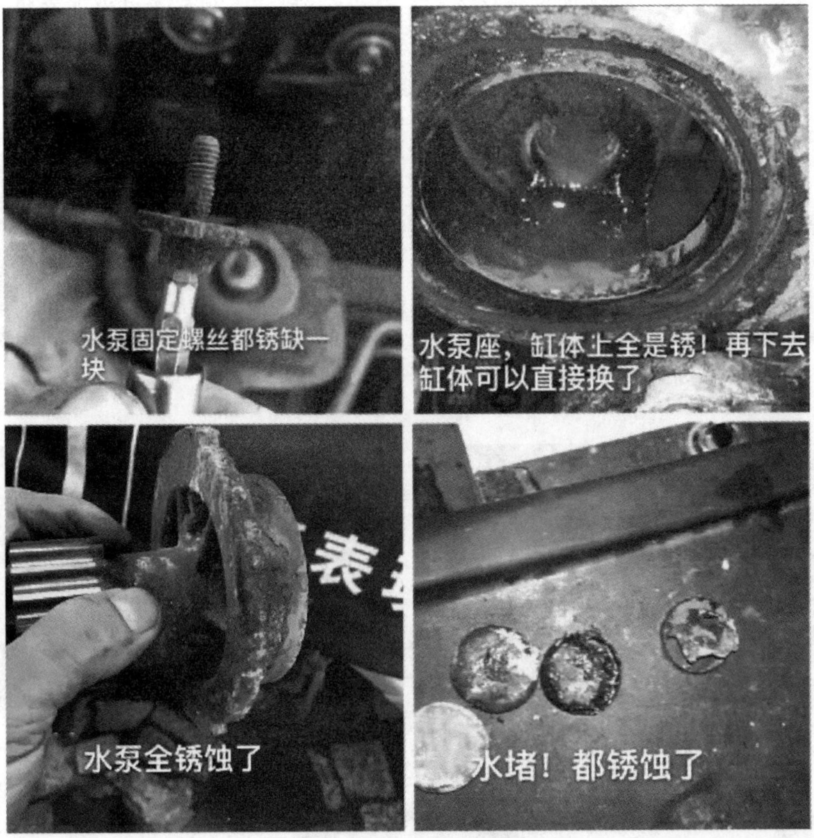

图 4-3-2 冷却系的腐蚀

任务实施

1. 准备工作

(1)工具及备件：实训车辆、发动机冷却液、冰点测试仪、水桶、抹布。

(2)将车辆停放至举升机中央位置，拉起驻车制动器、挂 P 挡(或空挡)，安装防护五件套；

(3)拉发动机舱释放杆，打开发动机舱，安装翼子板布和前格栅布，如图 4-3-3 所示。

2. 检查冷却液液面高度

在冷却系统冷却的情况下，用手电筒检查冷却液液位，应在最低液位线标记和最高液位线标记之间，如图 4-3-4 所示。

如果液位过低，需查明是否存在泄漏，修复后添加冷却液至正常液位。

3. 检查冷却液冰点

使用冰点测试仪检查冷却液冰点，查阅维修手册如低于—35 ℃则应更换。

(1)测试仪校准，取少许自来水涂于测试仪观测口上。读取自来水冰点值应为 0 ℃，如图 4-3-5 所示，说明测试仪正常，否则需校准测试仪。

（2）取少许冷却液涂于测试仪观测口上，如图 4-3-6 所示，读取冷却液冰点值，如图 4-3-7 所示。

图 4-3-3　准备工作

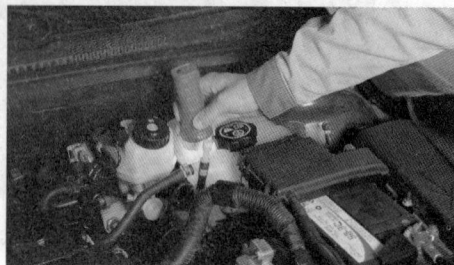

图 4-3-4　检查冷却液液位

图 4-3-5　校准冰点测试仪

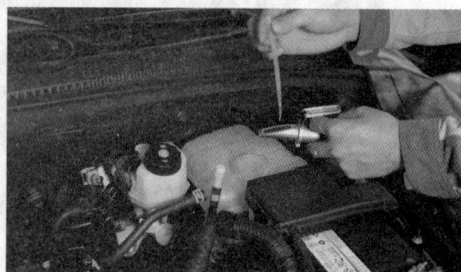

图 4-3-6　检查冷却液冰点

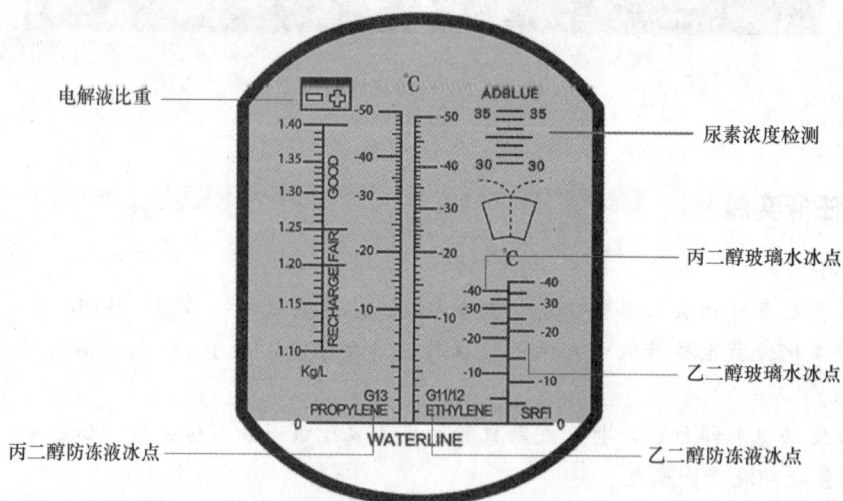

图 4-3-7　读取冷却液冰点

（3）测试仪使用完毕后清洁干净，保存于干净的容器内。

注意：必须在发动机冷却前提下，才能打开发动机散热器盖或冷却液补充罐盖，以免烫伤。

4. 更换发动机冷却液

(1)打开冷却液储液罐盖(打开前确保冷却液已冷却),检查冰点后可以不用盖上。

(2)安全支撑和举升车辆,如图4-3-8所示。

(3)将放水管接到散热器放水开关,如图4-3-9所示。

(4)打开散热器放水螺塞,将原冷却液放出,如图4-3-10所示。

(5)排空冷却系统中冷却液,关闭散热器放水螺塞,降下车辆,如图4-3-11所示。

图4-3-8　举升车辆至最高

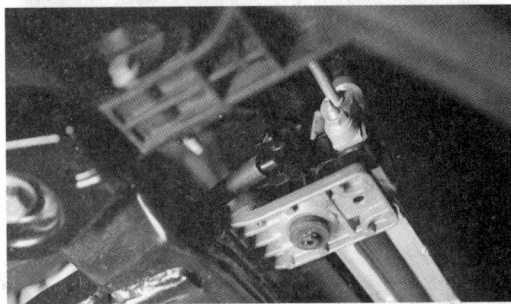

图4-3-9　连接放水管

图4-3-10　排放冷却液

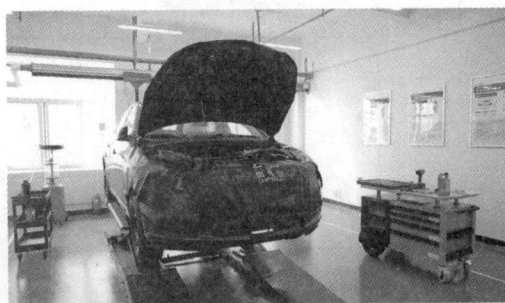

图4-3-11　降下车辆

注意:冷却液具有较强的毒性和化学腐蚀性,不可与眼睛、口鼻、油漆接触。

(6)拧松散热器上的排气口螺栓,如图4-3-12所示。

(7)缓慢加注冷却液,如图4-3-13所示。将冷却加注到最低与最高标记线之间,拧紧加注盖。

注意:不同型号、颜色、厂牌的冷却液不能混用。

图4-3-12　拧松排气口螺栓

(8)起动发动机,工作到冷却风扇工作熄火。

(9)检查冷却液液位是否合格,如图4-3-14所示,如不足需继续添加。

图 4-3-13　加注冷却液

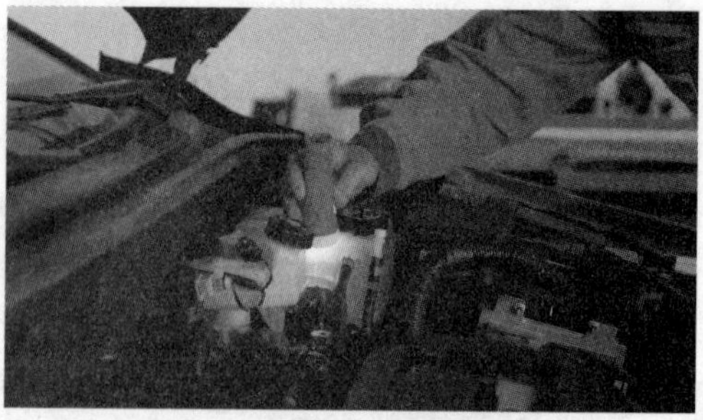

图 4-3-14　检查冷却液液位

5. 现场整理

(1)收回翼子板布、前格栅布和防护五件套，关闭发动机舱盖。

(2)锁好车门，清洁地面、将工具清洁并归回原位。

任务检验

检查与更换发动机冷却液的工作页

班级	姓名	项目	作业时间	得分

作业准备				

作业项目	工作过程		检验结果	小组检验
检查冷却液冰点	1. 检查发动机冷却液液位			
	2. 松开冷却液加注口盖			
	3. 校准冰点测试仪			
	4. 读取冷却液冰点			
	5. 清洁收回冰点测试仪			
更换冷却液	1. 安全举升车辆至最高位置			
	2. 规范排放发动机冷却液			
	3. 排放完毕，关闭散热器放水开关			
	4. 安全降下车辆			
	5. 打开散热器排气口			
	6. 加注发动机冷却液			
	7. 检查发动机冷却液液位			
5S管理	1. 工具使用规范			
	2. 量具使用规范			
	3. 场地整洁			

任务小结

1. 冷却液，又称防冻液、抗冻液、水箱宝等。主要功能为保护发动机正常良好运行，在发动机水箱内循环，起到防冻、防沸、防锈、防腐蚀等效果，大多防冻液的颜色为红色或绿色，以观察是否泄漏，与发动机其他液体相区别，避免混淆。

2. 根据行驶里程或时间长短来更换发动机的冷却液，因为难以通过目视来判断它的变质程度。如果冷却液没有变化，其内在防锈品质降低，散热器、管路、软管等将会损坏。

思考与练习

一、判断题

1. 当发动机冷却系"开锅"时，应立即打开散热器盖添加冷却液。 （　　）

2. 冷却液的选择一般是比当地气温低 10 ℃左右。 （　　）

3. 冷却液无毒无害，冷却液具有良好的防沸功能。 （　　）

4. 允许向冷却液中添加蒸馏水，以调整冷却液的冰点。 （　　）

5. 冷却液必须根据行驶里程或间隔时间来更换。 （　　）

二、选择题

1. 一般情况下，冷却液的冰点应选择比当地最低气温低（　　）。

    A. 0 ℃～5 ℃   B. 5 ℃～10 ℃

    C. 10 ℃～15 ℃   D. 15 ℃～20 ℃

2. 主要成分为乙二醇与水混合物的油液品是（　　）。

    A. 机油   B. 冷却液

    C. 转向助力油   D. 风窗清洗液

3. 发动机冷却液的更换周期为（　　）。

    A. 20 000 km 或一年   B. 40 000 km 或两年

    C. 80 000 km 或四年   D. 其他

4. 水箱盖的压力阀作用是（　　）。

    A. 提高了冷却液的最高沸点温度   B. 降低了冷却液的最低沸点温度

    C. 确保了发动机快速预热的实现   D. 其他

5. DOT3 是一种（　　）油液。

    A. 转向助力油   B. 制动液

    C. 冷却液   D. 齿轮油

任务四　发动机制动液的检查与更换

学习目标

1. 了解汽车制动液的作用。
2. 知道定期检查和更换制动液的原因。
3. 掌握检查和更换制动液的操作方法。

学习任务

　　刘先生的雪佛兰科鲁兹轿车，踩制动踏板感觉高低正常，行驶中踩制动踏板时感觉制动不灵敏，制动距离变长，性能下降。经修理工检查，制动系统机械部件均正常，而该车行驶了 80 000 km，未更换制动液，车主也不知道是否需要更换，可能是制动液含水量过高或变质所导致该故障。你通过学习和训练，完成制动液的检查与更换。

知识储备

一、制动液的作用

　　车辆的制动系统是决定汽车能不能停下来的关键系统。制动液是液压制动系统中传递制动压力的液态介质，使用在液压制动系统的车辆中。而现代汽车制动系统多用液压传动，传动介质制动液的好坏决定制动系统工作是否可靠。

　　制动液又称刹车油或迫力油，如图 4-4-1 所示，英文名为 Brake Fluid，是制动系统制动不可缺少的部分，而在制动系统之中，它是作为一个力传递的介质，因为液体是不能被压缩的，所以从总泵输出的压力会通过制动液直接传递至分泵中。

图 4-4-1　制动液

二、制动液的类型

　　国产制动液依据其平衡回流沸点，可分为 JG0、JG1、JG2、JG3、JG4、JG5 六个质量等级，序号越大平衡回流沸点越高，高温抗气阻性越好，行车制动安全性越高。刹车油分为三种类型：醇型、矿油型和合成型。其中醇型与矿油型已经淘汰，市面上的制动液为合成型。

1. 醇型刹车油

醇型是由低碳醇类和蓖麻油配制而成。在寒冷地区用蓖麻油 34%、丙三醇（甘油）

13％、乙醇 53％配制成的制动液，在－35 ℃左右仍能保证正常制动。虽然醇型的价格低廉，但由于其高低温性能均差，沸点低，易产生气阻，所以容易引发交通事故。我国自 1990 年 5 月起就已淘汰醇型刹车油。

2. 矿油型刹车油

矿油型是用精制的轻柴油馏分加入稠化剂和其他添加剂制成。此类制动液温度适应性较醇型好，工作温度范围为－70 ℃～150 ℃。它的使用性能良好，但由于其对天然橡胶有溶胀作用，故在使用本制动液以前应将制动系统的所有皮碗、软管更换成耐油橡胶制品，以免受到腐蚀而使制动失灵。中国的矿油型制动液分"7 号"和"9 号"两种，"7 号"用于严寒地区，"9 号"用于气温不低于－25 ℃的地区。各种制动液不可混存和混用，否则会出现分层而失去作用。

3. 合成型刹车油

合成型为人工合成的制动液，是由聚醚、水溶性聚酯和硅油等为主体，加入润滑剂和添加剂组成。其使用性能良好，工作温度可高达 200 ℃以上。它对橡胶和金属的腐蚀作用均很小，适合于高速、大功率、重负荷和制动频繁的汽车使用，因此成为目前使用最多、最广的一种制动液。

合成型制动液又分为醇醚型、酯型和硅油型三大类型，但使用最多的是醇醚型和酯型。

（1）醇醚型：常见于 DOT3。醇醚型的化学成分为低聚乙二醇或丙二醇。低聚乙二醇或丙二醇具有较强的亲水性，所以在使用或贮存的过程中其含水量会逐渐增高。由于刹车油的沸点会随着水分含量的增高而降低，所以其制动性能会随之下降。当你发现需要用力踩刹车才能制动时，一个很可能的原因就是刹车油的水分含量过高。刹车油一般每两年一换。

（2）酯型：常见于 DOT4。酯型则是在醇醚型的基础上添加大量的硼酸酯。硼酸酯是由低聚乙二醇或丙二醇通过和硼酸的酯化反应而成。硼酸酯的沸点比低聚乙二醇或丙二醇更高，所以其制动性能更好。硼酸酯还具有较强的抗湿能力，它能分解所吸收的水分，从而减缓了由于吸水而导致的沸点下降。所以酯型刹车油性能比醇醚型更好，价格也更高。

（3）硅油型：常见于 DOT5。硅油型的化学成分为聚二甲基硅氧烷。它的沸点在这三类中是最高的，所以价格也最贵。由于聚二甲基硅氧烷具有很强的疏水性，它几乎完全不吸水。然而，正由于它对水分极强的排斥能力，进入其管道内的水分不能与其混溶，而以水相存在。因为相对于刹车油而言，水的沸点极低，所以不混溶的水分会导致制动性能的急剧下降。因此，硅油型的应用范围较窄。

三、选用制动液原则

在选用制动液时，一般选用汽车使用说明书或维修手册上规定型号或质量等级的制动液。若因某些原因不愿再使用车辆制造厂推荐的制动液或该产品不易获得，需要重新选择制动液时，可遵循以下原则：

（1）低温下必须具有足够低的黏度和良好的低温流动性；

（2）在高温时，必须具有低的泡沫倾向，不产生气阻（国家强制标准规定，刹车油的沸点不得低于 205 ℃，冰点必须达到－40 ℃）；

（3）必须具有高的热稳定性、氧化稳定性和水解安定性；

（4）必须与系统内的金属及弹性密封材料相适应；

（5）必须与水相适应，并在任何温度下同水混合不影响刹车系统的功能。

四、定期更换制动液

制动液使用时间长了，表面上虽然没多大影响，但当车辆在紧急制动或者长期在下坡路行驶的时候，问题就容易出现了。制动系统在长期或者紧急制动的过程中，会使制动液温度迅速上升。而制动液本身有较强的吸水特性，它会吸收周围空气中的水分，例如洗车、潮湿空气等，都会有水分渗透进去，日积月累的水分进入制动液中会直接引起制动液沸点下降，使制动力随之下降。同时会导致制动管路中产生气阻，从而影响制动的性能。另外水分还会腐蚀制动管路，导致防抱死制动（ABS）液压总成的内部阀门损坏，严重影响制动的传递反应。再者，制动液使用时间久了，也会导致制动泵里的皮碗及活塞有所磨损，造成制动液混浊。

建议换制动液的时间最好是：4 万公里或者是 2 年换一次（依照先到原则为准），如果当地的雨水、潮湿天气比较多，建议 3 万公里或者 2 年进行更换（也是依照先到原则为准）。也可根据制动液含水率的检测结果（小于 2.5%）确定是否需要进行更换。

任务实施

1. 准备工作

（1）实训车辆科鲁兹轿车。

（2）制动液、制动液检测仪、容器、漏斗及软管、防护手套、制动排气螺栓专业扳手等。

2. 检查制动液液位

（1）打开发动机舱盖，安装翼子板布和前格栅布。

（2）使用手电筒照射，检查制动液液面高度，若液面无法看清可适当敲击储液罐。

制动液液面应在"Max"与"Min"之间，并尽量接近"Max"，如图 4-4-2 所示。若制动液液面过低，应及时检查制动系统是否有泄漏。

3. 检查制动液含水率

（1）打开制动液储存罐盖，使用制动液检测仪检查制动液。

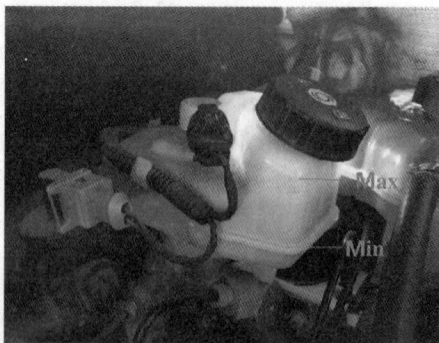

图 4-4-2　检查制动液高度

（2）测量时，将探测头完全插入待测量的制动液中，一直按下红色按钮开关数秒后，根据工作指示灯判断制动液液体的状态。所有的绿色指示灯亮，表示制动液是正常的，如

图 4-4-3 所示，含水量低于 0.5%；黄色的指示灯亮，则表示制动液不良，水分含量已经高于 0.5%，如图 4-4-4 所示。可选择更换；红色警示灯亮，并伴随着蜂鸣器响，则说明制动液严重变坏，含水量已经高于 2.5%，制动力严重下降，必须更换。

图 4-4-3　制动液含水率合格

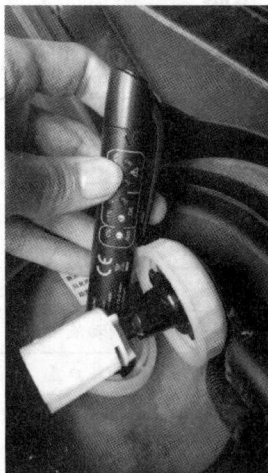

图 4-4-4　制动液含水率不合格

(3)根据检测仪的检测结果进行分析，若不合格，应及时更换。

4. 更换车辆制动液

(1)使用工具抽取制动储液罐中的制动液。加注新的制动液，直至加满为止。

(2)一名学生坐到驾驶室内，将车辆举升车辆至合适位置。

(3)车上学生在车上反复踩刹车踏板到最高点并踩住刹车踏板不要松脚。

(4)一名学生在车下，摘掉放油口上的橡胶防尘帽，将预备透明软管两端分别装在放油口和废油收集瓶中，之后用扳手逆时针方向松开放油口螺丝，此时刹车油会从放油口喷出。同时车上的人会感觉到制动踏板下降。

以上操作反复数次直到放出新制动液且无气泡。

注意制动液储液罐内的液面，要随液面下降添加新制动液。

更换制动液顺序应该先远后近，就是先从刹车管路的远端开始，先后轮，再前轮。因为刹车管路是"X"布局，为了避免新、旧油混合，换油、放气可以从左后或者右后开始，根据维修手册规定，科鲁兹换制动液的正确排气顺序是：右后轮—左前轮—左后轮—右前轮。

安全提示：制动液具有较强的毒性和化学腐蚀性，不可与眼睛、油漆接触。一旦不小心接触到制动液，应立即采取如下措施进行救治：若不慎进入眼睛，需尽快用水彻底冲洗；若接触到皮肤，需用肥皂和水清洗。

(5)重复上述动作 4～6 次，直到旧的制动液完全被排出。

(6)下降车辆，检查制动液液面高度，应符合规定。

(8)检查制动踏板制动时的感觉。起动发动机，踩下制定踏板时，制动踏板下沉，制动生效，松开制动踏板，无拖滞现象。

（9）收回翼子板布、前格栅布和防护五件套，关闭发动机舱盖，锁好车门。清洁地面，将工具清洁并归回原位。

任务检验

检查与更换发动机制动液的工作页

班级	姓名		项目	作业时间	得分

作业准备					

作业项目	工作过程		检验结果		小组检验
检查冷却液含水率	1. 检查发动机制动液液位				
	2. 松开冷却液加注口盖				
	3. 校准制动液测试仪				
	4. 读取制动液含水率				
	5. 清洁制动液测试仪				
更换制动液	1. 抽取旧的制动液				
	2. 加注新的制动液				
	3. 将车辆举升到合适位置				
	4. 车内学生反复踩下制动踏板不放松				
	5. 车外学生安装好右后轮制动液排气管，松开排气口螺栓				
更换制动液	6. 排放左前轮制动液				
	7. 排放左后轮制动液				
	8. 排放右前轮制动液				
	9. 收回放油管，降下车辆				
	10. 加注新制动液				
5S 管理	1. 工具使用规范				
	2. 量具使用规范				
	3. 场地整洁				

任务小结

1. 制动液又称刹车油或迫力油，它的英文名为 Brake Fluid，是制动系统制动不可缺少的部分，而在制动系统之中，它是作为一个力传递的介质，因为液体是不能被压缩的，所以从总泵输出的压力会通过制动液直接传递至分泵中。

2. 合成型制动液分为醇醚型、酯型和硅油型三大类型，但使用最多的是醇醚型和酯型。

酯型：常见于 DOT4。酯型则是在醇醚型的基础上添加大量的硼酸酯。硼酸酯是由低聚乙二醇或丙二醇通过和硼酸的酯化反应而成。硼酸酯的沸点比低聚乙二醇或丙二醇更高，所以其制动性能更好。硼酸酯还具有较强的抗湿能力，它能分解所吸收的水分，从而减缓了由于吸水而导致的沸点下降。所以酯型性能比醇醚型更好，价格也更高。

3. 建议换制动液的时间最好是：4 万公里或者是 2 年换一次(依照先到原则为准)，如果当地雨水、潮湿天气比较多，建议 3 万公里或者 2 年进行更换(也是依照先到原则为准)。也可根据制动液含水率的检测结果(小于 2.5%)确定是否需要进行更换。

◆ 思考与练习

一、判断题

1. 检查中发现，制动液液位下降很多，则需直接更换制动液。 （ ）

2. 同一生产厂家生产的 DOT3 制动液和 DOT4 制动液可以通用。 （ ）

3. 连续踩踏制动踏板，每次都可以一下踩到底且无力，这是因为制动系统渗入空气或者制动液气化。 （ ）

4. 对于装有真空助力器制动系，排除系统空气的顺序，应先从离制动主缸最近地方开始，然后再排离制动主缸远的轮缸的空气。 （ ）

5. 制动液中水分越少，沸点越低，制动时则越易沸腾。 （ ）

二、选择题

1. 制动液定期更换的主要原因是（ ）。

    A. 制动液具有吸湿性   B. 制动液分解产生气体

    C. 制动液冰点降低   D. 其他

2. 汽车制动液更换周期为（ ）。

    A. 20 000 km 或 1 年   B. 40 000 km 或 2 年

    C. 80 000 km 或 4 年   D. 其他

3. 制动液定期更换的主要原因是（ ）。

    A. 制动液具有吸湿性   B. 制动液分解产生气体

    C. 制动液冰点降低   D. 其他

4. 当制动液不小心黏附在车身上时，应采取的措施为（ ）。

    A. 不用清理，挥发后自然就干净了   B. 用布蘸上汽油及时清理

    C. 用水漂洗，再用干净布清理   D. 其他

5. 更换完制动液后，调整储液罐制动液液面高度，液面的最佳位置处于（ ）。

    A. 与液面下标线齐平   B. 上下标线中间

    C. 与液面上标线齐平   D. 其他

任务五　发动机空气滤清器检查和更换

学习目标

1. 了解发动机空气滤清器的作用。
2. 知道发动机空气滤清器的更换周期。
3. 掌握检查与更换发动机空气滤清器的操作方法。

学习任务

　　一辆雪佛兰科鲁兹轿车已经行驶 60 000 km，近段时间发动机具有动力下降，加速不灵的情况。车主来到 4 S 店要求对车辆的进行检查，技师对车辆发动机进气系统检查后发现空气滤清器灰尘较多，甚至有堵塞现象，造成了发动机进气不畅的状况。请你通过学习和训练，熟练完成发动机空气滤清器的检查与更换作业。

知识储备

　　汽车发动机是非常精密的机件，极小的杂质都会损伤发动机。因此，空气在进入气缸之前，必须先经过空气滤清器的过滤，才能进入气缸。空气滤清器是发动机的守护神，空气滤清器状态的好坏关系着发动机的寿命长短。

　　空气滤清器一般有纸质式和油浴式两种。由于纸质滤清器具有滤清效率高、质量轻、成本低、维护方便等优点，已被广泛采用。纸质滤芯的滤清效率高达 99.5％以上，油浴式滤清器的滤清效率在正常的情况下为 95％～96％。轿车上广泛使用的空气滤清器是纸质滤清器，又分为干式和湿式两种。对干式滤芯来说，一旦浸入油液或水分，滤清阻力就会急剧增大，因此清洁时切忌接触水分或油液，否则必须更换新件。

一、发动机空气滤清器的作用

　　发动机在工作过程中要吸进大量的空气，如果空气不经过滤清，空气中悬浮的尘埃被吸入气缸中，就会加速活塞组及气缸的磨损。较大的颗粒进入活塞与气缸之间，会造成严重的"拉缸"现象，这在干燥多沙的工作环境中尤为严重。空气滤清器装在化油器或进气管的前方，起到滤除空气中灰尘、砂粒的作用，保证气缸中进入足量、清洁的空气。

　　在汽车的千千万万个零部件中，空气滤清器是一个极不起眼的部件，因为它不直接关系到汽车的技术性能，但在汽车的实际使用中，空气滤清器却对汽车（特别是发动机）的使用寿命有极大的影响。一方面，如果没有空气滤清器的过滤作用，发动机就会吸入大量含有尘埃、颗粒的空气，导致发动机气缸磨损严重；另一方面，如果在使用过程中，长时间不做维护保养，空气滤清器的滤芯就会粘满空气中的灰尘，这不但使过滤能力下降，而且还会妨碍空气的流通，导致混合气过浓而使发动机工作不正常。因此，按期维护保养空气滤清器是至关重要的。

二、发动机空气滤清器的更换周期

空气滤芯就像是口罩一样。若空气滤清器不能有效地滤除空气中的悬浮颗粒物，轻者加速气缸、活塞及活塞环的磨损，重则造成气缸拉伤，缩短发动机的使用寿命。干净的汽油需要与纯净的空气混合燃烧才能发挥最大的燃油经济性。我们可以看到空气滤清器外观的对比，如图 4-5-1 所示，如果超出更换范围空气滤清器将失去过滤空气进入发动机内的杂质，对发动机内部活塞、进排气门、活塞环、气缸的保护就失

图 4-5-1 新旧空气滤清器对比

去作用。夸张想象一下，发动机在 3 000 转速的时候，气缸里面含有一些小沙子一起摩擦会是什么情况？

如果滤芯阻塞严重，将使进气阻力增加，发动机功率下降。同时由于空气阻力增加，也会增加吸进的汽油量，导致混合比过浓，从而使发动机运转状态变坏，增加燃料消耗，也容易产生积碳。平时应该养成经常检查空气滤清器滤芯的习惯。

一般每 5 000 km/6 个月清洁一次，每 1 万 km/12 个月更换一次，每次一个。当然，不同品牌的保养周期不完全相同，具体更换周期以汽车厂商要求和自己的使用情况、环境等因素做出具体时间安排。例如：雾霾比较严重的情况下用车，最好是 3 个月更换一次。

任务实施

（1）准备工作。

实训设备及工具：科鲁兹轿车、防护五件套、翼子板布、空气滤清器、起子、抹布。

（2）将科鲁兹轿车安全停放到维护工位，安装好防护五件套，拉紧驻车制动器。

（3）打开发动机舱盖，安装好翼子板布，如图 4-5-2 所示。

（4）清洁空气滤清器外壳，采用交叉的方式拆卸空气滤清器螺栓，如图 4-5-3 所示。

图 4-5-2 安装翼子板布

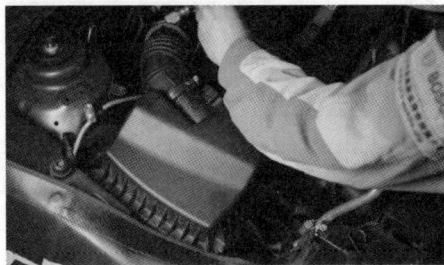

图 4-5-3 拆卸滤清器螺栓

（5）取出空气滤清器滤芯，与更换的新滤芯进行对比，如图 4-5-4 所示。

（6）清洁空气滤清器外壳内部，安装滤芯，如图4-5-5所示。

图 4-5-4 对比新旧空气滤芯

图 4-5-5 安装新滤芯

（7）采用交叉的方式拧紧滤清器螺栓，并施加扭力，如图4-5-6所示。

（8）收回翼子板布，防护五件套及工具，清洁实训场地，如图4-5-7所示。

图 4-5-6 拧紧滤清器螺栓

图 4-5-7 清洁场地

任务检验

检查与更换发动机空气滤清器的工作页

班级	姓名	项目		作业时间	得分
作业准备					
作业项目	工作过程		检验结果		小组检验
拆卸空气滤清器	1. 安装好翼子板布				
	2. 松开空气滤清器螺栓				
	3. 取出和清洁空气滤清器				
更换空气滤清器	1. 对比新旧滤芯				
	2. 清洁滤清器壳内部				
安装空气滤清器	1. 安装新的空气滤清器芯				
	2. 按规定拧紧滤清器螺栓				
	3. 收回工具及附件				
5S管理	1. 工具使用规范				
	2. 量具使用规范				
	3. 场地整洁				

任务小结

1. 空气滤清器一般有纸质式和油浴式两种。由于纸质滤清器具有滤清效率高、质量轻、成本低、维护方便等优点，已被广泛采用。

2. 空气滤清器装在化油器或进气管的前方，起到滤除空气中灰尘、砂粒的作用，保证气缸中进入足量、清洁的空气。

3. 一般来说每 5 000 km/6 个月清洁一次，每 1 万 km/12 个月更换一次，每次一个。

思考与练习

一、判断题

1. 空气滤清器的纸质滤芯使用寿命较短，在恶劣环境条件下工作不可靠。

2. 现代汽车的发动机上普遍采用金属质空气滤清器。

3. 空气滤清器需要根据使用情况来判断清洁的时间和更换的频率。

4. 干式纸质空气滤清器保养时，可用高压气体按空气进入方向清理滤芯。

二、选择题

1. 一般情况下空气滤清器的安装位置是（　　　）。

    A. 发动机进气管路尾部　　　　　　B. 发动机进气管路头部

    C. 排气管末端　　　　　　　　　　D. 任意位置

任务六　玻璃清洗及雨刮检查

学习目标

1. 了解雨刮器的作用。

2. 知道雨刮片更换周期。

3. 能够检查雨刮器功能和更换轿车雨刮片。

学习任务

雨季来临，一辆雪佛兰科鲁兹轿车因挡风玻璃刮得不干净，车主来到 4 S 店要求对车辆的雨刮器进行检查，以免因前挡风玻璃刮不干净造成交通事故。你作为维修技师通过学习和训练，完成雨刮器的检查和雨刮片的更换作业。

知识储备

汽车雨刮器是安装在风窗上的重要附件，因此，它对于行车安全具有重要的作用。雨刮器按其驱动方式可分为机械式、真空式、气压式、液压式和电动式等。现代汽车一般采用电动雨刮器，其优点是结构简单、控制方便。一般汽车雨刮器由电机、曲柄、传动杆、刮臂和刮片组成。

一、雨刮器的作用

雨刮器是用来刷刮除附着于车辆挡风玻璃上的雨点及灰尘的设备，以改善驾驶人的能见度，增加行车安全。因为法律要求，几乎所有地方的汽车都带有雨刮器。掀背车及休旅车等车辆的后车窗也装有雨刮器。除了汽车外，其他运输工具也设置了雨刮器，例如火车、电车等。某些工程用机具，如起重机等亦装有雨刮器。

一般情况下在汽车组合开关手柄上有雨刮器控制旋钮，设有低速、高速、间歇 3 个挡位，如图 4-6-1 所示。手柄顶端是洗涤器按键开关，按下开关有洗涤水喷出，配合雨刮器洗涤挡风玻璃。洗涤器系统是目前汽车上很普通的装置，它由储水箱、水泵、输水管、喷水嘴组成。其中储水箱一般是 1.5～2 L 的塑料罐，水泵是一种微型电动离心泵，通过它将储水箱的洗涤水输向喷水嘴，经 2～4 个喷水嘴的挤压作用将洗涤水分成细小的射流喷向挡风玻璃，配合雨刮器起到清洁挡风玻璃的作用。

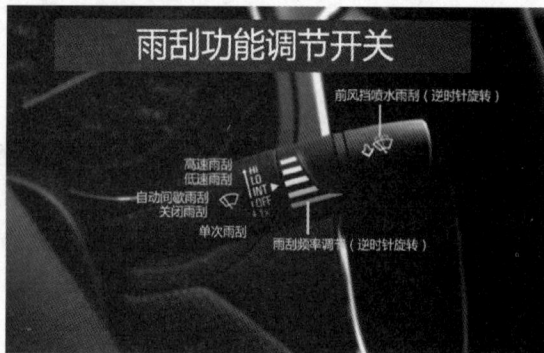

图 4-6-1　雨刮器开关

二、雨刮片更换周期

汽车雨刮器是汽车的重要组成部分。它在雨季起着重要作用，然而，汽车雨刮器也是消耗品。经过长时间的使用，不可避免会老化。因此，需要定期检查和更换。雨刮片通常在使用半年至一年之后，多多少少会出现这样那样的问题，如果使用不当很容易造成雨刮片的损坏，不过这也与雨刮片本身的材料有关。

其实准确地说，更换雨刮器并没有一个标准的时间，一般建议每年更换一次即可，但如果雨刮器的效果还好，并且也没有老化的现象，那么延长时间也可以，最主要的还是看雨刮器本身的状态，如果不足一年，但是在刮水的过程中，就已经有明显刮水不干净的情况存在，那么就需要进行更换了。

三、雨刮器使用注意事项

(1)不要在不喷玻璃水的情况下干刮，易导致雨刮器胶片异常磨损和雨刮电机的损坏。

(2)风挡玻璃如果过脏，在使用雨刮器前要用干布轻轻地清理一下风挡玻璃上的脏物，减少雨刮不必要的磨损。

（3）当雨刮片出现刮水不良时，用水浸湿雨刷片，用水砂纸将雨刮片来回磨几次，再用清水清洗干净后放回风挡，尝试刮一下，看看是否有不平的地方，如果有不平的地方，可以多尝试几次，此方法仅限雨刮片轻度损伤时。

任务实施

（1）准备工作。将科鲁兹轿车安全停放，安装车轮挡块，变速杆至于 P 挡，拉紧驻车制动器。

（2）检查玻璃清洗液液位，肉眼能见到即可。

（3）上提玻璃清洗液喷水开关，如图 4-6-2 所示，检查玻璃喷水与雨刮联动状况。

注意事项：检查雨刮器要在确保安全的情况下起动发动机，喷水时间不得少于 2 s。

（4）向上转动雨刮器开关，分别检查间歇挡、低速挡、高速挡状况，如图 4-6-3 所示。

图 4-6-2 检查玻璃喷水器开关

图 4-6-3 雨刮器开关

（5）检查雨刮的刮拭状况，要求不会产生以下条纹式的刮水痕迹、刮水效果不好的状况，如图 4-6-4 所示。

（6）根据清洗液喷水情况调整喷水孔喷射角度，如图 4-6-5 所示。

（7）拆卸旧的雨刮片，如图 4-6-6 所示。注意拆卸后的防护，如图 4-6-7 所示。

（8）检查雨刮片外观，如图 4-6-8 所示。

（9）安装新的雨刮片，如图 4-6-9 所示。

（10）收回实训工具，清洁场地。

图 4-6-4 检查刮拭状况

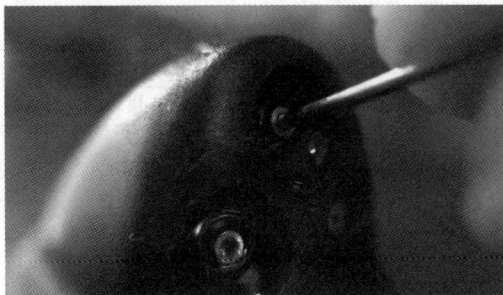

图 4-6-5 调整喷射角度

图 4-6-6 拆卸雨刮片

图 4-6-7 拆卸后的防护

图 4-6-8 检查雨刮片

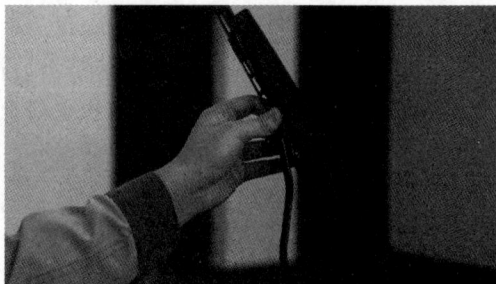
图 4-6-9 安装新雨刮片

任务检验

检查与更换发动机冷却液的工作页

班级	姓名	项目	作业时间	得分

作业准备				

作业项目	工作过程	检验结果		小组检验
检查雨刮器喷水状况	1. 检查玻璃清洗液液位			
	2. 检查雨刮器喷射及联动状况			
	3. 检查雨刮喷射力及喷射位置			
	4. 检查雨刮器间歇挡状况			
	5. 检查雨刮器低速挡状况			
	6. 检查雨刮器高速挡状况			
	7. 调整喷水孔喷射位置			
检查和更换雨刮片	1. 拆卸旧的雨刮片			
	2. 检查旧的雨刮片			
	3. 安装新的雨刮片			
5S 管理	1. 工具使用规范			
	2. 量具使用规范			
	3. 场地整洁			

任务小结

1. 雨刮器按其驱动方式可分为机械式、真空式、气压式、液压式和电动式等。现代汽车一般采用电动刮水器，其优点是结构简单、控制方便。

2. 雨刮器是用来刷刮除附着于车辆挡风玻璃上的雨点及灰尘的设备，以改善驾驶人的能见度，增加行车安全。

3. 雨刮片的更换没有一个标准的时间，一般建议每年更换一次即可，但如果雨刮器的效果还好，并且也没有老化的现象，那么延长时间也可以，最主要的还是看雨刮器本身的状态。

思考与练习

一、判断题

1. 检查雨刮片时可直接将雨刮片抬起。　　　　　　　　　　　　　　（　　）

2. 检查雨刮器是否正常时应使喷嘴工作。　　　　　　　　　　　　　（　　）

3. 调整喷嘴位置时应使用专用工具，以免损坏喷嘴。　　　　　　　　（　　）

4. 抬起雨刮时应注意轻拿轻放，以免刮伤漆面。　　　　　　　　　　（　　）

5. 喷嘴位置调整后，应重新检查喷射位置是否正确。　　　　　　　　（　　）

二、选择题

1. 检查雨刮器、洗涤器工作性能时，发动机状况为（　　）。

　　A. 运行状态　　　　　B. 停转状态　　　　　C. 没有明确的规定　D. 其他

2. 检查洗涤器工作状况时，发动机舱盖处于（　　）。

　　A. 扣合状态　　　　　B. 非扣合状态　　　　C. 没有明确规定　　D. 其他

3. 检查雨刮片刮拭状况时，若前挡风玻璃上出现条纹状刮拭痕迹，主要原因为（　　）。

　　A. 前挡风玻璃变形　　　　　　　　B. 雨刮片老化

　　C. 刮拭速度太快　　　　　　　　　D. 其他

4. 一般情况下，（　　）雨刮片性能更好，使用寿命更长。

　　A. 有骨型　　　　　B. 无骨型　　　　　C. 不确定　　　　　D. 其他

5. 检查洗涤器时，保持发动机运行的原因是（　　）。

　　A. 保持有足够的供电电压

　　B. 保持有足够的洗涤液供给

　　C. 保持洗涤器供电线路处于通电状态

　　D. 其他

任务七　轮胎的检查与轮胎换位

学习目标

1. 了解车轮维护的目的。
2. 知道车轮磨损的形式和原因。
3. 知道车轮定期维护和换位的周期。
4. 掌握检查与换位车轮的操作方法。

学习任务

一辆科鲁兹轿车行驶 60 000 km，轮胎出现不均匀磨损，要求对其车轮进行检查和维护。你通过学习和训练，完成车轮的检查与换位作业。

知识储备

一、车轮维护的目的

在车辆使用中，必须定期对车轮与轮胎实施维护，其目的是为延长其使用寿命，使车轮与轮胎性能保持或恢复至尽可能好的状况，防止小问题将来变成大问题，并且确保行车安全。适时进行轮胎压力检测和轮胎磨耗检查，可以提高转向盘的操纵性及安全性；正确地实施轮胎气压管理以提高磨耗性能和节省燃料；检查轮辋是否变形或定位，以防止轮胎偏磨耗发生；调整轮辋配重均衡，车轮不平衡会导致轮胎上下或左右振动而影响舒适性；适当调整轮胎与轮辋的组合位置，会让车辆振动、噪声等问题减少。

二、车轮的作用

汽车车轮主要用来承受汽车的重量，承受路面传来的各种载荷；起缓和冲击的作用保证汽车行驶的平稳性；保证车轮和路面接触具有良好的附着性，提高汽车的动力性、制动性和通过性，保持汽车行驶稳定性。

三、认识轮胎的型号

轮胎规格常用一组数字表示，前一个数字表示轮胎断面宽度，后一个数字表示轮辋直径，以英寸为单位。例如 225/65 R17 102 H 表示胎宽 225 毫米，扁平率 65，轮辋直径 17 英寸的子午线轮胎，承载系数 102，速度等级 H，如图 4-7-1 所示。有的轮胎还含有其他的字母或符号，具有特殊含义："X"表示高压胎；"C"表示加强型；"B"表示斜交胎；"—"表示低压胎。"M""S"分别是英文"Mud"和"Snow"的缩写，它表示这种轮胎适合于在泥泞和冰雪的道路上使用。

轮胎的尺寸参数是最主要的标识之一，更换轮胎时胎面宽度、扁平比及轮毂尺寸都要一致，载重指数和速度等级不低于原值即可。

图 4-7-1　轮胎的型号

　　某些轮胎的胎壁上标有箭头或 OUTER SIDE 字样，它表示轮胎的转动方向。如果胎壁上画有一个小雨伞标志，就表明这种轮胎适合于在雨天或湿滑路面上行驶。DOT 标记表示这种轮胎通过了美国运输部门的认证。在 DOT 标志后面通常跟一个 4 位的数字，而且与其他文字不同，不是早期模具出来的，是后期压在轮胎上的，如(4117)，这表示轮胎的生产日期，17 即 2017 年，41 即第 41 周，如图 4-7-2 所示。

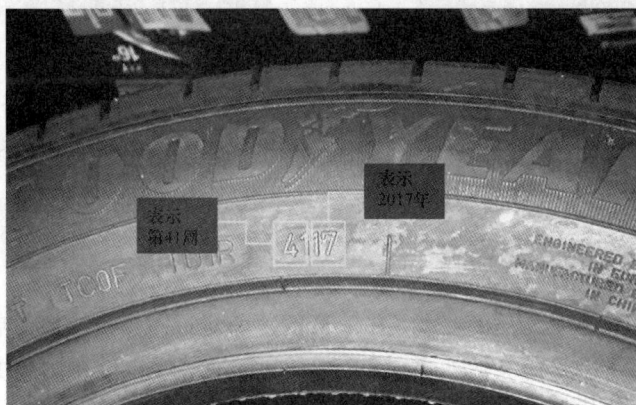

图 4-7-2　轮胎生产日期

四、轮胎常见的磨损形式和原因

轮胎常见的磨损形式和主要原因见表 4-7-1。

表 4-7-1 轮胎常见的磨损形式和主要原因表

特征：轮胎胎冠过度磨损
原因：气压过高引起偏磨

特征：轮胎胎冠局部过度磨损
原因：急刹车造成轮胎抱死

特征：轮胎两胎肩过度磨损
原因：气压不足引起偏磨

特征：胎冠部位磨得过快
原因：车辆束角或外倾角不良

特征：胎冠呈波浪、锯齿或羽毛状磨损
原因：车辆机件松旷、前后轴不平行等

特征：胎冠胶局部掉块脱落
原因：车辆行驶于碎石路面，频繁起动及刹车导致
　　　胎面胶被啃掉

五、轮胎的胎压及花纹深度要求

一般来说，每种车型对胎压的要求是不一样的，即使是同一台车的前后轴车轮的胎压要求也不一样，常见汽车的轮胎气压如表 4-7-2 所示，标准胎压可以在用户手册或驾驶室车门的纵梁标示上查询，胎压偏高、偏低都会造成轮胎的异常磨损，减少轮胎的使用寿命。

表 4-7-2 常见汽车的轮胎气压(单位：kPa)

汽车品牌	前轮胎压	后轮胎压
科鲁兹轿车	230	230
卡罗拉轿车	220	220
桑塔纳轿车	230	250

轮胎花纹深度是指花纹最表面至花纹沟底的距离。在花纹的纵贯沟内有轮胎"磨耗标记",如图 4-7-3 所示。

轿车车轮当轮胎磨耗到胎面花纹沟深仅剩 1.6 mm 时,就必须更换。这时纵贯胎面的"磨耗标记"胶条便会明显显露出来,表示应该马上更换轮胎。否则,行驶时轻则轮胎会出现打滑现象,延长制动距离;严重时,当轮胎在湿滑路面上行驶,易产生"浮滑现象",造成转向盘及制动失灵,引发安全事故,同时也易引发爆胎事故。

图 4-7-3　轮胎磨耗标记

六、轮胎进行换位的方式

轿车的车轮,通常是分驱动轮和非驱动轮的,驱动轮的磨损要大于非驱动轮。制动时,前轮的制动力要远大于后轮。轿车通常是发动机前置,大多数的使用情况下,驾乘都是在前座,所以前轮的载荷要大于后轮。前轮负责转向,承受转向时的侧向力和摩擦,所以前轮侧磨损要大于后轮。我国的交通是"右行制",左转弯车速会大于右转弯车速,所以汽车右侧的轮胎在左转弯时受到压力大于左侧轮胎,汽车行驶一定里程后,右侧轮胎的磨损会比左侧严重。

所以说,四条轮胎的磨损,是不可能一致的,如果一直这样下去,就会出现某一个或两个轮胎比其他轮胎更早达到磨损极限而报废。最好状态是轮胎磨损均匀,同时到达更换的程度,同时换成新胎,这样车辆又会恢复到最佳的轮胎性能状态。这样的话,每条轮胎都会物尽其用,使用寿命最大化,这就是轮胎换位的主要目的。再有,均匀磨损的四条轮胎,性能均衡,操控性相对是稳定的,这对驾驶是有好处的。

轮胎换位在车辆的使用说明书,也就是《用户手册》中,是有明确说明的,通常是 8 000~13 000 km。如果车辆是每 5 000 km 更换机油,那么选择每 10 000 km,在更换机油的同时进行轮胎换位,是比较合理的,如图 4-7-4 所示。

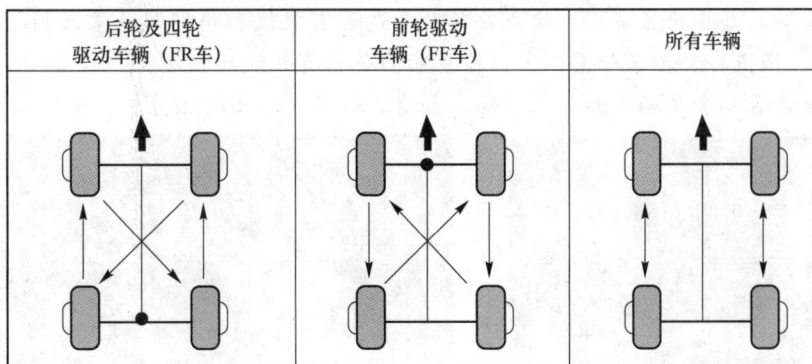

后轮及四轮 驱动车辆(FR车)	前轮驱动 车辆(FF车)	所有车辆

图 4-7-4　四轮换位图示

由于子午线轮胎内部的结构原因，使用时其旋转方向必须是唯一的，若交叉换位（含轮辋）必然会改变它的旋转方向，其结果会引起轮胎不平衡，车辆行驶时会有发摆、发飘和跳动等现象，且不利于轮胎散热，容易发生爆胎事故，所以子午胎只能单边前后换位。

任务实施

1. 准备工作

实训工具：指针式扭力杆、数字式扭力杆、接杆、套筒、气压表、花纹深度尺。

将车辆停放至举升机中央位置，拉起驻车制动器、挂 P 挡（或空挡）。

2. 拆卸车轮

（1）使用指针式扭力杆采用交叉的方式拧松轮胎螺栓，如图 4-7-5 所示。

（2）举升车辆至合适位置，如图 4-7-6 所示。

图 4-7-5 拧松轮胎螺栓

（3）拆卸左前轮，分别拆卸轮胎螺栓，将最后一个螺栓转到最上端，如图 4-7-7 所示。

图 4-7-6 举升车辆

图 4-7-7 拆卸轮胎螺栓

3. 检查左前车轮

（1）把轮胎放置在轮胎架上，检查轮胎胎面是否有裂纹和损坏及异常磨损，如图 4-7-8 所示。注意：慢慢转动轮胎一圈以上，检查胎面是否有裂纹和损坏及异常磨损。

（2）检查是否有金属颗粒和其他异物，如有，则及时取出轮胎异物，如图 4-7-9 所示。

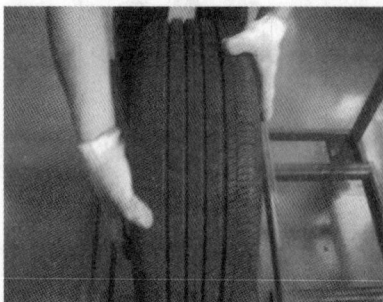

图 4-7-8 检查轮胎胎面

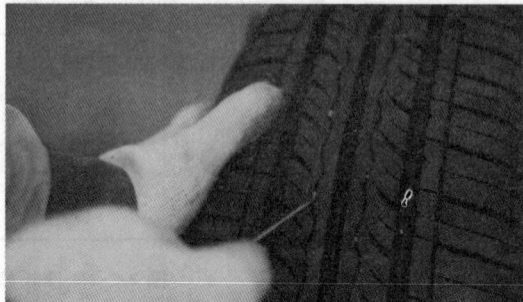

图 4-7-9 取出轮胎异物

（3）检查钢圈是否损坏和腐蚀，平衡块是否缺失，如图 4-7-10 所示。

（4）使用轮胎花纹深度尺测量轮胎花纹深度，如图 4-7-11 所示。最低剩余深度不得小于 1.6 mm，或者检查轮胎磨损极限标记是否磨损，如图 4-7-12 所示。

（5）检查轮胎气压是否为标准值，如图 4-7-13 所示。检查气门嘴是否漏气，气门帽是否齐全，使用泡沫水检查气门嘴及轮胎与钢圈的接触面是否漏气。

图 4-7-10 检查钢圈状况

图 4-7-11 测量轮胎深度

图 4-7-12 轮胎磨损标记

图 4-7-13 检查轮胎气压

（6）按上述方法依次检查左后、右后和左前车轮。

4. 车轮换位

（1）采用前后轮胎交换的方式进行轮胎换位，如图 4-7-14 所示。

（2）降下车辆，用扭力杆拧紧轮胎螺栓至规定力矩，如图 4-7-15 所示。

图 4-7-14 安装轮胎螺栓

图 4-7-15 拧紧轮胎螺栓

（3）取出备胎，检查备胎气压，车门上标有轮胎标准气压，如图 4-7-16 所示。

图 4-7-16　车轮标准气压

5. 清理现场

清洁地面、将工具清洁并归回原位。

任务检验

车轮的检查与轮胎换位的工作页

班级	姓名		项目	作业时间	得分

作业准备					
作业项目	工作过程		检验结果		小组检验
检查轮胎	1. 拧松左侧轮胎螺栓				
	2. 举起车辆至合适位置				
	3. 拆卸左前轮轮胎				
	4. 检查轮胎外部是否磨损和损坏				
	5. 检查轮胎是否有异物嵌入				
	6. 测量轮胎花纹深度				
	7. 检查轮胎气压				
轮胎换位	1. 拆卸左后轮胎				
	2. 将左后轮胎安到左前轮并拧紧螺栓				
	3. 将左前轮胎安到左后轮并拧紧螺栓				
	4. 安全降下车辆				
	5. 按照规定扭矩拧紧轮胎螺栓				
5S 管理	1. 工具使用规范				
	2. 量具使用规范				
	3. 场地整洁				

任务小结

1. 在车辆使用中，必须定期对车轮与轮胎实施维护，其目的是为延长其使用寿命，使车轮与轮胎性能保持或恢复至尽可能好的状况，防止小问题将来变成大问题，并且确保行车安全。

2. 轮胎规格常用一组数字表示，前一个数字表示轮胎断面宽度，后一个表示轮辋直径，以英寸为单位。例如 225/65 R17 102 H 表示胎宽 225 毫米，扁平率 65，轮辋直径 17 英寸的子午线轮胎，承载系数 102，速度等级 H。

3. 一般来说，每种车型对胎压的要求是不一样的，即使是同一台车的前后轴车轮的胎压要求也不一样，常见汽车的轮胎气压，标准胎压可以在用户手册或驾驶室车门的纵梁标示上查询，胎压偏高、偏低都会造成轮胎的异常磨损，减少轮胎的使用寿命。

4. 在车辆的使用说明书，也就是《用户手册》中，是有明确说明的，通常是 8 000-13 000 km。如果车辆是每 5 000 km 更换机油，那么选择每 10 000 km，在更换机油的同时进行轮胎换位，是比较合理的。

思考与练习

一、判断题

1. 胎面是轮胎的外表面，可分为胎冠、胎侧和胎肩三部分。 （　）
2. 低压胎(0.15～0.45 MPa)弹性好，断面宽，接地面积小，壁薄散热不好。 （　）
3. 轮胎可以减轻和吸收汽车在行驶时的振动和冲击。 （　）
4. 检查轮胎气压不足时应查出漏气原因。 （　）
5. 按照厂家规定轮胎花纹最小深度为 1.6 mm。 （　）
6. 轮胎使用中，磨损程度已经到了轮胎最低沟槽深度警示位置时，必须更换轮胎。 （　）
7. 用气动扳手拆卸轮胎时，一定不能佩戴手套操作。 （　）
8. 一轮胎规格是 215/80 R15 89 H，其中 80 表示轮胎的扁平率，即轮胎断面宽度与断面高度的比值。 （　）

二、选择题

1. 轮胎规格：P215/65 R15 其中 R 表示（　　）。
   A. 普通轮胎　　　B. 子午线轮胎　　　C. 无内胎轮胎　　　D. 其他
2. 车轮损坏的主要原因是（　　）。
   A. 过载　　　B. 老化　　　C. 保养不当　　　D. 以上都是
3. 轮胎型号 185/70 R14 86 H 中 14 的含义是（　　）。
   A. 载重指数　　　B. 速度等级　　　C. 轮辋直径　　　D. 轮胎断面宽度
4. 备胎气压要高出正常使用轮胎标准气压的（　　）。
   A. 20%　　　B. 40%　　　C. 60%　　　D. 其他
5. 用轮胎沟槽深度尺测量轮胎沟槽深度时，在轮胎表面间隔 120° 位置处测量，每个位置测量（　　）。

    A. 1 个槽　　　　　　B. 34 个槽　　　　　　C. 57 个槽　　　　　　D. 其他

6. 用轮胎沟槽深度尺测量轮胎沟槽深度时，在轮胎表面间隔 120°位置处测量，每个位置记录沟槽深度的（　　），作为该处轮胎的沟槽深度。

    A. 最大值　　　　　　B. 最小值　　　　　　C. 平均值　　　　　　D. 其他

7. 检查轮胎充气嘴是否漏气时，所用的液体为（　　）。

    A. 纯净水　　　　　　B. 肥皂水　　　　　　C. 矿泉水　　　　　　D. 其他

8. 长期轮胎处于气压过高行驶，会造成轮胎出现（　　）。

    A. 胎冠磨损　　　　　　B. 胎肩磨损　　　　　　C. 轮胎单边磨损　　　　　　D. 其他

任务八　发动机底部及车辆底盘检查

学习目标

1. 了解车辆底盘的结构。
2. 知道车辆底盘维护的内容。
3. 掌握车辆底盘维护的操作项目。

学习任务

    一辆科鲁兹轿车客户自驾游后到维修站进行例行保养，告诉维修人员在外自驾时车辆底部有磕碰情况，请你对该车进行车辆底部维护。

资料收集

一、车辆底盘的组成

    汽车底盘由传动系、行驶系、转向系和制动系四部分组成，如图 4-8-1 所示。

图 4-8-1　车辆底盘

1. 传动系

传动系一般由离合器、变速器、万向传动装置、主减速器、差速器和半轴等组成。其功用是将汽车发动机所发出的动力传递到驱动车轮。传动系具有减速、变速、倒车、中断动力、轮间差速和轴间差速等功能，与发动机配合工作，能保证汽车在各种工况条件下的正常行驶。传动系可按能量传递方式的不同，划分为机械传动、液力传动、液压传动、电传动等。

2. 行驶系

行驶系由汽车的车架、车桥、车轮和悬架等组成。其功用主要有四个：一是接受传动轴的动力，通过驱动轮与路面的作用产生牵引力，使汽车正常行驶；二是承受汽车的总重量和地面的反力；三是缓和不平路面对车身造成的冲击，衰减汽车行驶中的振动，保持行驶的平顺性；四是与转向系统配合，保证汽车操纵稳定性。

3. 转向系

转向系是用来改变或保持汽车行驶或倒退方向的一系列装置，由方向盘、转向器、转向节、转向节臂、横拉杆、直拉杆等组成。汽车转向系统的功能就是按照驾驶员的意愿控制汽车的行驶方向。汽车转向系统对汽车的行驶安全至关重要，因此汽车转向系统的零件都称为保安件。

4. 制动系

汽车制动系统是指对汽车某些部分(主要是车轮)施加一定的力，从而对其进行一定程度的强制制动的一系列专门装置，一般由制动操纵机构和制动器两个主要部分组成。制动系统作用是：使行驶中的汽车按照驾驶员的要求进行强制减速甚至停车；使已停驶的汽车在各种道路条件下(包括在坡道上)稳定驻车；使下坡行驶的汽车速度保持稳定。

二、车辆底部损坏的原因

(1)托底、异物撞击底盘。由于托底这个情况发生具有不确定性，因此很容易给位于底盘部分的零件造成损坏，如：三元催化器外壳破碎、发动机油底壳裂纹、变速箱壳体裂纹或者悬挂系统变形等，这些问题的发生将会给车辆带来致命的损伤。

(2)腐蚀。环境越来越恶劣，下的雨都是酸雨，而在这样的环境下车辆则可能会增大损坏的可能。由于底盘经常会与污水、油腻等物质接触，而这些物质中的化学成分会慢慢腐蚀底盘以及底盘上的零件，因此对于底盘防腐蚀要更加注意。

任务实施

1. 准备工作

实训车辆、LED手电筒、抹布。

(1)汽车进入工位前，将工位清理干净，准备好相关的器材。

(2)将汽车停驻在举升机中央位置。

(3)拉紧驻车制动器操纵杆，并将变速杆置于空挡或驻车挡(P挡)位置。

(4)套上转向盘护套、变速杆手柄套和座位套，铺设脚垫。

(5)将车辆举升至最高位置。

2. 检查发动机底部

(1)检查发动机机油排放塞、前后油封和各配合表面是否漏油，如图 4-8-2 所示。用双手去触摸发动机各部位配合表面，检查是否漏油。如果发现有漏油现象，先用纱布把漏油表面清理干净，然后再过一段时间观察是否漏油。

(2)检查发动机散热器是否漏水，如图 4-8-3 所示。

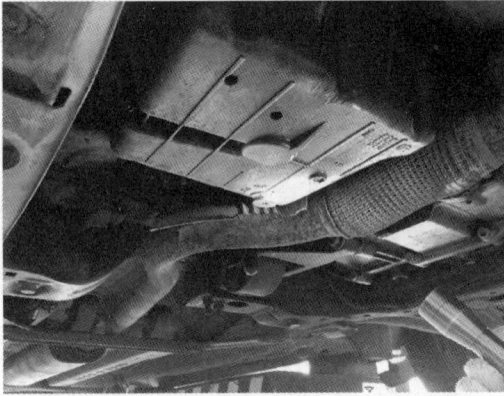

图 4-8-2　检查发动机油底壳是否漏油

图 4-8-3　检查发动机散热器是否漏水

(3)检查空调冷凝器是否漏油，如图 4-8-4 所示。

图 4-8-4　检查冷凝器是否漏油

3. 检查车辆底部转向系统与制动系统

(1)检查左右两侧转向球节防尘套，如图 4-8-5 所示。

(2)检查左右两侧传动轴护套，如图 4-8-6 所示。一只手转动车轮，另一只手检查转向球节防尘套固定处是否牢靠，有无老化、裂纹、破损或漏油。

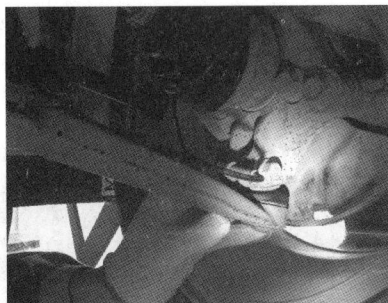

图 4-8-5 检查左侧球节护套

图 4-8-6 检查传动轴护套

（3）检查左右两侧球头座套，如图 4-8-7 所示。分别检查左右两侧球头座处有无磕碰、变形、裂纹。

（4）检查左右横拉杆，如图 4-8-8 所示。分别检查左右横拉杆是否裂纹、弯曲、变形和损坏。

（5）检查转向器护套，如图 4-8-9 所示。将左侧转向齿条护套拉伸，检查有无老化、裂纹、破损或漏油。

（6）检查下控制臂衬套，如图 4-8-10 所示。检查前后衬套是否损坏。

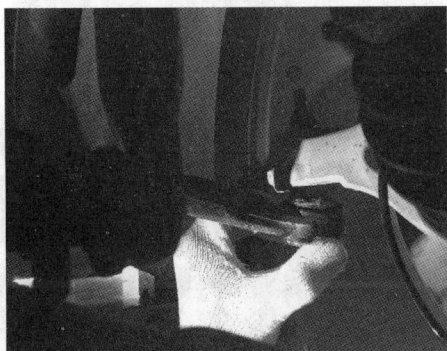

图 4-8-7 检查横拉杆球头护套

图 4-8-8 检查横拉杆

图 4-8-9 检查转向器护套

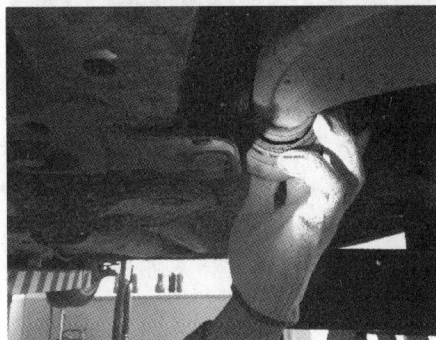

图 4-8-10 检查下控制臂衬套

（7）检查车轮制动管路，如图 4-8-11 所示。检查制动管路是否有裂纹、磕碰及漏油，是否安装松动，向一侧转动轮胎是否有擦碰（逐一检查四个车轮）。

（8）制动管路的检查，如图 4-8-12 所示。由车前到车后，检查制动管路有无压痕、裂纹、破损和泄漏，安装状态是否良好。

图 4-8-11　检查车轮制动管路

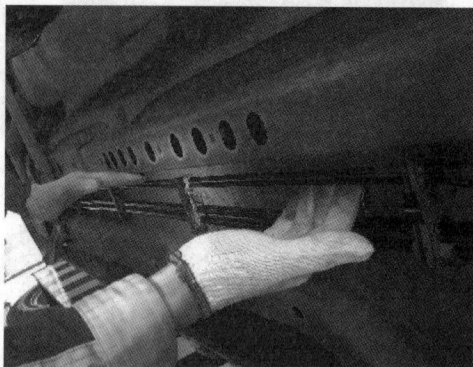

图 4-8-12　检查制动管路

4. 检查车辆底部燃油管路

（1）燃油管路的检查，如图 4-8-13 所示。由车后到车前，检查燃油管路有无压痕、裂纹、破损和泄漏，安装状态是否良好。

（2）燃油蒸发管路的检查，检查各油管及碳罐，如图 4-8-14 所示。

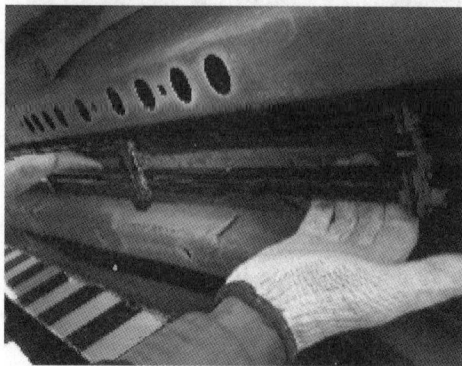

图 4-8-13　检查燃油管路

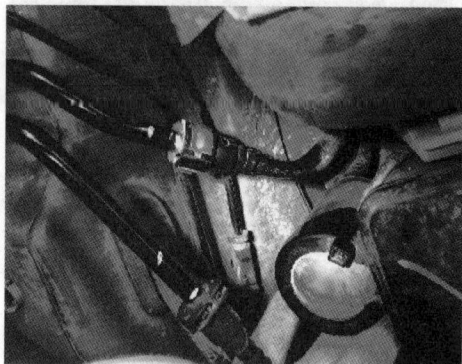

图 4-8-14　检查燃油蒸发管路及碳罐

5. 检查车辆排气管和安装件

（1）检查消声器是否损坏，如图 4-8-15 所示。学生双手戴手套触摸消声器，检查消声器表面是否变形、裂纹、锈蚀、泄漏。

（2）检查消声器安装件是否损坏，如图 4-8-16 所示。消声器的"O"形圈是否腐蚀和损坏，安装件是否良好。

（3）检查排气管是否损坏。双手戴好手套，从消声器开始由车后部向车前边走边检查，检查有无变形、裂纹、锈蚀、泄漏，如图 4-8-17 所示。

（4）检查密封垫片损坏。学生走到车前部，双手检查排气管密封垫片是否有损坏和泄漏，如图 4-8-18 所示。

图 4-8-15　检查消声器

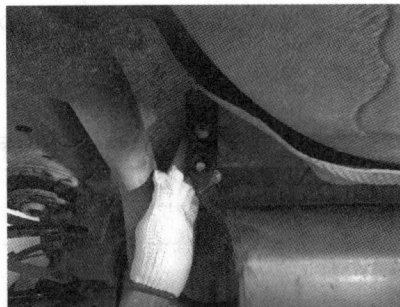

图 4-8-16　检查消声器安装件

图 4-8-17　检查排气管

图 4-8-18　检查排气管密封状况

6. 检查车辆的后桥

(1)检查后减振器密封和状况。用双手去触摸减振器，检查减振器是否有裂纹、压痕、弯曲、变形和泄漏，如图 4-8-19 所示。

(2)检查减振弹簧工作状况，如图 4-8-20 所示。

(3)检查后桥横梁，用双手去摸后桥横梁，检查是否有裂纹、凹痕、弯曲、变形等损坏。如图 4-8-21 所示。

图 4-8-19　检查后减振器

图 4-8-20　检查减振弹簧

图 4-8-21　检查后横梁

7. 恢复场地

安全降下车辆，收回实训工具及设备。

📋 任务检验

检查车辆底部的工作页

班级	姓名	项目	作业时间	得分
作业准备				
作业项目	工作过程	检验结果		小组检验
检查发动机下部	1. 举升车辆至最高位置			
	2. 检查发动机排放塞是否漏油			
	3. 检查发动机机油滤清器是否漏油			
	4. 检查发动机油底壳是否漏油			
	5. 检查前后油封是否漏油			
	6. 检查发动机底部冷却系统及散热器是否泄漏			
	7. 检查空调冷凝器是否有泄漏			
检查车辆底部制动系与转向系	1. 检查驱动轴护套是否损坏			
	2. 检查转向球头护套是否损坏			
	3. 检查横拉杆球头是否损坏			
	4. 检查横拉杆是否变形和损坏			
	5. 检查转向器护套是否损坏			
	6. 检查下衬臂是否损坏			
	7. 检查车轮制动管路是否损坏			
	8. 检查车轮底部制动管路是否损坏			
检查燃油管路	1. 检查燃油管路是否损坏及安装良好			
	2. 检查燃油蒸发管路是否损坏及安装良好			
检查车辆排气管及消音器	1. 检查消音器是否损坏			
	2. 检查排气管是否损坏			
	3. 检查三元催化器是否损坏			
	4. 检查消音器连接部分是否良好			
检查车辆底盘后部	1. 检查后减振器是否损坏			
	2. 检查减振弹簧是否损坏			
	3. 检查后桥横梁是否损坏			
5S管理	1. 工具使用规范			
	2. 量具使用规范			
	3. 场地整洁			

◆ 任务小结

1. 汽车底盘由传动系、行驶系、转向系和制动系四部分组成。

2. 传动系一般由离合器、变速器、万向传动装置、主减速器、差速器和半轴等组成。

3. 行驶系由汽车的车架、车桥、车轮和悬架等组成。

4. 转向系用来改变或保持汽车行驶或倒退方向的一系列装置，由方向盘、转向器、转向节、转向节臂、横拉杆、直拉杆等组成。

5. 汽车制动系统是指对汽车某些部分(主要是车轮)施加一定的力，从而对其进行一定程度的强制制动的一系列专门装置，一般由制动操纵机构和制动器两个主要部分组成。

◆ 思考与练习

判断题

1. 检查排气管是否泄漏时不可触摸排气管，以免烫伤。　　　　　　　　　　　（　　）

2. 检查汽车底部时，排气管接头处的螺栓应该用力矩扳手检查是否拧紧。　　（　　）

3. 排气管路上与发动机排气歧管相邻最近的部件总成为三元催化装置。　　　（　　）

4. 排气管与消声器组成的排气组件，通过"O"形橡胶圈吊装在车下，实现了该组件与发动机和底盘间的软连接。　　　　　　　　　　　　　　　　　　　　　　　（　　）

5. 检查排气管及安装件时，操作人员一定要佩戴手套作业。　　　　　　　　（　　）

6. 驱动轴护套损伤后，会引起漏油、灰尘和水分等杂质进入万向节，引起万向节出现异常磨损。　　　　　　　　　　　　　　　　　　　　　　　　　　　　　　　（　　）

7. 驱动轴护套使用齿轮油进行润滑。　　　　　　　　　　　　　　　　　　（　　）

8. 驱动轴护套损伤后，会引起漏油、灰尘和水分等杂质进入万向节，引起万向节出现异常磨损。　　　　　　　　　　　　　　　　　　　　　　　　　　　　　　　（　　）

9. 燃油管路和制动管路渗漏的检查，主要集中在管路与软管相连接的接头处。（　　）

10. 一般情况下，车下燃油管路和制动管路都是固定在一起排列的，管道直径较细的为燃油管路。　　　　　　　　　　　　　　　　　　　　　　　　　　　　　　　（　　）

任务九　车辆制动踏板和驻车制动杆的检查

学习目标

1. 了解制动系统的组成。
2. 知道真空助力器的作用。
3. 掌握检查制动踏板性能的操作项目。
4. 掌握驻车制动性能检查的方法。

任务导入

一辆科鲁兹轿车达到 50 000 km 维护里程，到 4S 店做维护，同时反应该车在制动时感觉制动踏板很"硬"。如果你是维修技师，请针对这一现象对该车进行维护。

知识储备

一、轿车制动系统的组成

一般轿车制动系统有行车制动和驻车制动两套制动系统。行车制动系统是使汽车的行驶速度可以强制降低的一系列专门装置。制动系统主要由供能装置、控制装置、传动装置和制动器组成。制动系统的主要功用是使行驶中的汽车减速甚至停车、使下坡行驶的汽车速度保持稳定、使已停驶的汽车保持不动。在行车过程中，一般都采用行车制动（脚刹），便于在前进过程中减速停车，若行车制动失灵时才采用驻车制动。当车停稳后，就要使用驻车制动（手刹），防止车辆前滑和后溜。行车制动系统的组成及布置，如图 4-9-1 所示。

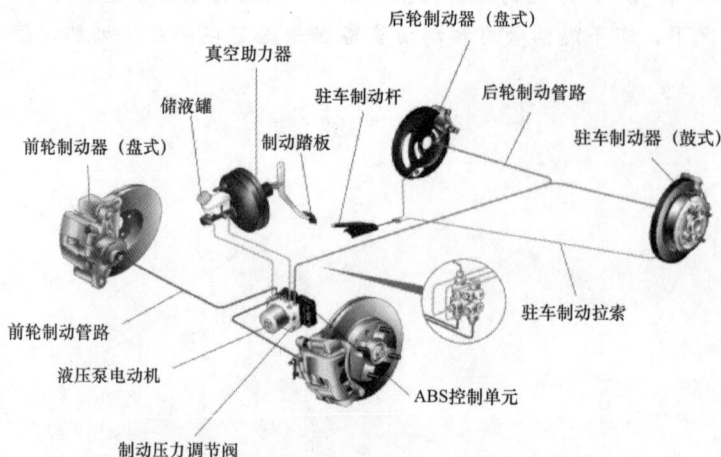

图 4-9-1　轿车制动系统基本组成

二、科鲁兹轿车的真空助力器的组成

　　真空助力器是一个直径较大的腔体，内部有一个中部装有推杆的膜片（或活塞），将腔体隔成两部分，一部分与大气相通，另一部分通过管道与发动机进气管相连。它是利用发动机工作时吸入空气这一原理，造成助力器的一侧真空，相对于另一侧正常空气压力的压力差，利用这压力差来加强制动推力，如图 4-9-2 所示。

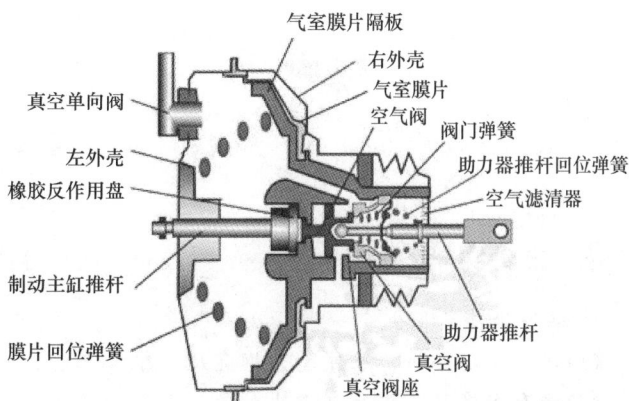

图 4-9-2　真空助力器结构及原理

　　科鲁兹车型装配有制动助力器真空助力系统，该系统包括真空助力器、制动助力器辅助真空泵及继电器、真空开关、真空管及双单向阀等部件。发动机进气歧管是其主要的真空源，但在某些工况下，如冷起动、大节气门开度和高海拔时，就需要使用制动助力器辅助真空泵以确保车辆有足够的真空供应。真空助力器的作用是在施加制动时，利用真空源减少驾驶人需要施加的操纵力。科鲁兹轿车采用双膜片真空助力器，常态时，施加真空源至双膜片助力器每个膜片的两侧，复位弹簧使助力器保持在静止位置，在施加制动时，膜片后部的真空中断，空气在大气压力下将进入该部位，这就减少了所需的制动踏板力，当释放制动时，真空再次取代助力器中的大气压力。

三、制动踏板检查

　　在液压制动系统中制动踏板行程的大小、制动踏板的高度位置，在一定程度上反映了制动系统的问题。如制动踏板过低，制动踏板行程过长，其原因可能是：液压系统中有空气、液压系统泄漏、真空助力器推杆长度调整不正确、制动摩擦片过度磨损、制动蹄片与制动鼓的间隙过大等。若制动踏板过长则应找出原因，排除故障，然后进行踏板行程的检查和调整。对于检修过的制动系统，其制动踏板行程也应进行检查和调整。

四、轿车驻车制动的组成

　　科鲁兹轿车的驻车制动采用机械式，由手制动拉杆操纵钢丝拉索，通过后轮鼓式制动器而起作用，如图 4-9-3 所示。

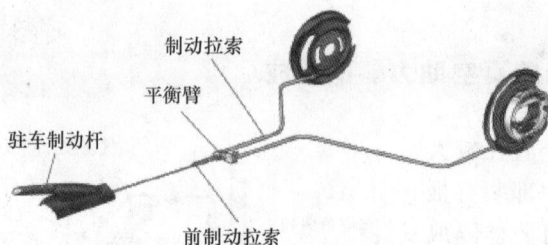

图 4-9-3 驻车制动组成

任务实施

1. 准备工作

(1)实训车辆、防护五件套、钢直尺、维修手册。

(2)将汽车停驻在举升机中央位置,拉紧驻车制动器操纵杆,并将变速杆置于驻车挡(P 挡)位置。

(3)套上转向盘护套、变速杆手柄套和座位套,铺设脚垫。

2. 制动踏板踩下时的行程和感觉检查

应按照维修手册的说明进行。点火开关关闭,踏动几次制动踏板使真空制动助力器完全泄放真空,此时踩制动踏板应无绵软、行程过大、坚实后又轻微下降、缓慢回弹等现象,如图 4-9-4 所示。

3. 制动踏板行程的测量

维修手册规定,关闭点火开关,制动助力器完全泄放真空后,在制动踏板上安装CH—28662 量规(踏板力计)。在 445 N 踏板力下,测量制动踏板到方向盘轮缘的距离,行程应为 40~55 mm。按照 GB7 258,对于乘用车,行车制动在产生最大制动效能时的踏板力应不大于 500 N,行程不应大于 120 mm。

学生首先用 1 000 mm 钢尺测量制动踏板到方向盘之间的距离,如图 4-9-5 所示。

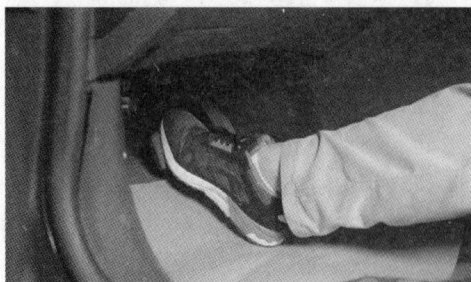

图 4-9-4 踩下制动踏板

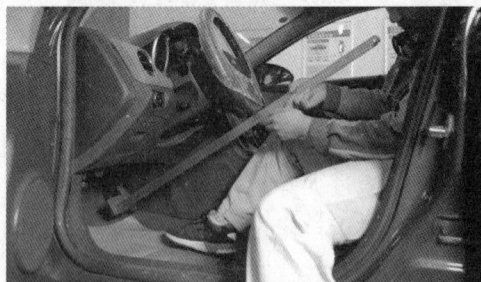

图 4-9-5 测量踏板到方向盘距离

学生按照紧急制动方式踩制动踏板,用 1 000 mm 钢直尺测量制动踏板到方向盘轮缘的距离,如图 4-9-6 所示。

图4-9-6　测量踩下制动踏板时距离

我们需要对图4-9-5尺寸和图4-9-6尺寸进行2次测量，并求两次测量的各自平均值作为最终结果，行程应为40～55 mm。（指图4-9-6尺寸减图4-9-5尺寸后得到的值）。

4. 检查真空助力器的工作状态

(1)密封性能的检查。

①发动机起动运转1分钟后熄火，按照紧急制动方式以5 s的间隔踩制动踏板，踏板应一次比一次高。

②发动机起动运转1分钟后，踩下制动踏板数次，并在踏板的最低位置保持踏板不动，此时将发动机熄火，在之后的30 s内制动踏板高度应保持不变(无回弹)。

(2)助力功能的检查。发动机熄火后，踩下制动踏板数次，制动踏板应该越来越高，并在此处位置保持踏板不动，此时转动点火开关，制动踏板应稍有下沉(但不应过大)，表明电子制动助力器有助力作用。再次转动点火开关，起动发动机，制动踏板应该继续下沉，表明真空助力器有作用。

5. 驻车制动状态的检查

安装防护五件套。拉起驻车制动操纵杆，当第一次听到"咔哒"响起前，观察组合仪表板上的指示灯"A"处是否亮起，如图4-9-7所示。

拉起驻车制动操纵杆，数"咔嗒"声次数，标准为9～11次。GB 7258规定，对于乘用车一般应在操纵装置全行程的2/3以内产生规定的制动效能；驻车制动机构装有自动调节装置时允许在全行程的3/4以内达到规定的制动效能。所以检查时，要求驻车制动拉杆行程要小于2/3～3/4总行程。

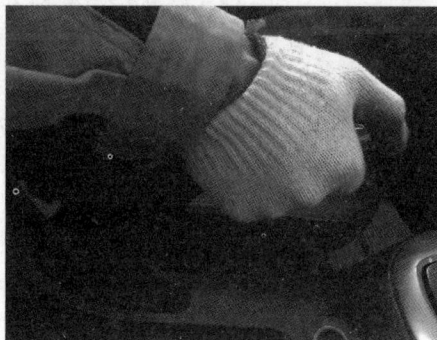

图4-9-7　拉起驻车制动杆，观察仪表板

6. 驻车制动器指示灯工作情况检查

此项检查维修手册没有给出，参考其他厂商的规定，应保证在驻车制动杆拉动的第1个棘轮锁止位置点亮驻车制动器指示灯。

7. 清洁与整理场地

收回防护五件套，清洁工具，清洁车辆。

任务检验

检查制动踏板和驻车制动杆的工作页

班级	姓名	项目	作业时间	得分

作业准备	

作业项目	工作过程	检验结果	小组检验
检查制动踏板	1. 检查制动踏板踩下时的感觉		
	2. 检查制动踏板真空助力工作状况		
	3. 检查制动踏板真空助力密封状况		
	4. 测量制动踏板行程		
检查驻车制动器	1. 检查驻车制动器行程		
	2. 检查驻车制动器指示灯		
5S管理	1. 工具使用规范		
	2. 量具使用规范		
	3. 场地整洁		

任务小结

1. 一般轿车制动系统有行车制动和驻车制动两套制动系统。行车制动系统是使汽车的行驶速度可以强制降低的一系列专门装置。制动系统主要由供能装置、控制装置、传动装置和制动器4部分组成。制动系统的主要功用是使行驶中的汽车减速甚至停车、使下坡行驶的汽车速度保持稳定、使已停驶的汽车保持不动。

2. 科鲁兹车型装配有制动助力器真空助力系统，该系统包括真空助力器、制动助力器辅助真空泵及继电器、真空开关、真空管及双单向阀等部件。

3. 科鲁兹轿车的驻车制动采用机械式，由手制动拉杆操纵钢丝拉索，通过后轮鼓式制动器而起作用。

思考与练习

一、判断题

1. 踩下制动踏板，车辆不减速，即使连续几脚制动也无明显减速作用的现象称为制动失效。 （　　）

2. 连续踏几次制动踏板，每次都可以一下就踩到底且无力，这是因为制动系统渗入空气或制动液气化。　　　　　　　　　　　　　　　　　　　　　　（　　）

3. 盘式制动器安装好以后，要用力踩制动踏板到底，连踩数次。这样做的目的是为了让制动管路充满制动液。　　　　　　　　　　　　　　　　　　　　　　（　　）

4. 制动踏板应用状况检查是在发动机停转状态下进行的。　　　　　　　　　（　　）

二、选择题

1. 液压制动真空助力装置安装的位置是（　　）。

　　A. 轮缸和推杆之间　　　　　　　　　B. 主缸和制动管路之间

　　C. 主缸和制动踏板之间　　　　　　　D. 轮缸和管路之间

2. 在制动系统检查过程中，关闭发动机，反复踩踏几次制动踏板后踏住制动踏板，然后起动发动机，踏板出现轻微下沉，这表明（　　）。

　　A. 液压系统有空气　　　　　　　　　B. 真空助力器工作正常

　　C. 制动主缸内部压力泄漏　　　　　　D. 真空助力器内部泄漏

3. 检查制动真空助力装置真空能力时，发动机处于运转状态，反复踩下制动踏板数次，然后踩住制动踏板将发动机熄火后，保持踩下状态（　　）s 以上，再踩压制动踏板几次，感觉制动踏板是否上弹。

　　A. 30　　　　　　　B. 60　　　　　　　C. 90　　　　　　　D. 10

4. 检查制动器踏板行程余量时，发动机正常运转，驻车制动器手柄处于（　　）。

　　A. 完全拉紧状态　　　　　　　　　　B. 4 响棘轮状态

　　C. 完全释放状态　　　　　　　　　　D. 其他

5. 检查驻车制动器指示灯点亮状况时，应向上拉动驻车制动器操纵手柄，使棘轮处于（　　）位置。

　　A. 1 响　　　　　　B. 3 响　　　　　　C. 5 响　　　　　　D. 8 响

汽车二级维护

任务一　盘式制动器检查和更换

学习目标

1. 了解盘式制动器的结构和原理。
2. 知道盘式制动器制动失效的原因及更换周期。
3. 掌握检查和更换制动片和制动盘的操作项目。

学习任务

案例：张先生使用科鲁兹轿车到达 80 000 km，近段时间明显感觉到制动性能降低，制动时制动盘有抖动情况发生，即到店进行车辆维护，并与服务顾问提及该车在制动时出现的现象。如果你是维修技师，怎样完成盘式制动器的检查和不合格零部件更换作业？

知识储备

一、盘式制动器的结构和原理

汽车行车制动系统在工作时，驾驶员踩下制动踏板，制动主缸向各制动轮缸供油，活塞在油压的作用下把固定件制动片/制动蹄压向旋转件制动盘/鼓，通过摩擦将汽车的动能转换成热能释放使得制动盘/鼓减速，实现制动。

盘式制动器主要由制动盘、制动片、制动钳壳体、制动钳支架、前制动轮缸等组成，如图 5-1-1 所示。

制动时，油液被压入内、外两轮缸中，其活塞在液压作用下将两制动块压紧制动盘，产生摩擦力矩而制动。此时，轮缸槽中的矩形橡胶密封圈的刃边在活塞

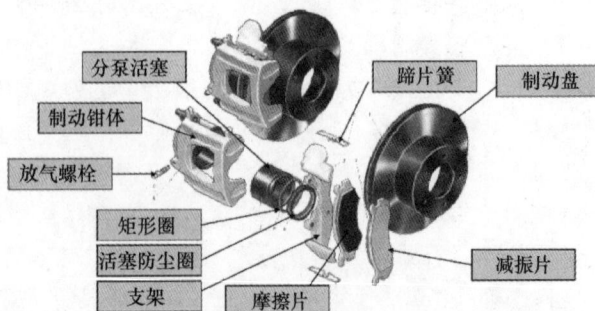

分泵活塞
制动钳体
放气螺栓
矩形圈
活塞防尘圈
支架
摩擦片
蹄片簧
制动盘
减振片

图 5-1-1　盘式制动器

摩擦力的作用下产生微量的弹性变形。放松制动时，活塞和制动块依靠密封圈的弹力和弹簧的弹力回位。由于矩形密封圈刃边变形量很微小，在不制动时，摩擦片与盘之间的间隙每边只有 0.1 mm 左右，它足以保证制动的解除。又因制动盘受热膨胀时，其厚度只有微量的变化，故不会发生"托滞"现象。矩形橡胶密封圈除起密封作用外，同时还起到活塞回位和自动调整间隙的作用。如果制动块的摩擦片与制动盘的间隙磨损加大，制动时密封圈变形达到极限后，活塞仍可继续移动，直到摩擦片压紧制动盘为止。解除制动后，矩形橡胶密封圈将活塞推回的距离同磨损之前相同，仍保持标准值。

二、盘式制动器会产生的故障

(1)制动力问题，制动力疲软的原因有：

①制动器漏油；

②制动油路中有空气；

③轮毂油封破损，钳盘上有油污；

④制动严重磨损，摩擦面烧损；

(2)制动后跑偏，跑偏的直接原因是两侧车轮的制动力矩不等所致，常见的故障原因：

①制动钳盘油污严重，摩擦系数严重下降，造成制动力矩不平衡，此时应清除制动钳盘上的油污；

②分泵活塞卡滞不能工作。静车踩制动，观察分泵工作情况，视情拆检。

(3)制动发卡，故障现象：起步行走吃力，停车后用手触摸钳盘，钳盘发热。主要原因：

①摩擦片磨耗变薄，防尘圈损坏进水，活塞锈蚀卡滞；

②加力泵中的复位弹簧疲软或折断，高压油不能加流。

(4)制动液问题

植物油型制动液无法满足盘式制动器的使用要求，因此必须使用高沸点的合成制动液。但是，合成制动液具有吸水特性，在某些使用条件中，沸点下降很快。

(5)噪声问题，制动时，有"嘎吱、嘎吱"的噪声。

三、定期检查盘式制动器

汽车盘式制动器在使用的过程中，制动盘和摩擦块主要的消耗形式是磨损，当磨损到一定极限就会使得制动器的制动效能急剧下降，一般情况下摩擦块厚度小于 2 mm 就视为磨损至极限需要更换，为此制动片一般会有摩擦块磨损极限报警装置。

当然，在汽车使用过程中，难免会碰到各种不同的极端环境变化，在日常的使用、维修过程中也会因为操作不当带来制动盘和摩擦块的损伤。例如在制动过程中若长时间处于制动状态或制动卡钳不能回位，导致制动片长时间高温，制动片会出现死灰现象；若制动盘处于高温状态遇水，会导致瞬间"淬火"；制动卡钳、制动片由于瞬时高温、卡滞等现象还可能导致制动片摩擦块断裂、背板变形等现象均会造成制动器工作性能下降或者不能正常工作。

综上所述，制动器失效是不定期的，所以必须定期对制动盘进行状态检查，若需要应及时更换；安装过程必须按照规范进行，确保行车安全。

任务实施

1. 准备工作

设备与工量具：科鲁兹轿车、扭力杆、接杆、套筒、梅花扳手、游标卡尺、外径千分尺、百分表及磁力表座。

(1)开始工作之前，检查车辆驻车制动操纵杆拉起，变挡杆处于 P 挡，车轮挡块安装正确，车辆停放稳固。

(2)插入点火钥匙，解锁方向盘。

2. 拆卸制动片

(1)安装驾驶室防护五件套，打开发动机舱盖，安装翼子板防护布。

(2)检查制动总泵储液罐中的液位。若液位太高可能会导致制动片无法回位或者制动液渗出，所以只有制动液液位处于最满标记和最低允许液位之间的中间位置，才可进行下一步。

(3)安装举升垫块，在确认安全的情况下举升车辆至合适位置，如图 5-1-2 所示。

(4)使用风动扳手按照星形顺序拆下轮胎和车轮总成紧固螺栓，将车轮放置在专用支架上，如图 5-1-3 所示。

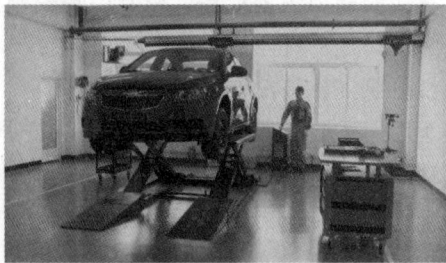

图 5-1-2　举升车辆

图 5-1-3　拆卸车轮

(5)绕转向柱转动车轮使制动卡钳露出，使用两个梅花扳手拆下制动钳下导销螺栓，如图 5-1-4 所示。

(6)不断开液压制动器挠性软管，向上转动制动钳，并用粗钢丝或同等工具固定制动钳，如图 5-1-5 所示。

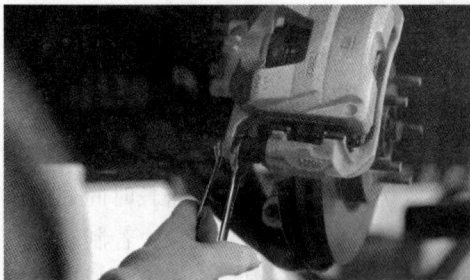

图 5-1-4　拆卸导销螺栓

图 5-1-5　使用"S"勾挂好制动卡钳

（7）将制动片从制动钳安装托架上拆下，如图5-1-6所示。

（8）将制动片固定弹簧从制动钳托架上拆下，并彻底清理制动钳托架上的制动片构件接合面处的所有碎屑和腐蚀，如图5-1-7所示。

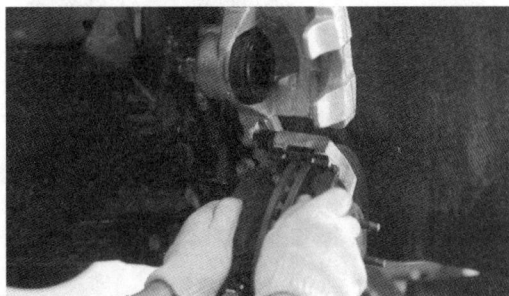

图5-1-6　拆卸制动摩擦片　　　　　　图5-1-7　拆卸固定弹簧

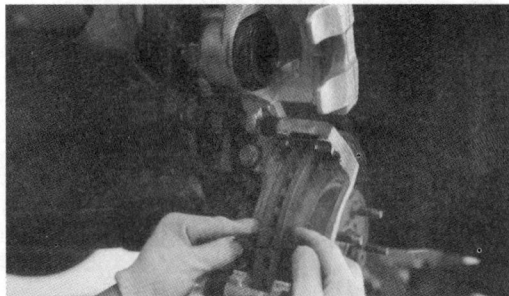

3. 检查制动卡钳

（1）检查制动钳导销。在支架孔内，里外移动导销，但不能使滑动脱离护套，导销应能自由移动，制动钳安装托架无松动，图5-1-8所示。

（2）检查导销护套的状况，应无老化、开裂和破损，如图5-1-9所示。

（3）检查制动卡钳活塞有无漏油情况，如图5-1-10所示。

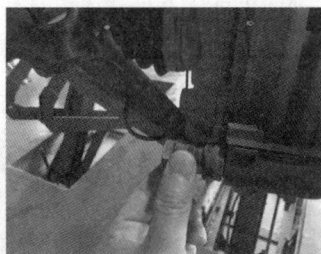

图5-1-8　检查导销

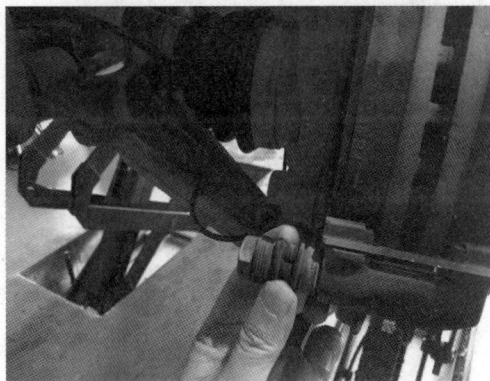

图5-1-9　检查导销护套　　　　　　图5-1-10　检查活塞

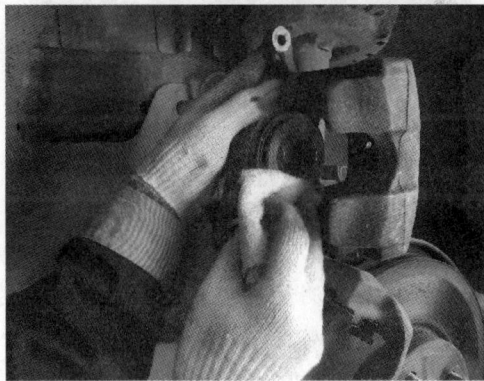

4. 检查制动片

（1）检查制动片外观是否存在开裂、破损、偏磨，颜色是否正常，如图5-1-11所示。

（2）使用游标卡尺在多个点处测量剩余的摩擦块厚度，如图5-1-12所示。测量时需要减去底板厚度。若测量值接近或低于2 mm，则需与客户沟通确认进行制动片的更换。

图 5-1-11　检查制动摩擦片表面

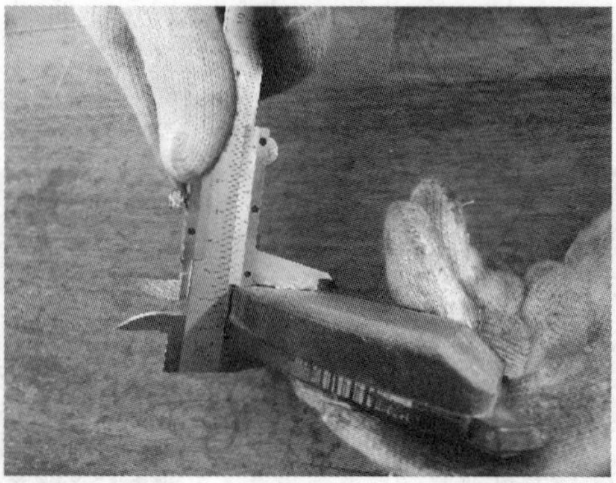

图 5-1-12　测量摩擦片

5. 检查制动盘厚度

(1)使用抹布仔细清洁制动盘的摩擦面,如图 5-1-13 所示,若有锈迹可使用细砂纸轻拭。

(2)使用游标卡尺测量距离制动盘边缘 13 mm 的位置做标记,如图 5-1-14 所示,并在圆盘上等分四个测量点,以确保在摩擦面内进行测量。

图 5-1-13　清洁制动盘表面

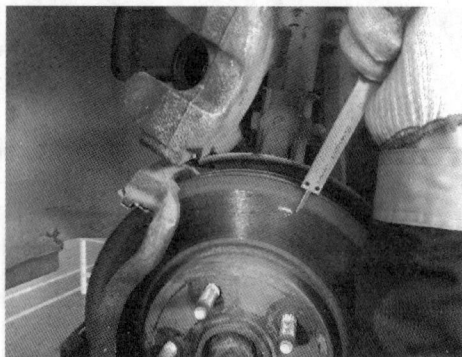

图 5-1-14　标记测量点

(3)使用千分尺在上述标记处测量制动盘厚度并进行记录,如图 5-1-15 所示。如果制动盘的最小厚度测量值等于或低于报废厚度规格(23 mm),则制动盘需要更换。计算所记录的最高和最低厚度测量值之差,得出厚度偏差值。如果制动盘厚度偏差测量值超过规格(0.6 mm),则制动盘需要进行表面修整或更换。

6. 测量端面跳动量

(1)将制动盘锥形垫圈之一和一个带耳螺母安装至位置最高的车轮双头螺栓拧紧,然后将其余的制动盘锥形垫圈和带耳螺母安装在车轮双头螺柱上,并按星形顺序手动紧固螺母,如图 5-1-16 所示。

(2)使用制动盘固定工具和扭力扳手按星形顺序将带耳螺母紧固至规定值 90 N·m,如图 5-1-17 所示。

(3)将磁性表座或同等工具安装至减振器筒,并放好千分表,要求千分表与制动盘摩擦面以 90°角接触,且距离制动盘外边缘约 13 mm,如图 5-1-18 所示。

图 5-1-15　测量制动盘厚度

图 5-1-16　安装螺母

图 5-1-17　紧固螺母

图 5-1-18　安装千分表

（4）转动制动盘，直到千分表读数达到最小，将千分表归零。转动制动盘，直到千分表读数达到最大，在相对于最接近的车轮双头螺栓，标记最高点的位置。旋转制动盘一周以上，正确读取千分表摆动量，如图 5-1-19 所示，测量值不得大于 0.1 mm。

图 5-1-19　读取测量值

7. 安装盘式制动器

（1）使用风动扳手按星形顺序拆下车轮紧固螺栓，然后拆下制动盘锥形垫圈，如图 5-1-20 所示。

（2）制动片固定弹簧上，涂抹一薄层高温硅润滑剂，将制动片固定弹簧安装至制动钳托架上。将制动片安装至制动钳托架，如图5-1-21所示。

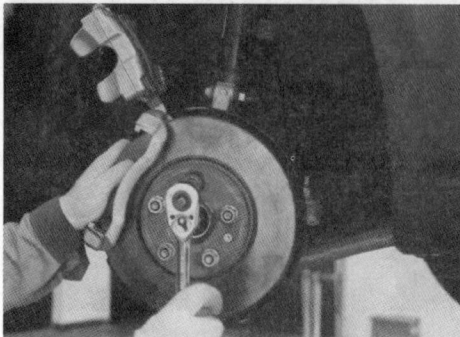

图 5-1-20 拆卸螺母

图 5-1-21 安装制动片

（3）取下挂钩，放下制动钳，使其越过盘式制动片至制动钳安装托架，如图5-1-22所示，螺纹孔对齐即可。如果安装新的制动摩擦片，使用CH－6007－B安装工具将盘式制动器制动钳活塞推入制动钳孔中。

（4）安装制动钳导销下螺栓，使用扭力扳手将其紧固至28 N·m，如图5-1-23所示。

图 5-1-22 安装制动钳

图 5-1-23 紧固导销螺栓

（5）安装车轮螺栓，确认安全的情况下操作举升机，降下车辆至低位，使用扭力扳手按星形顺序紧固车轮总成螺栓至90 N·m，如图5-1-24所示。

（6）不起动发动机，逐渐踩下制动踏板至其行程约2/3处，缓慢地松开制动踏板。等待15 s，然后再次逐渐踩下制动踏板至其行程约2/3处直到制动踏板坚实。这将使制动钳活塞和制动片正确就位。

图 5-1-24 紧固轮胎螺栓

（7）检查制动总泵储液罐中的液位，制动液液位应处于最满标记和最低允许液位之间的中间位置，一般情况下更换新制动片后液位会有所上升。

8. 整理现场

（1）收回翼子板防护布整齐放回规定位置，关闭发动机舱盖。

（2）整理、清洁工具。

（3）取下车钥匙，收回驾驶舱防护套丢弃至分类垃圾桶。

（4）清洁地面。

任务检验

检查与更换盘式制动器的工作页

班级	姓名	项目		作业时间	得分
作业准备					
作业项目	工作过程		检验结果		小组检验
拆卸制动摩擦片	1. 检查制动液液位				
	2. 举升车辆至合适位置				
	3. 拆卸车轮螺栓				
	4. 拆卸制动钳导销螺栓				
	5. 使用"S"勾固定制动卡钳				
	6. 拆卸制动摩擦片				
	7. 拆卸摩擦片固定弹簧				
检查制动卡钳	1. 检查制动导销				
	2. 检查制动导销护套				
	3. 检查制动卡钳活塞				
检查制动摩擦片	1. 检查制动摩擦片是否异常磨损				
	2. 检查制动摩擦片厚度				
检查制动盘	1. 安装制动盘螺栓				
	2. 检查制动盘厚度				
	3. 检查制动盘跳动量				
安装盘式制动器	1. 安装摩擦片固定弹簧				
	2. 安装制动摩擦片				
	3. 安装制动导销螺栓				
	4. 安装车轮螺栓				
	5. 恢复制动器				
	6. 检查制动液液位				
5S管理	1. 工具使用规范				
	2. 量具使用规范				
	3. 场地整洁				

任务小结

1. 汽车行车制动系统在工作时，驾驶员踩下制动踏板，制动主缸向各制动轮缸供油，活塞在油压的作用下把固定件制动片/制动蹄压向旋转件制动盘/鼓，通过摩擦将汽车的动能转换成热能释放使得制动盘/鼓减速，实现制动。

2. 盘式制动器主要由制动盘、制动片、制动钳壳体、制动钳支架、前制动轮缸等组成。

3. 汽车盘式制动器在使用的过程中，制动盘和摩擦块主要的消耗形式是磨损，当磨损到一定极限就会使得制动器的制动效能急剧下降。在汽车使用过程中，难免会碰到各种不同的极端环境变化，在日常的使用、维修过程中也会因为操作不当带来制动盘和摩擦块的损伤。

思考与练习

一、判断题

1. 盘式制动器安装好以后，要用力地踩制动踏板到底，连踩数次。这样做的目的是为了让制动管路充满制动液。　　　　　　　　　　　　　　　　　　　　　　（　　）

2. 制动片磨损到报警装置工作时，还能行驶 1 000 km，再更换新制动片。　　（　　）

3. 对车辆两侧同轴间制动器而言，更换摩擦片时，若一侧摩擦片磨损较轻，可单独更换另一侧，没有必要同时更换。　　　　　　　　　　　　　　　　　　　（　　）

4. 一般情况下，新制动片没有内外侧区分标志，可随便安装。　　　　　　　（　　）

5. 更换新制动片时，一定要将制动分泵回位，否则制动片将无法安装。　　　（　　）

二、选择题

1. 一辆盘式制动的车辆，当施加制动时，踏板快速脉动，其原因是（　　　）。

　　A. 轮胎失圆　　　　　　　　　　　　B. 制动蹄片磨损

　　C. 制动盘跳动过大　　　　　　　　　D. 制动液压力过大

2. 制动轮盘的摆动量极限为不大于（　　　）。

　　A. 0.05 mm　　　B. 0.10mm　　　C. 0.15mm　　　D. 其他

3. 对于浮动钳盘式制动器，制动片回位装置为（　　　）。

　　A. 回位弹簧　　　　　　　　　　　　B. 制动分泵皮碗

　　C. 制动结束时制动盘对分泵活塞的弹力　D. 其他

4. 用千分尺测量制动盘厚度时，测量点选在距轮盘外边缘（　　　）。

　　A. 20 mm 处　　　B. 15 mm 处　　　C. 10 mm 处　　　D. 其他

5. 测量制动盘厚度时，测量点需要选择（　　　）。

　　A. 1 处　　　　　B. 2 处　　　　　C. 3 处　　　　　D. 4 处

任务二　鼓式制动器检查和更换

1. 了解鼓式制动器的类型、结构和工作原理。
2. 知道鼓式制动器失效的原因及检测周期。
3. 能够掌握检查鼓式制动器的检查作业项目。

案例：刘女士到店进行车辆维护，并与服务顾问提及该车踩刹车后再次加速，车辆不能马上提速，感觉有刹车没有松开的现象。据分析可能是后轮制动器制动拖滞所致。如果你是维修技师，请完成制动鼓和制动蹄的检查，根据检查结果分析是否需要更换。

鼓式制动器是利用制动传动机构使制动蹄将制动摩擦片压紧在制动鼓内侧，从而产生制动力，根据需要使车轮减速或在最短的距离内停车，以确保行车安全，并保障汽车停放可靠不能自动滑移。

一、鼓式制动器的结构和工作原理

现在配备鼓式制动器的家用车型越来越少，只有少部分小型车或者越野车装备，鼓式制动器主要包括制动轮缸、制动蹄、制动鼓、摩擦片、回位弹簧等部分。主要是通过液压装置是摩擦片与随车轮转动的制动鼓内侧面发生摩擦，从而起到制动的效果，如图 5-2-1 所示。

图 5-2-1　鼓式制动器结构

在踩下刹车踏板时，推动刹车总泵的活塞运动，进而在油路中产生压力，制动液将压力传递到车轮的制动分泵推动活塞，活塞推动制动蹄向外运动，进而使得摩擦片与刹车鼓发生摩擦，从而产生制动力，图 5-2-2 所示。

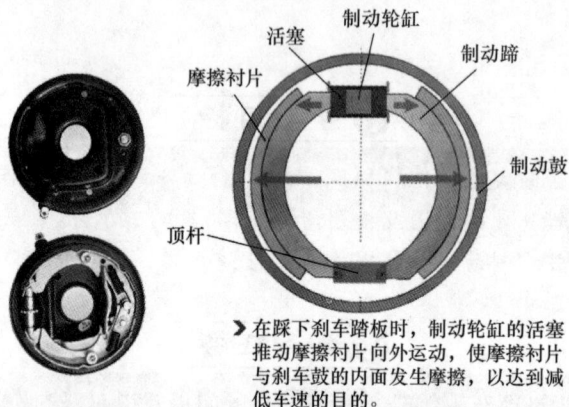

> 在踩下刹车踏板时，制动轮缸的活塞推动摩擦衬片向外运动，使摩擦衬片与刹车鼓的内面发生摩擦，以达到减低车速的目的。

图 5-2-2　鼓式制动器工作原理

二、鼓式制动器间隙调整

制动器在不工作时，制动蹄和制动鼓之间应当有合适的间隙，设定值由制造厂规定，一般鼓式制动器间隙在 0.2～0.5 mm 之间，制动器在使用过程中，随着摩擦片的磨损，制动器间隙会变大，制动器反应时间过长，直接威胁到行车安全，要求制动器必须有检查和调整间隙的可能，现在很多汽车的制动器都装有制动器间隙自动调整装置，它可以保证制动器间隙始终处于最佳状态，不必经常人工检查和调整，但也有部分载货汽车鼓式制动器的间隙仍采用手工调整。改进之后的轿车鼓式制动器都是采用自动调整方式，摩擦衬片磨损后会自动调整与制动鼓间隙。当间隙增大时，制动蹄推出量超过一定范围时，调整间隙机构会将调整杆拉到与调整齿下一个齿接合的位置，从而增加连杆的长度，使制动蹄位置向外移，恢复正常间隙，如图 5-2-3 所示。

图 5-2-3　自动调整间隙

三、鼓式制动器失效的原因及检查

鼓式制动器的制动效能和散热性都要差许多，鼓式制动器的制动力稳定性差，在不同路面上制动力变化很大，不易于掌控。而由于散热性能差，在制动过程中会聚集大量的热量。制动块和轮鼓在高温影响下较易发生极为复杂的变形，容易产生制动衰退和振抖现象，引起制动效率下降。另外，鼓式制动器在使用一段时间后，要定期调校刹车蹄的空隙，甚至要把整个刹车鼓拆出清理累积在内的刹车粉。当制动蹄磨损到一定极限就会使得制动器的制动效能急剧下降，一般情况下摩擦材料厚度小于 1.6 mm（不同车型值也不一样）就视为磨损至极限需要更换。

鼓式制动器在使用过程中还会受到高温、机械故障导致制动蹄出现死灰现象、淬火甚至变形或断裂，制动鼓出现淬火、偏磨、变形和裂纹甚至破裂。

虽然正常磨损具有一定的规律，但是根据个人驾驶习惯不同，使用环境不同，磨损的程度也会发生变化，正确的驾驶方式是随时保持全神贯注、眼观六路，发现问题提前收油减速，根据情况的变化决定是否踩刹车。这样做既能节省汽油，又能延长刹车片的寿命。

任务实施

1. 准备工作

（1）实训车辆、游标卡尺、卡瓦尺、常用工具、防护套件、工单等是否准备齐全。

（2）开始工作之前，检查车辆驻车制动操纵杆拉起，变挡杆处于 P 挡，车轮挡块安装正确，车辆停放稳固。

2. 拆卸制动鼓

（1）完全释放驻车制动器，举升车辆至合适高度。

（2）采用交叉的方式拆卸后部轮胎螺栓，如图 5-2-4 所示。

图 5-2-4　拆卸左后轮

（3）拆下制动鼓螺栓，如图 5-2-5 所示。

（4）用橡胶锤敲击制动鼓后，拆下制动鼓，如图 5-2-6 所示。

图 5-2-5　拆卸制动鼓螺栓

图 5-2-6　拆卸制动鼓

3. 检查制动鼓

（1）清洁制动鼓与制动蹄摩擦衬片接触面，如图 5-2-7 所示。

（2）检查制动鼓制动器表面是否存在严重锈蚀、开裂、严重变蓝、缺失配重。轻微的表面锈蚀可用砂纸清除；严重表面锈蚀或点蚀必须通过修整制动鼓表面清除。如图 5-2-8 所示。

图 5-2-7　清洁制动鼓

图 5-2-8　检查制动鼓表面

（3）使用闸瓦卡尺测量并记录制动鼓圆周上均匀分布的 4 个点，在距边缘 13 mm 处做标记，图 5-2-9 所示。

（4）使用闸瓦卡尺测量制动鼓直径，切记测量时在标记位置进行，必须保持测量水平，读数正确，两次测量后取平均值，如图 5-2-10 所示。

图 5-2-9　标记测量位置

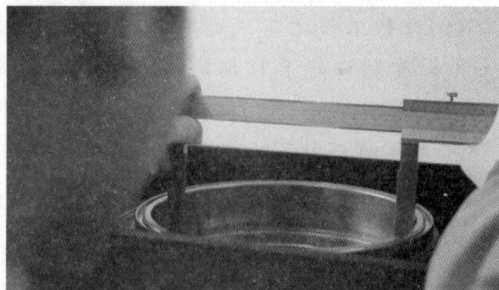

图 5-2-10　测量制动鼓直径

（5）制动鼓标准直径为 254 mm，极限直径 256 mm。如果制动鼓的最大直径测量值低于表面修整后最大允许内径规格，根据表面状况和磨损情况，可以对制动鼓进行表面修整。如果制动鼓的最大直径测量值等于或者大于报废的直径规格，则更换制动鼓。

4. 检查制动蹄

(1)清洁鼓式制动器的制动蹄摩擦衬片接触面，如图 5-2-11 所示。

(2)检查鼓式制动器构件和调节构件，是否存在损坏、变形、卡滞等情况，若存在需要进行相应修理，如图 5-2-12 所示。

图 5-2-11　清洁制动摩擦片

图 5-2-12　检查鼓式制动器构件

（3）使用专用工具测量制动蹄摩擦衬片的厚度，如图5-2-13所示。如果制动蹄摩擦衬片厚度小于1.6 mm或发现瑕疵，则更换摩擦衬片。

（4）使用闸瓦卡尺测量制动蹄外圆直径，如图5-2-14所示。

（5）计算制动鼓与制动蹄的间隙，将测得制动鼓直径减去制动蹄直径所得应该在0.4～0.9 mm之间，如果不在可以调整制动蹄间隙调节器，如图5-2-15所示。

5. 安装制动鼓

（1）将制动蹄调节器缩短，如图5-2-16所示。

（2）安装鼓式制动器、鼓式制动器螺钉，并紧固至7 N·m，如图5-2-17所示。

（3）安装轮胎和车轮螺栓，如图5-2-18所示。

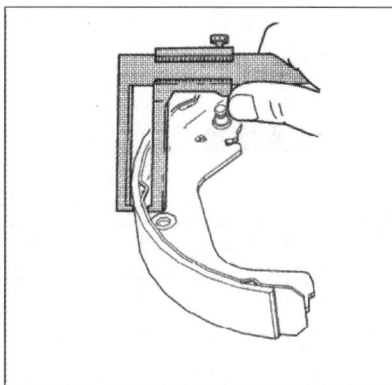

图5-2-13　测量摩擦片厚度

图5-2-14　测量制动蹄直径

图5-2-15　制动蹄调节器

图5-2-16　缩短制动蹄调节器

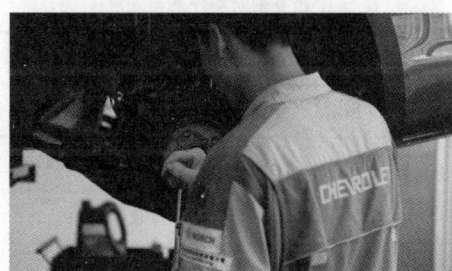

图5-2-17　安装制动鼓螺钉

（4）降下车辆，使用扭力扳手拧紧轮胎螺栓。

（5）踩下制动器踏板数次，以便安装制动鼓中的制动蹄，恢复制动性能。

6. 整理现场

（1）整理、清洁工具。若车主要求回收旧件，将废弃制动片包好放置在后备厢，若无要求则将制动片放置在指定位置。

图5-2-18　安装车轮螺栓

（2）取下车钥匙，收回驾驶舱防护套丢弃至分类垃圾桶。

（3）清洁地面。

任务检验

检查与更换鼓式制动器的工作页

班级	姓名	项目	作业时间	得分

作业准备				

作业项目	工作过程	检验结果	小组检验
拆卸制动鼓	1. 举升车辆至合适位置		
	2. 拆卸车轮螺栓		
	3. 拆卸制动鼓螺栓		
	4. 拆卸制动鼓		
检查与测量制动鼓	1. 检查制动鼓表面状况		
	2. 标记制动鼓测量点		
	3. 测量制动鼓直径		
检查与测量制动蹄及附件	1. 检查制动蹄外表面及附件		
	2. 检查制动分泵		
	3. 测量制动蹄直径		
检查制动摩擦片	1. 检查制动摩擦片是否异常磨损		
	2. 检查制动摩擦片厚度		
安装制动鼓	1. 调整制动蹄调节器		
	2. 安装制动鼓		
	3. 安装制动鼓螺栓		
	4. 安装车轮螺栓		
	5. 恢复制动器		
5S管理	1. 工具使用规范		
	2. 量具使用规范		
	3. 场地整洁		

任务小结

1. 鼓式制动器是利用制动传动机构使制动蹄将制动摩擦片压紧在制动鼓内侧，从而产生制动力，根据需要使车轮减速或在最短的距离内停车，以确保行车安全，并保障汽车停放可靠不能自动滑移。

2. 鼓式制动器主要包括制动轮缸、制动蹄、制动鼓、摩擦片、回位弹簧等部分。在踩下刹车踏板时，推动刹车总泵的活塞运动，进而在油路中产生压力，制动液将压力传递到车轮的制动分泵推动活塞，活塞推动制动蹄向外运动，进而使得摩擦片与刹车鼓发生摩擦，从而产生制动力。

3. 制动器在不工作时，制动蹄和制动鼓之间应当有合适的间隙，设定值由制造厂规定，一般鼓式制动器间隙在 0.2～0.5 mm 之间，制动器在使用过程中，随着摩擦片的磨损，制动器间隙会变大，制动器反应时间过长，直接威胁到行车安全，要求制动器必须有检查和调整间隙的可能。

4. 当制动蹄磨损到一定极限就会使得制动器的制动效能急剧下降，一般情况下摩擦材料厚度小于 1.6 mm(不同车型值也不一样)就视为磨损至极限需要更换。

思考与练习

判断题

1. 制动蹄片表面不平整度标准为沟槽深度不大于 1 mm。　　　　　　　　　　（　　）
2. 制动蹄片磨损到摩擦材料厚度为新片摩擦材料厚的 1/2 时，就要更换制动蹄片。
　　　　　　　　　　　　　　　　　　　　　　　　　　　　　　　　　　（　　）
3. 制动鼓表面沟槽深度大于 1 mm 时，应该镗削加工制动鼓，恢复表面正常的平整度。（　　）
4. 更换新制动蹄片时，一定要将制动间隙调整装置回位，否则无法安上制动鼓。
　　　　　　　　　　　　　　　　　　　　　　　　　　　　　　　　　　（　　）
5. 制动器迟滞表现为车辆行驶时制动器过热，油耗增加等。　　　　　　　　（　　）

任务三 车辆底部螺栓的检查和紧固

学习任务

1. 认识螺栓。
2. 知道螺栓紧固的方法和原则。
3. 知道汽车车桥的种类和作用。
4. 掌握紧固底盘轮胎螺栓的操作方法。

任务导入

梅赛德斯—奔驰(中国)汽车销售有限公司向国家质检总局备案了召回计划,将自2017年8月5日起,召回2012年7月25日至2017年1月20日期间生产的部分进口2012—2016年款G级越野车。据该公司统计,中国大陆地区共涉及5 173辆。本次召回范围内部分车辆由于生产偏差,转向柱底部万向节固定螺栓的紧固力矩不符合要求,可能造成万向节过度磨损,车辆转向的准确性下降。某些情况下,方向盘与转向机构之间的扭矩传递可能完全中断,造成车辆无法转向,增加了车辆发生碰撞的风险,存在安全隐患。你如果是维修技师应如何紧固底盘螺栓。

知识储备

一、认识螺栓

螺栓,是汽车上使用最多的零件,如果你仔细观察螺栓,会发现螺栓有各种不同的形状。今天我们就来说说汽车螺栓的知识。

根据螺纹的绕行方向:分为左旋螺纹和右旋螺纹两种。绝大多数的螺纹都是右旋螺纹,极少数的特殊部位使用了左旋螺纹,如图5-3-1所示。

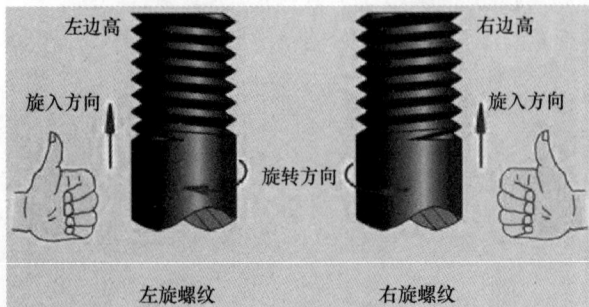

图 5-3-1 螺纹旋向

按螺纹的数目可以分为单线螺纹、双线螺纹及三线螺纹，其中单线多用于连接，其他多用于传动。

按螺纹的形状分为三角螺纹、矩形螺纹、梯形螺纹和锯齿形螺纹。其中的三角螺纹自锁性好，螺纹牙强度高，一般用于连接，是使用最广泛的螺纹。按螺距分为粗牙和细牙两大类，粗牙螺纹是基本螺纹，细牙螺纹螺杆强度高，但螺纹牙的强度较粗牙螺纹低，一般用于薄壁管件、轴类零件及精密机构的调整件上。当螺杆直径大于70 mm时，只能用细牙螺纹，如图5-3-2所示。

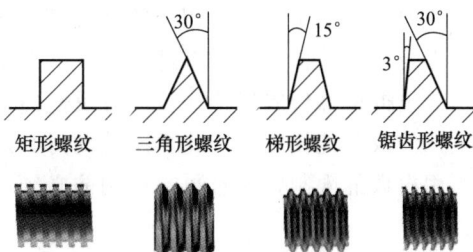

图 5-3-2　螺纹的分类

二、螺纹的自锁及防松装置

从理论上讲，所有的标准连接螺栓都是自锁的，在静载荷作用下不会发生松脱现象。但是在交变载荷、连续冲击和振动载荷作用下，连接可能失去自锁作用而松脱，所以，为使连接可靠，必须采用防松装置。一般采用靠摩擦力防松和机械方法防松两类。

螺纹连接的防松方式有对顶螺母、弹簧垫圈、自锁螺母、采用高强度自锁螺栓、在螺纹上涂紧固胶、开口销、止动垫圈、串联钢丝、开槽螺母、止动垫圈等形式。

三、螺栓的紧固方法及紧固原则

(1)在连接螺栓前，要确认螺栓与螺母的螺距、牙型、旋向等参数相符；

(2)在紧固前要彻底清理螺栓孔内的污泥、积碳、冷却液或机油等杂物和液体，检查螺纹是否完好，螺栓是否被拉长；

(3)在紧固螺栓时，要根据使用说明书上规定的力矩扭紧，无规定时，根据螺栓的直径合理确定紧固力矩；

(4)拆卸缸盖螺栓时，必须等发动机完全冷却之后再进行，拆卸时要按照"从两边向中间对角均匀松开"的原则，以防止缸盖发生翘曲变形；

(5)同一零件用多个螺栓紧固时，应根据被连接件形状，螺栓的分布情况，按一定顺序分次逐步拧紧(一般分2～3次拧紧)，如有定位销，应从靠近定位销的螺栓开始；

(6)在拧紧方形或圆形布置的成组螺母时，必须对称进行；

(7)拧紧长方形布置的成组螺母时，应从中间开始，逐渐向两边对称扩展。

汽车修理时，需要拆装各种各样的螺丝，如果操作不规范，很容易造成零件的变形甚至损坏。汽车上的每一个螺丝都是经过精确计算的，其材料、强度、拧紧力矩、变形量等都受到了严格的控制。在汽车制造厂，螺栓拆装是极为规范的，而到了修理厂就不一定了。很多修理工不使用扭矩扳手，只是凭手感来紧固螺栓，或用普通螺栓代替高强度的螺栓等。这样的修理工艺，维修质量怎能保证？所以，规范螺栓的拆装，严格按照规定的扭矩拧紧，是保证维修质量重要的一环。

在进行修理作业时，往往在车主询问是否所有的螺栓都已经紧过时，修理工一般会回答所有的螺栓都加力拧紧了，实际上，对于汽车各个部位的螺栓根据其直径、螺距及用途其扭紧力矩的大小都有其相应的规定值，达不到规定值的会松脱，肯定不好。但盲目增大拧紧力矩则会使被紧固的零件变形，甚至造成螺杆伸长，螺纹变形和断裂的情况。

经过拆检部位的螺栓一般不可反复使用，有的螺栓在装配时使用了固化胶，拆卸时会发生拉伸或其他损坏，因此再次装配时必须换新件，有的螺栓虽然可以反复使用，但有明确再用次数的限制，而且再次使用前必须对螺栓进行严格的检查。

四、桥的作用和种类

车桥位于悬架与车轮之间，其两端安装车轮，通过悬架与车架（或车身）相连，其功用是传递车架（或车身）与车轮之间各种载荷。

按悬架结构不同，车桥分为整体式和断开式。整体式车桥与非独立悬架配用；断开式车桥与独立悬架配用。

按车桥上车轮的作用不同，车桥分为转向桥、驱动桥、转向驱动桥和支持桥。其中转向桥和支持桥都属于从动桥。在后轮驱动的汽车中，前桥不仅用于承载，而且兼起转向作用，称为转向桥；后桥不仅用于承载，而且兼起驱动的作用，称为驱动桥；在越野汽车和前轮驱动汽车中，前桥除了承载和转向的作用外，还兼起驱动作用，所以称为转向驱动桥；只起支承作用的车桥称为支持桥。

1. 转向桥

转向桥通常位于汽车前部，故也称为前桥。转向桥的作用是支承部分重量，安装前轮及制动器（前），连接车架，承受车架与车轮之间的作用力及其产生的弯矩和转矩，同时还要使前轮偏转以实现转向。转向桥基本结构由前轴（副车架）、转向节、主销、轮毂等部分组成，如图 5-3-3 所示。

2. 驱动桥

驱动桥一般由主减速器、差速器、车轮传动装置和驱动桥壳等组成。它的作用是将万向传动装置传来的动力折过 90°角，改变力的传递方向，并由主减速器降低转速，增大转矩后，经差速器分配给左右半轴和驱动轮。如图 5-3-4 所示。

图 5-3-3　转向桥

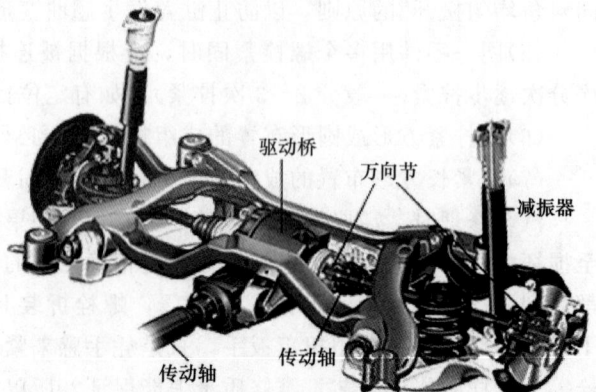

图 5-3-4　驱动桥

3. 转向驱动桥

转向驱动桥一般由主减速器、差速器、半轴和桥壳组成。现在普通轿车普遍采用的是断开式、独立悬架转向驱动桥。车桥上端通过左、右悬架与承载式车身相连接，下端通过左、右下摆臂与固定在车身上的副车架相连接。悬架车轮轴承壳与下摆臂之间通过可移动球形接头连接，从而使前轮固定，并通过下摆臂上的长孔可调整车轮外倾角，为了减小车辆转向时的车身倾斜，在副车架与下摆臂之间还装有横向稳定器。如图 5-3-5 所示。

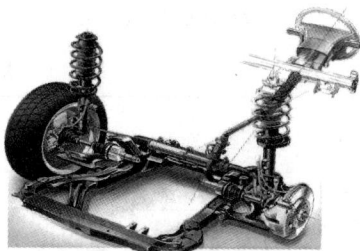

图 5-3-5　转向驱动桥

4. 支持桥

科鲁兹汽车后桥是扭力梁式非驱动桥，其结构如图 5-3-6 所示。该车桥轮毂、制动鼓以及车轮与车桥的连接方式与转向桥一样，通过轴承支承，轴向定位。车桥只向其传递横、纵向推力或拉力，不传递转矩。

图 5-3-6　支持桥

任务实施

1. 准备工作

(1)实训车辆、指针式扭力杆、套筒工具、手套。

(2)将车辆停放在举升机上，拉紧驻车制动器，变速杆至于 P 挡。

(3)举升车辆至最高处并确认安全

2. 根据维修手册认识前桥结构，如图 5-3-7 所示。

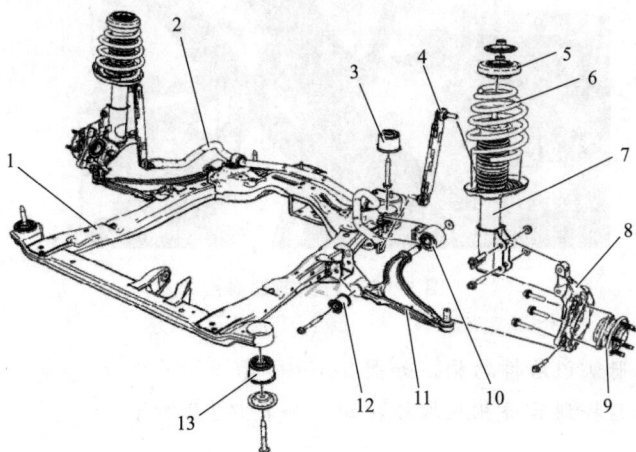

图 5-3-7　前桥架部件

1—传动系统和前副车架；2—前稳定杆；3—传动系统和前副车架后隔振垫；4—前稳定杆连杆；

5—前悬架滑柱隔振垫总成；6—前弹簧；7—减振器总成；8—转向节；9—前轮轴承/轮毂总成；

10—前下控制臂后衬套；11—前下控制臂；12—前下控制臂衬套；13—传动系统和前副车架后隔振垫

3. 根据维修手册找到前桥相应螺栓扭矩，表 5-3-1 所示。

表 5-3-1 前桥紧固件紧固规格

应用	规格	
	公制	英制
控制臂至转向节的螺栓和螺母	20 N·m＋60－75°(1)	22 英尺磅力＋60－75°(1)
控制臂至前副车架的螺栓	70 N·m＋75°－90°(1)	52 ft·lbf＋75°－90°(1)
控制臂至后副车架的螺栓	70 N·m＋75°－90°(1)	52 ft·lbf＋75°－90°(1)
前轴承至转向节的螺栓	90 N·m＋60°－75°(1)	66 ft·lbf＋60°－75°(1)
前稳定杆隔振垫卡箍螺栓	22 N·m＋30°(1)	16 ft·lbf＋30°(1)
前悬架滑柱下螺栓和螺母	90 N·m＋60°(1)	66 ft·lbf＋60°(1)
前悬架滑柱支座螺母	45 N·m	34 ft·lbf
前悬架支承螺栓	60 N·m＋35°(1)	45 ft·lbf＋30°(1)
后控制臂衬套至控制臂	55 N·m＋45°－60°(1)	41 ft·lbf＋45°－60°(1)
稳定杆连接至稳定杆螺母	65 N·m(1)	48 ft·lbf(1)
转向机外转向横拉杆至转向节的螺母	35 N·m	26 ft·lbf
转向节至滑柱	90 N·m＋60°＋75°(1)	66 ft·lbf＋60°－75°(1)
滑柱轴螺母	70 N·m	52 ft·lbf
1＝使用新的紧固件		

4. 紧固前副车架与车身连接螺栓，如图 5-3-8 所示。

图 5-3-8 拧紧前部螺栓

5. 根据维修手册认识后桥结构，如图 5-3-9 所示。

6. 根据维修手册找到后桥相应螺栓扭矩，如表 5-3-2 所示。

无瓦特杆系的后桥

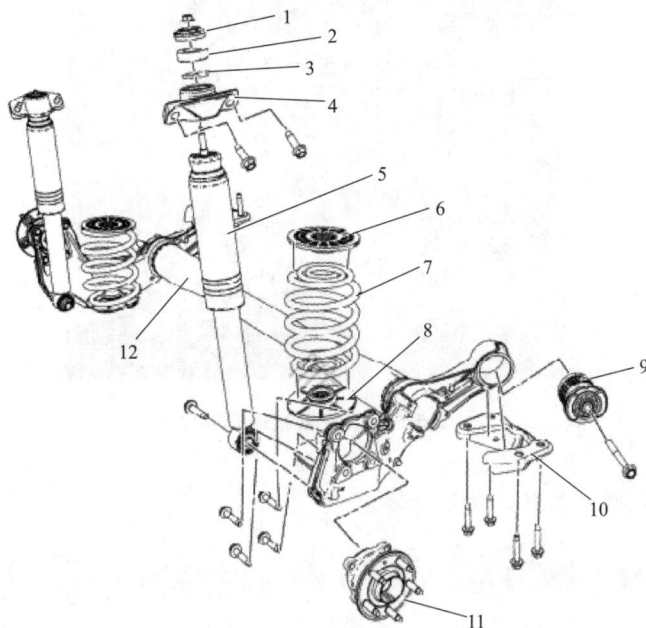

图 5-3-9　后桥结构

1，3—后减振器上支座；2，4—后减振器下支座；

5—减振器总成；6—上翻转环；7—后弹簧；8—下翻转环；

9—后桥衬套；10—后桥托架；11—后轮轴承；12—后桥

表 5-3-2　后桥紧固件紧固规格

应用	规格	
	公制	英制
车桥衬套贯穿螺栓和螺母	70 N·m+130°(1)	52 英尺磅力+130°(1)
前排气管至排气消声器法兰(数量：2)	17 N·m	13 ft·lbf
平衡梁连杆螺栓	160 N·m	118 ft·lbf
平衡梁支承螺栓	100 N·m	74 ft·lbf
平衡梁连杆螺栓和螺母	40 N·m+45°(1)	30 ft·lbf+45°(1)
平衡梁中心连杆螺栓和螺母	40 N·m+45°—60°(1)	30 ft·lbf+45°—60°(1)
后驻车制动器拉线托架螺栓	10 N·m	89 ft·lbf
后悬架纵臂螺母	70 N·m+120°(1)	52 ft·lbf+120°(1)
减振器上螺栓	100 N·m	74 ft·lbf
减振器下螺栓	150 N·m+60°(1)	111 ft·lbf+60°(1)
车轮轴承/轮毂总成安装螺栓	50 N·m+40°(1)	37 ft·lbf+40°(1)
轮速传感器螺栓	6 N·m	53 ft·lbf
1＝使用新的紧固件		

7. 紧固左后减振器螺栓，如图 5-3-10 所示。

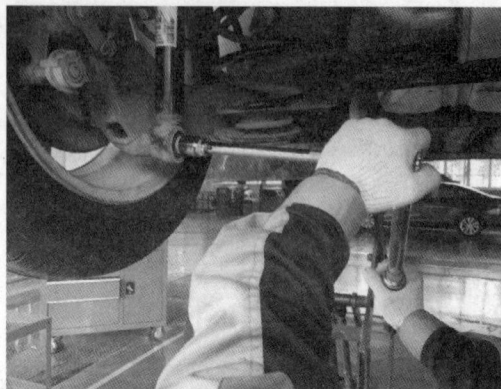

图 5-3-10　拧紧减振器螺栓

8. 降下车辆，收回工具，清洁场地。

任务检验

检查与更换车桥螺栓的工作页

班级	姓名	项目	作业时间	得分
作业准备				

作业项目	工作过程	检验结果	小组检验
紧固前桥螺栓	1. 举升车辆至最高处		
	2. 控制臂至转向节的螺栓和螺母 30 N·m+60°−75°		
	3. 控制臂至前副车架的螺栓 70 N·m+75°−90°		
	4. 控制臂至后副车架的螺栓 70 N·m+75°−90°		
	5. 前轴承至转向节的螺栓 90 N·m+60°−75°		
	6. 前稳定杆隔振垫卡箍螺栓 22 N·m+30°		
	7. 前悬架滑柱下螺栓和螺母 90 N·m+60°		

作业项目	工作过程	检验结果	小组检验
紧固前桥螺栓	8. 前悬架滑柱支座螺母 45 N·m		
	9. 前悬架支承螺栓 60 N·m+35°		
	10. 后控制臂衬套至控制臂 55 N·m+45°－60°		
	11. 稳定杆连杆至稳定杆螺母 65 N·m		
紧固后桥螺栓	1. 平衡梁连杆螺栓 160 N·m		
	2. 平衡梁支承螺栓 100 N·m		
	3. 平衡梁连杆螺栓和螺母 40 N·m+45°		
	4. 平衡梁中心连杆螺栓和螺母 40 N·m+45°－60°		
	5. 后悬架纵臂螺母 70 N·m+120°		
	6. 减振器上螺栓 100 N·m		
	7. 减振器下螺栓 150 N·m+60°		
	8. 安全降下车辆		
5S 管理	1. 工具使用规范		
	2. 量具使用规范		
	3. 场地整洁		

◆ 任务小结

1. 根据螺纹的绕行方向：分为左旋螺纹和右旋螺纹两种。绝大多数的螺纹都是右旋螺纹，极少数的特殊部位使用了左旋螺纹。

2. 按螺纹的数目可以分为单线螺纹、双线螺纹及三线螺纹，其中单线多用于连接，其他多用于传动。

3. 按螺纹的形状分为三角螺纹、矩形螺纹、梯形螺纹和锯齿形螺纹。

4. 车桥位于悬架与车轮之间，其两端安装车轮，通过悬架与车架（或车身）相连，其功用是传递车架（或车身）与车轮之间各种载荷。按悬架结构不同，车桥分为整体式和断开式。整体式车桥与非独立悬架配用；断开式车桥与独立悬架配用。按车桥上车轮的作用不同，车桥分为转向桥、驱动桥、转向驱动桥和支持桥。

◆ 思考与练习

1. 中低档轿车后悬架多采用非独立扭杆梁式结构。　　　　　　　　　　（　　）

2. 前稳定杆实质上是连接在车辆前悬架之间、固定在车辆前端底部的扭杆弹簧。

（　　）

3. 现代轿车发动机及变速器总成一般是从车辆上方拆下的。（　　）

4. 前悬架上下球节间隙过大不是引起轮毂轴向摆动量过大的原因。（　　）

5. 科鲁兹"前悬架横梁"与"车身"的连接螺栓是非常重要的紧固螺栓。（　　）

任务四　汽车空调及风机的检查

学习任务

1. 知道汽车空调的结构及制冷工作原理。
2. 知道汽车空调制热装置的结构及工作原理。
3. 掌握检查汽车空调与风机的操作方法。

知识储备

汽车空调系统是实现对车厢内空气进行制冷、加热、换气和空气净化的装置。它可以为乘车人员提供舒适的乘车环境，降低驾驶员的疲劳强度，提高行车安全。

一、汽车空调的结构及制冷工作原理

空调系统主要由压缩机、冷凝器、蒸发器、膨胀阀、干燥储液器及管路等组成，如图 5-4-1 所示。

用户按操作程序启动汽车空调系统之后，压缩机在发动机带动下开始工作，驱使制冷剂（R134 a，一种环保型制冷剂，不会破坏臭氧层、无毒性、无刺激、不燃烧、无腐蚀性）在密封的空调系统中循环流动，压缩机将气态制冷剂压缩成高温高压的制冷剂气体后排出压缩机。高温高压制冷剂气体经管路流入冷凝器后，在冷凝器内散热、降温，冷凝成高温高压的液态制冷剂流出。高温高压液态制冷剂经管路进入干燥储液器内，经过干燥、过滤后流进膨胀阀。高温高压液态制冷剂经膨胀阀节流，状态发生急剧变化，变成低温低压的液态制冷剂。

低温低压液态制冷剂立即进入蒸发器内，在蒸发器内吸收流经蒸发器的空气热量，使空气温度降低，吹出冷风，产生制冷效果，制冷剂本身因吸收了热量而蒸发成低温低压的气态制冷剂。低温低压的气态制冷剂经管路被压缩机吸入，进行压缩，进入下一个循环，只要压缩机连续工作，制冷剂就在空调系统中连续循环，产生制冷效果；压缩机停止工作，空调系统内制冷剂随之停止流动，不产生制冷效果，如图 5-4-2 所示。

暖风装置　　鼓风机装置　　压力开关

压缩机

冷凝器

冷凝器风扇

干燥瓶

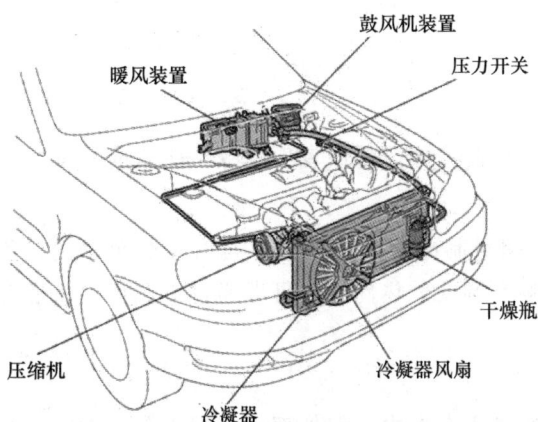

图 5-4-1　空调的构造

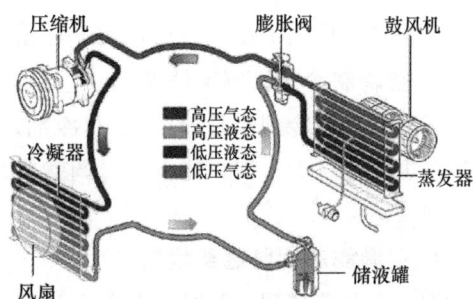

压缩机　　　膨胀阀　　鼓风机

■ 高压气态
■ 高压液态
■ 低压液态
■ 低压气态

冷凝器

蒸发器

风扇　　　　储液罐

图 5-4-2　空调制冷原理

二、汽车空调系统的制热装置

汽车空调系统的制热装置就是汽车的暖风系统，大多数汽车的加热装置就是一个与发动机冷却水道连接的暖风水箱，在系统中有一个鼓风机，使冷空气通过暖风水箱，迅速将热量散向车内。空气调节装置主要部件有鼓风机、内外循环控制阀门、温度调节阀和风道调节阀，由对应的空调控制面板的开关控制。

空气调节装置鼓风机通过鼓风机转速的大小来控制车内通风量的多少，达到控制车内温度的目的。空气的内外循环模式：制冷时一般采取内循环模式，即鼓风机抽取的是车内的空气；空气的温度、湿度调节：空气经过制冷系统的蒸发器降温，经过暖风水箱加热升温，控制空气流经暖风水箱的比例，实现车内空气温度和湿度的调节；出风模式的调节：调节向各部位出风，向上部出风，或向面板出风，或向脚下出风，或两个部位同时出风等，如图 5-4-3 所示。

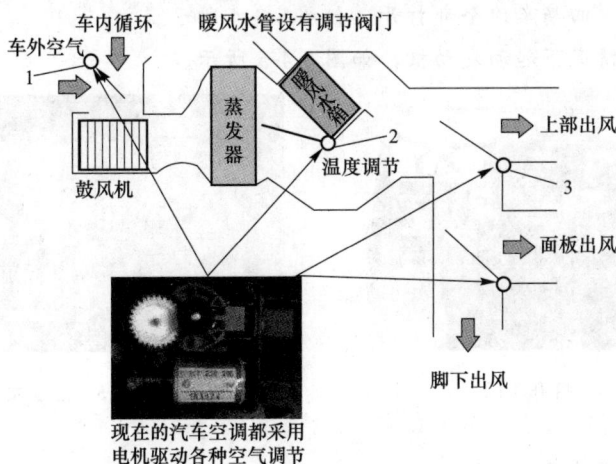

车外空气　　车内循环　　暖风水管设有调节阀门

1

蒸发器

鼓风机　　　　温度调节

上部出风

3

面板出风

脚下出风

现在的汽车空调都采用
电机驱动各种空气调节

图 5-4-3　汽车暖风装置

1—室外循环调节；2—温度调节；3—出风模式调节

三、汽车空调的故障原因

汽车空调用久了难免会出现故障，比如空调制冷效率低或者不制冷，耗油量增加。

1. 空调制冷剂比例不协调

现在空调制冷剂都是 R134 a 制冷剂，空调对制冷剂的比例要求是有一个范围的，不能过多也不能过少。如果比例不协调就会影响空调的散热性能，可以通过空调压力表监测这个问题。

2. 空调滤芯太脏甚至堵塞

汽车在开着空调行驶时，要吸入外部空气进入车厢内，但外部空气混着灰层颗粒、异味等有害粉尘，空调滤芯可以把这些脏东西过滤掉。但是长久使用下来，滤芯就可能被这些粉尘堵塞，导致空气进不去，这就影响了空调制冷还增加油耗，所以定期检查空调滤芯是很有必要的。

3. 水箱、冷凝器太脏

水箱、冷凝器的作用就是用来散热，它们位于车头的发动机舱内。受限于目前装配工艺，发动机盖都存在细小裂缝，灰尘会飞进去。如果这两个地方太脏了，就会影响散热，表面上空调系统工作正常，但空调制冷效果就是不好，而且油耗还会增加。

任务实施

1. 准备工作

(1)实训车辆、空调滤芯、常用工具、防护套件、工单等是否准备齐全。

(2)开始工作之前，检查车辆驻车制动操纵杆拉起，变挡杆处于 P 挡，车轮挡块安装正确，车辆停放稳固，安装车内防护五件套。

2. 检查空调出风口及工作情况

(1)将车窗降下，四扇车门全部打开，如图 5-4-4 所示。

(2)确认安全的情况下起动发动机，如图 5-4-5 所示。

图 5-4-4 打开车门

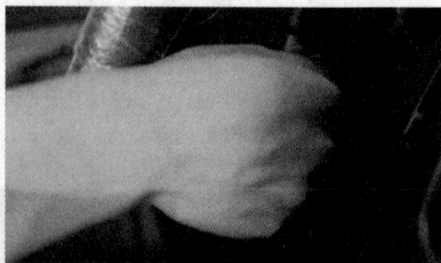

图 5-4-5 起动发动机

(3)打开鼓风机开关至最大挡，如图 5-4-6 所示。

(4)按下空调开关，将温度旋钮旋到蓝色位置，如图 5-4-7 所示。

图 5-4-6　打开鼓风机开关

图 5-4-7　按下空调开关

（5）按下主出风口按键，如图 5-4-8 所示。

（6）检查主出风口是否有冷风吹出，如图 5-4-9 所示。

图 5-4-8　按下主出风口键

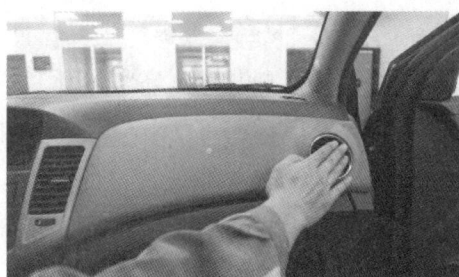

图 5-4-9　检查出风口

（7）按下上出风键，如图 5-4-10 所示。

（8）检查上出风口是否出风，如图 5-4-11 所示。

图 5-4-10　按下上出风键

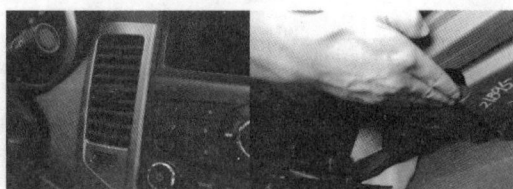

图 5-4-11　检查上出风口

（9）按下下出风口按键，如图 5-4-12 所示。

图 5-4-12　按下下出风口键

（10）检查下出风口是否出风，如图 5-4-13 所示。

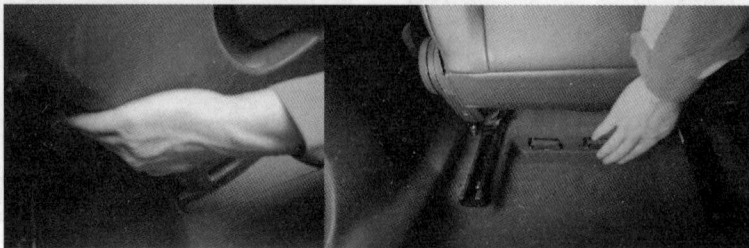

图 5-4-13　检查下出风口

（11）按下前挡风玻璃出风键，如图 5-4-14 所示。

（12）检查挡风玻璃出风口是否出风，如图 5-4-15 所示。

图 5-4-14　按下挡风玻璃出风键

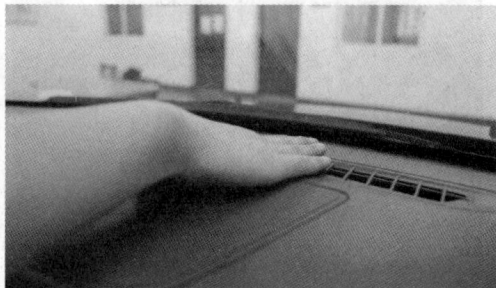

图 5-4-15　检查前挡风玻璃出风口

（13）关闭空调，关闭鼓风机开关，如图 5-4-16 所示，发动机熄火。

3. 更换汽车空调滤芯

（1）拆卸副驾驶室手套箱，如图 5-4-17 所示。

图 5-4-16　关闭空调及鼓风机

图 5-4-17　拆卸手套箱

（2）打开空调滤清器盖，如图 5-4-18 所示。

（3）抽出空调滤清器并检查状况，如图 5-4-19 所示。如果发现进水、堵塞、变形请予以更换。

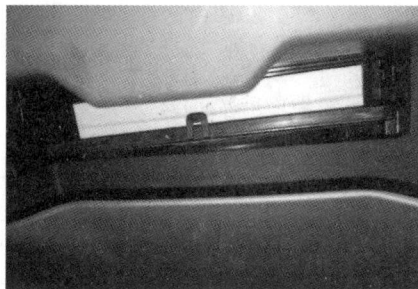

图 5-4-18　拆卸空调滤清器盖

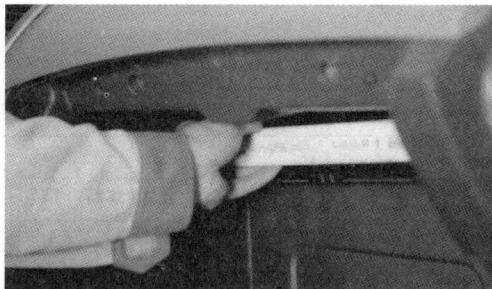

图 5-4-19　抽出空调滤清器

（4）使用压缩空气清洁空调滤清器滤芯，如图 5-4-20 所示。注意一点要由里向外吹。

（5）用压缩空气清洁空调鼓风机，安装空调滤芯，如图 5-4-21 所示。注意：安装时要求按安装标记进行安装。

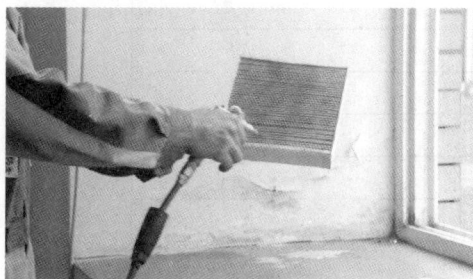

图 5-4-20　清洁空调滤芯

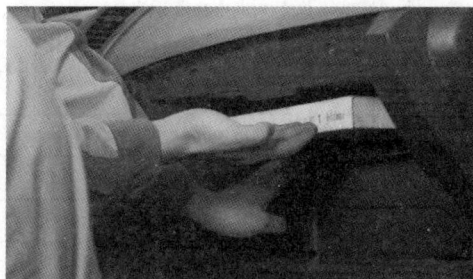

图 5-4-21　安装空调滤芯

（6）安装空调滤清器盖及副驾驶室手套箱，如图 5-4-22 所示。

图 5-4-22　安装手套箱

4．整理现场

（1）整理、清洁工具。

（2）取下车钥匙，收回驾驶舱防护套丢弃至分类垃圾桶。

（3）清洁地面。

任务检验

检查与更换汽车空调及滤清器的工作页

班级	姓名	项目	作业时间	得分

作业准备	

作业项目	工作过程	检验结果	小组检验
检查汽车空调及风道开关	1. 打开车门，起动发动机。		
	2. 打开鼓风机开关到最大，开启空调开关。		
	3. 按下主出风口键		
	4. 检查主出风口是否出风		
	5. 按下上下出风口键		
	6. 检查上下出风口是否出风		
	7. 按下下出风口键		
	8. 检查下出风口是否出风		
	9. 按下挡风玻璃出风口键		
	10. 检查挡风玻璃出风口是否出风		
	11. 关闭空调开关及鼓风机开关		
	12. 关闭发动机		
更换空调滤清器滤芯	1. 拆卸副驾驶室手套箱		
	2. 取出空调滤清器滤芯并检查		
	3. 清洁空调滤芯		
	4. 按标记安装空调滤芯		
	5. 安装副驾驶室手套箱		
	6. 关闭车门恢复场地		
5S 管理	1. 工具使用规范		
	2. 量具使用规范		
	3. 场地整洁		

任务小结

1. 汽车空调系统是实现对车厢内空气进行制冷、加热、换气和空气净化的装置。它可以为乘车人员提供舒适的乘车环境，降低驾驶员的疲劳强度，提高行车安全。

2. 空调系统主要由压缩机、冷凝器、蒸发器、膨胀阀、干燥储液器及管路等组成。

3. 制冷系统工作时，制冷剂以不同的状态在这个密闭系统内循环流动，每个循环有四个基本过程：压缩过程、散热过程、节流过程、吸热过程，上述过程周而复始地进行，达到降低蒸发器周围空气温度的目的。

4. 汽车空调系统的制热装置就是汽车的暖风系统，大多数汽车的加热装置就是一个与发动机冷却水道连接的暖风水箱，在系统中有一个鼓风机，使冷空气通过暖风水箱，迅速将热量散向车内。

思考与练习

一、判断题

1. 检查空调性能时，条件之一是发动机转速要保持在 2 500 r/min 左右运行。（　　）

2. 检查空调性能时，若发现观察孔内不太透明，且有大量气泡生成并流动，该状况为系统中制冷剂不足。（　　）

3. 现在车辆采用的空调滤清器的滤芯较多为湿式。（　　）

4. 空调滤清器可以调节进入驾驶舱的空气温度。（　　）

5. 汽车空调和我们熟悉的家用空调制冷原理是一样的。（　　）

二、选择题

1. 一般情况下空调滤清器的安装位置是（　　）。

　　A. 发动机进气管路尾部　　　　　　　B. 空调系统送风管中

　　C. 排气管末端　　　　　　　　　　　D. 任意位置

2. 空调滤清器又被称作为（　　）。

　　A. 燃油滤清器　　　B. 机油滤清器　　　C. 排气滤清器　　　D. 花粉滤清器

3. 新装空调系统中，只有（　　）内装有冷冻润滑油。

　　A. 压缩机　　　　　B. 储液干燥器　　　C. 膨胀阀　　　　　D. 冷凝器

4. 当外部温度高时，若加注制冷剂困难，可用空气或冷水降低（　　）的温度。

　　A. 冷凝器　　　　　B. 储液干燥器　　　C. 膨胀阀　　　　　D. 压缩机

5. 汽车空调（　　）的作用是用来除去车内的灰尘和异味。

　　A. 空气净化　　　　B. 制冷系统　　　　C. 采暖系统　　　　D. 送风系统

任务五　车轮定位检查

学习任务

1. 知道车辆定位的定义。
2. 知道进行车辆定位的原因。
3. 掌握百斯巴特定位仪的操作规范。

任务导入

某日，一位科鲁兹车主到售后服务站进行车辆保养，跟服务顾问反映车辆有向左跑偏的情况，经检查发现这辆车的车轮有异常磨损的情况。你作为维修技师将如何排除这种故障呢？

知识储备

一、四轮定位

四轮定位是以车辆的四轮参数为依据，通过调整以确保车辆良好的行驶性能并具备一定的可靠性。轿车的转向车轮、转向节和前轴三者之间的安装具有一定的相对位置，这种具有一定相对位置的安装叫做转向车轮定位，也称前轮定位。前轮定位包括主销后倾（角）、主销内倾（角）、前轮外倾（角）和前轮前束四个内容。这是对两个转向前轮而言，对两个后轮来说也同样存在与后轴之间安装的相对位置，称后轮定位。后轮定位包括车轮外倾（角）和逐个后轮前束。这样前轮定位和后轮定位总起来说叫四轮定位。

二、车辆进行四轮定位的原因

车辆的行驶性能受到了影响（驾驶者感受最为直接的是跑偏，打方向不自动回轮也算），因事故造成底盘及悬架的损伤，轮胎出现磨损异常（但也要考虑到是否是因胎压不正常才导致了异常磨损，一般情况下，胎压过高会加剧胎面中央的磨损，而胎压过低会加剧胎面两侧的磨损；如果一侧出现偏磨，则有可能是外倾角出现偏差；因前束导致的异常磨损），车桥以及悬架的零件被拆下并更换后，均需要做四轮定位。

三、车辆定位需要的参数

1. 车辆中心对称面定位基准面

定义：车辆中心对称面，即汽车几何中心平面，它垂直于行驶平面并通过前后轴的轮距中点，如图 5-5-1 所示。

意义：它是后轴前束的测量基准。

应用分析：在定位仪调整前检测第一次打正方向盘时测出。

2. 车辆的几何轴线

定义：

(1)车轮中心线：是轮胎上对车轮轴垂直的中心线。

(2)车轮接触点：是车轮中心线与车轮轴的交点。

(3)几何轴线：又叫推力线，是后轴总前束的角平分线，如图 5-5-2 所示。

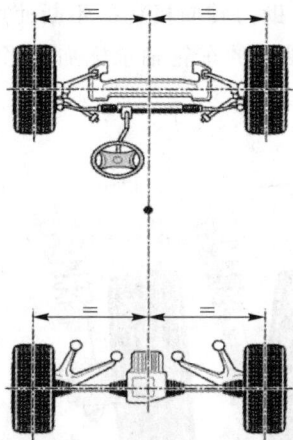

图 5-5-1　中心对称面　　　　图 5-5-2　车辆几何轴线

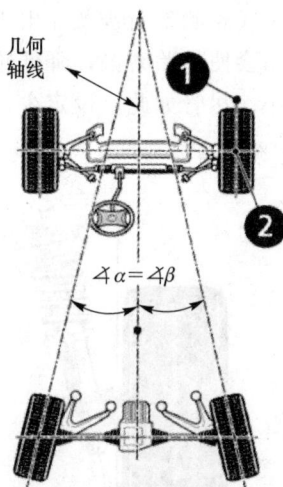

意义：几何轴线由后轴前束总和决定，它是车辆行驶时的推力线，也作为前轴前束的调整基准。

3. 主销后倾角

从侧面看车轮，转向主销(车轮转向时的旋转中心)向后倾倒，称为主销后倾角。设置主销后倾角后，主销中心线的接地点与车轮中心的地面投影点之间产生距离(称作主销纵倾移距，与自行车的前轮叉梁向后倾斜的原理相同)，使车轮的接地点位于转向主销延长线的后端，车轮就靠行驶中的滚动阻力被向后拉，使车轮的方向自然朝向行驶方向。设定很大的主销后倾角可提高直线行驶性能，同时主销纵倾移距也增大。主销纵倾移距过大，会使转向盘沉重，而且由于路面干扰而加剧车轮的前后颠簸，如图 5-5-3 所示。

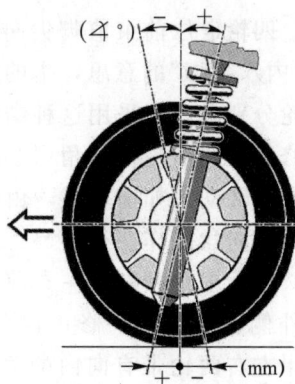

图 5-5-3　主销后倾角

4. 主销内倾角

从车前后方向看轮胎时，主销轴向车身内侧倾斜，该角度称为主销内倾角。当车轮以主销为中心回转时，车轮的最低点将陷入路面以下，但实际上车轮下边缘不可能陷入路面以下，而是将转向车轮连同整个汽车前部向上抬起一个相应的高度，这样汽车本身的重力有使转向车轮回复到原来中间位置的效应，因而方向盘复位容易，如图 5-5-4 所示。

此外，主销内倾角还使得主销轴线与路面交点到车轮中心平面与地面交线的距离减小，从而减小转向时驾驶员加在方向盘上的力，使转向操纵轻便，同时也可减少从转向轮传到方向盘上的冲击力。但主销内倾角也不宜过大，否则会加速轮胎的磨损。

5. 前轮外倾角

从前后方向看车轮时，轮胎并非垂直安装，而是稍微倾倒呈现"八"字形张开，称为负外倾，而朝反方向张开时称正外倾。使用斜线轮胎的鼎盛时期，由于使轮胎倾斜触地便于方向盘的操作，所以外倾角设得比较大。汽车一般将外倾角设定得很小，接近垂直。汽车装用扁平子午线轮胎不断普及，由于子午线轮胎的特性（轮胎花纹刚性大，外胎面宽），若设定大外倾角会使轮胎磨偏，降低轮胎摩擦力。还由于助力转向机构的不断使用，也使外倾角不断缩小。尽管如此，设定少许的外倾角可对车轴上的车轮轴承施加适当的横推力，如图 5-5-5 所示。

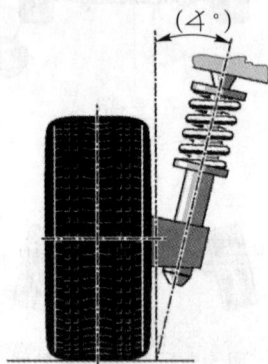

图 5-5-4　主销内倾角

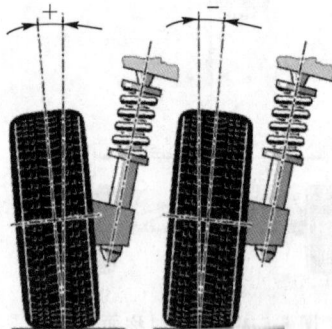

图 5-5-5　前轮外倾角

6. 前轮前束

四轮定位前束值脚尖向内，所谓"内八字脚"的意思，指的是左右前轮分别向内。采用这种结构目的是修正上述前轮外倾角引起的车轮向外侧转动。如前所述，由于有外倾，方向盘操作变得容易。另一方面，由于车轮倾斜，左右前轮分别向外侧转动，为了修正这个问题，如果左右两轮带有向内的角度，则正负为零，左右两轮可保持直线行进，减少轮胎磨损，如图 5-5-6 所示。

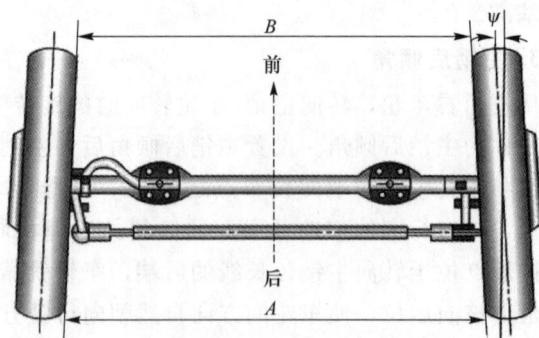

图 5-5-6　前轮前束

上述的四种定位值都是前轮定位的指标。后轮定位值与前轮定位值相似，但大多数轿车的后轮定位不可调。

四、测量前轮前束时应先测得车辆的几何轴线

　　由于一般前轮控制转向，车辆在行驶过程中由后轮决定推进方向。因而前轴前束角度和后轴前束角度是相互关联的，不是孤立的。从测量角度讲，后轴前束的角平分线决定了推进方向，也成为前轴前束调整基准。否则车辆前后轴将以不同方向行驶，如图 5-5-7 所示。

　　百斯巴特定位仪在检测过程中遵循了以下过程：车辆中心对称面→后轴前束→几何轴线→前轴前束。

　　当后轮的前束值不相等时，会引起车辆几何轴线发生偏转。由于车辆在行进中，是后轴推动带有转向的前轴前进。在直线行驶过程中，前轮根据几何轴线打正方向。后轴车轮和后轴本身的变化会引起前轴原来的前束值不相等，使车辆的行驶方向发生偏斜。所以，我们在定位过程中的

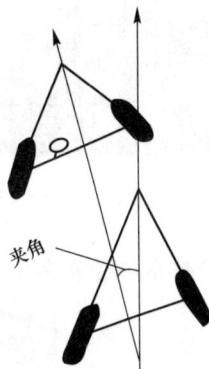

图 5-5-7　前束与推力角不一致

调整顺序是先调整后轴再调节前轴。如果后轴不能调整，需要根据后轴前束形成的几何轴线将前轴的前束调整到合格范围内。

五、车辆四轮定位异常的后果

　　四轮定位异常最常见的就是车辆跑偏，就是说当你把方向摆正直线行驶的时候，车子自己会向左或向右跑偏，驾驶员只能不停地调整方向盘，稍不留神就会向左或向右跑出好几米，对安全驾驶有很大的影响。

　　还有就是轮胎偏磨，也就是所谓的"吃胎"，这种现象如果不检查轮胎是很难发现的，车辆长期高速行驶，轮胎的偏磨也会很厉害，严重影响轮胎的使用寿命。轮胎被磨成"光头胎"的，不仅地面附着力严重下降，还随时有爆胎的可能。

　　除了这些常见的影响之外，四轮定位不准还会导致汽车发飘、侧滑、转向不稳、悬挂系统零部件磨损异常等故障，严重影响行驶安全，所以对四轮定位有所重视是完全正确的。

任务实施

　　1. 准备工作

　　(1) 实训车辆、如图 5-5-8 所示子母剪式举升机、如图 5-5-9 所示百斯巴特四轮定位仪、组合工具、手电筒、防护五件套、手套、抹布等。

图 5-5-8 子母剪式举升机

图 5-5-9 百斯巴特定位仪

(2)将车辆停放在专用检测平台上(子母剪式举升机上),如图 5-5-10 所示。

图 5-5-10 车辆安全停放

2. 测量前的检查工作

(1)转向轮居中放置在两转角盘上,将转角盘与后滑板通过固定销固定,如图 5-5-11 所示。

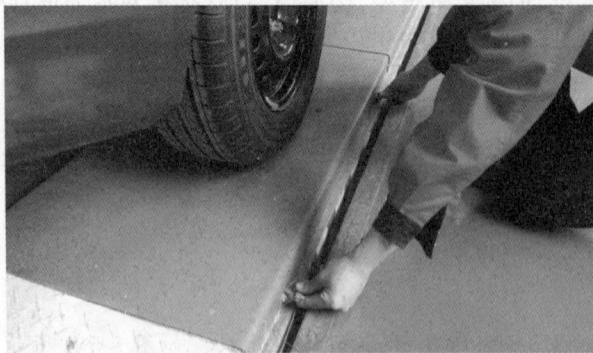

图 5-5-11 检查后滑板固定销

(2)安装防护套,检查车内是否配重正常,如图 5-5-12 所示。

(3)检查四个车轮的轮胎外观,测量花纹深度,如图 5-5-13 所示。

图 5-5-12　检查车辆配重

图 5-5-13　测量轮胎花纹深度

（4）测量四个车轮的轮胎气压是否正常，如图 5-5-14 所示。

（5）根据车辆信息在电脑内输入相应数据，如图 5-5-15 所示。

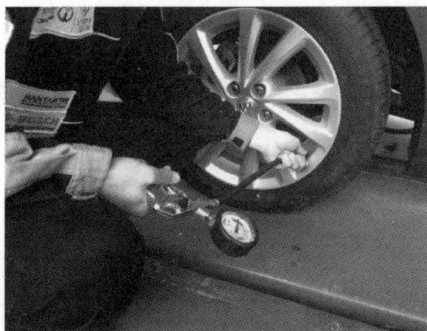

图 5-5-14　测量轮胎气压

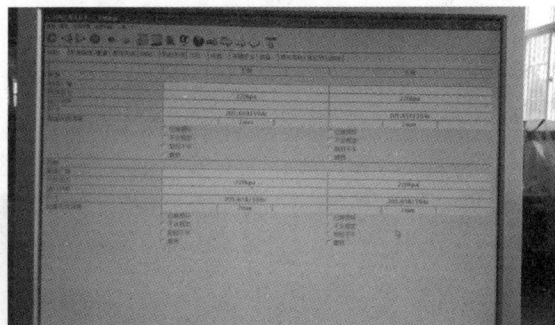

图 5-5-15　输入相应数据

（6）根据车辆信息找到对应车辆参数，如图 5-5-16 所示。

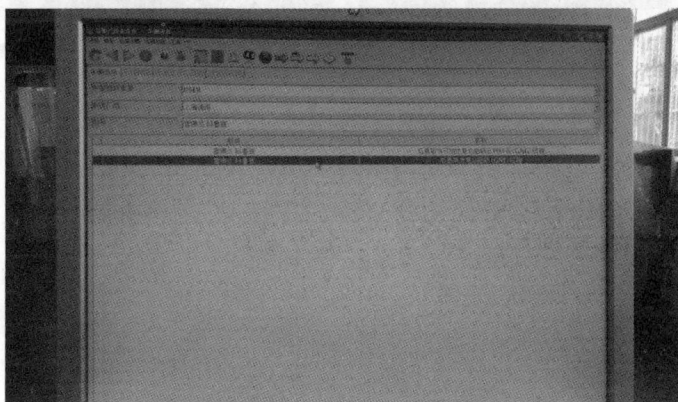

图 5-5-16　找到对应车型

（7）分别按压和抬起前后保险杠三次，测量车身高度，并计算出平均值，算出是否小于等于 10 mm。

3. 检查车辆底部

将车辆举到最高处，检查车辆底部是否松动，如图 5-5-17 所示。

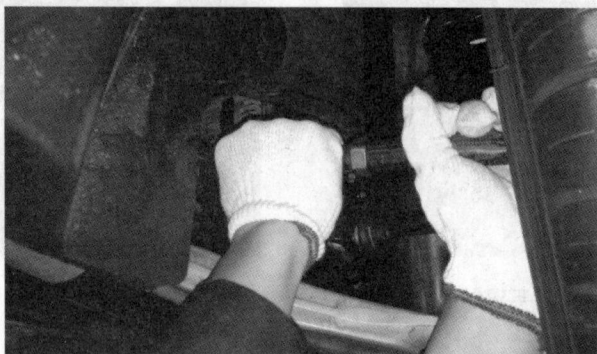

图 5-5-17 检查车辆底部

4. 安装传感器

(1)降下车辆，根据轮胎尺寸调整定位仪卡具，用两手同时推动卡具，使卡臂卡在轮胎花纹处，如图 5-5-18 所示，然后挂上安全钩。

(2)根据传感器上的标号安装四个车轮的传感器，如图 5-5-19 所示。

图 5-5-18 安装卡具

图 5-5-19 安装传感器

(3)安装四个传感器上电缆线，按"R"启动传感器，如图 5-5-20 所示。

图 5-5-20 安装电缆线

5. 偏位补偿（轮辋补偿）

(1)举起小剪，双人配合进行前轮轮辋补偿，如图5-5-21所示。

(2)偏位补偿：使用四点式补偿测量法。测量中，根据电脑提示将车轮旋转1/4周，提取一个参数点，再旋转1/4周，再提取一个点参数，一个车轮共提取四个点。如图5-5-22所示。

图 5-5-21　进行轮辋补偿

图 5-5-22　偏位补偿

(3)先双人分别进行前轮偏位补偿，后轮偏位补偿可以同时进行，最后电脑计算出轮辋变形的参数，如图5-5-23所示。

(4)分别拔出滑板锁销和转盘锁销。

6. 测量车辆定位数据

(1)降下车辆，并检查是否在转盘中心和滑板中心位置。

(2)调整传感器水平，安装刹车锁，如图5-5-24所示。

(3)安装完毕后，根据显示屏上出现的方向盘对中提示图案转动方向盘，使箭头对准绿色区域，再根据提示向左打方向盘20°，如图5-5-25所示。

图 5-5-23　轮辋补偿参数

图 5-5-24　安装刹车锁

图 5-5-25　向左转动方向盘

(4)然后向右打方向盘20°，如图5-5-26所示。

图 5-5-26　向右打方向盘

图 5-5-27　方向盘对中

（5）最后对中，检测车轮外倾角、前轮前束值，如图 5-5-27 所示。

打方向盘的顺序为：先对中，再向左 20°，再向右 20°，最后对中方向盘（见上步骤），测得车轮定位参数。

（6）在做完测量后，定位仪将显示汽车测量的数据列表，可以看到被测汽车所有的数据，并与原厂数据比较，从而确定车轮调整项目，如图 5-5-28 所示。

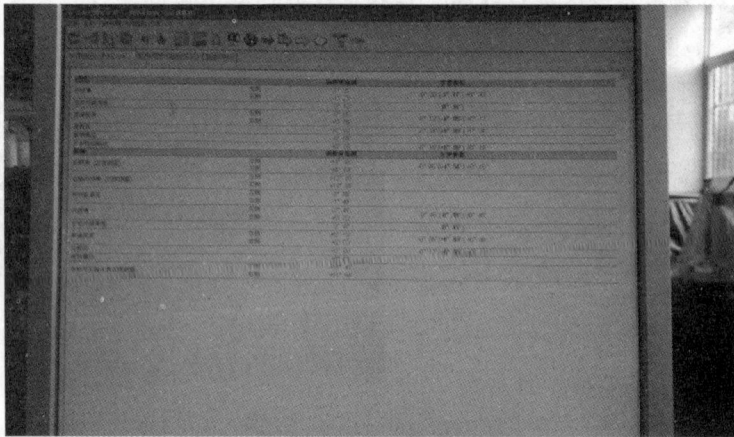

图 5-5-28　测得定位数据

7. 调整前轮前束值

（1）保证方向盘正中，安装方向盘锁，调整传感器水平。

（2）将车辆举升到最高处，使用工具拧松防松螺母，如图 5-5-29 所示。

（3）通过转动外拉杆，将内横拉杆调整至规定值，如图 5-5-30 所示。

（4）预紧防松螺母，使用专用工具将横拉杆防松螺母紧固至 60 N·m，如图 5-5-31 所示。

图 5-5-29　拧松防松螺母

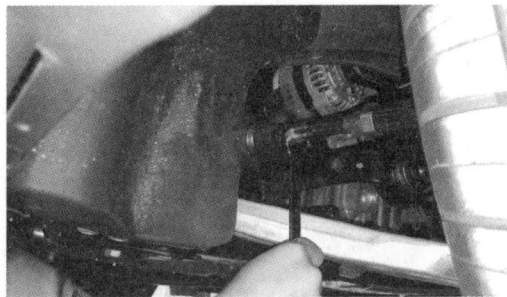

图 5-5-30　调整横拉杆

图 5-5-31　紧固防松螺母

8. 按照测量定位数据的方法再次测量调整后的车轮数据，打印调整合格数据，如图 5-5-32 所示。

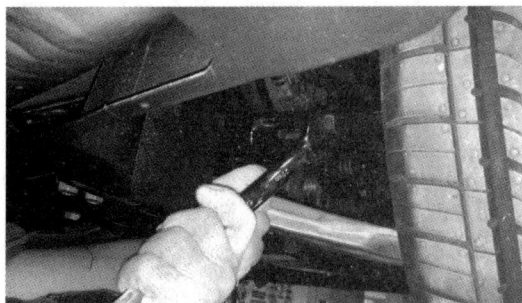

图 5-5-32　打印数据

9.车辆复位

(1)收回电缆线和传感器。

(2)升起小剪，插入滑板锁销和转盘锁销。

(3)收回卡具，放到工具车上。

(4)收回车内设备及防护用品，拉紧手制动。

(5)清洁车辆，清洁设备，清洁工具，清洁场地。

任务检验

检查车辆定位的工作页

班级	姓名	项目	作业时间	得分

作业准备	

作业项目	工作过程	检查结果	小组检验
测量前的检查工作	1. 检查转盘锁销和滑板锁销		
	2. 安装车内防护五件套		
	3. 置于空挡释放驻车制动器		
	4. 检查车辆配重		
	5. 检查车辆轮胎外观及花纹深度		
	6. 检查轮胎气压		
	7. 查找车辆信息并深入到电脑		
	8. 在电脑上找到相应车辆参数		
	9. 测量车身高度		
检查车辆底部	1. 举升车辆到最高处并确认安全		
	2. 检查车辆前部		
	3. 检查车辆后部		
安装卡具、传感器及电缆	1. 降下车辆至测量位置		
	2. 安装四个车轮卡具		
	3. 安装四个传感器		
	4. 安装传感器电缆		
偏位补偿	1. 举起小剪并确认安全		
	2. 补偿前轮		
	3. 补偿后轮		
	4. 抽出转盘锁销和滑板锁销		

续表

作业项目	工作过程	检查结果	小组检验
测量四轮定位数据	1. 降下小剪确认车辆停放正常		
	2. 安装刹车锁		
	3. 调整传感器水平		
	4. 对中方向盘后向左转动20°		
	5. 根据电脑提示向右转动方向盘20°		
	6. 回正方向盘并对中		
	7. 确认测量数据		
调整前轮前束	1. 安装方向盘锁		
	2. 举升车辆至最高处并锁止		
	3. 拧松防松螺母		
	4. 调整前轮前束		
	5. 使用工具拧紧防松螺母		
调整后测量四轮定位数据	1. 降下车辆确认车辆停放正常		
	2. 对中方向盘后向左转动20°		
	3. 根据电脑提示向右转动方向盘20°		
	4. 回正方向盘并对中		
	5. 确认测量后的数据		
收回测量设备	1. 收回传感器及电缆		
	2. 插回转盘和滑板锁销		
	3. 收回卡具		
	4. 收回车内物品		
5S管理	1. 工具使用规范		
	2. 量具使用规范		
	3. 场地整洁		

任务小结

1. 车的转向车轮、转向节和前轴三者之间的安装具有一定的相对位置，这种具有一定相对位置的安装叫做转向车轮定位，也称前轮定位。前轮定位包括主销后倾(角)、主销内倾(角)、前轮外倾(角)和前轮前束四个内容。

2. 当驾驶车辆时感到转向沉重、发抖、跑偏、不正、不归位或者发现轮胎单边磨损、波状磨损、块状磨损、偏磨等不正常磨损以及驾驶时车感飘浮、颠颤、摇摆等现象出现时，就应该做四轮定位了。

3. 几何轴线：又叫推力线，是后轴总前束的角平分线。意义：几何轴线由后轴前束总和决定，它是车辆行驶时的推力线，也作为前轴前束的调整基准。

4. 主销后倾角，从侧面看车轮，转向主销(车轮转向时的旋转中心)向后倾倒，称为

主销后倾角。主销内倾角，从车前后方向看轮胎时，主销轴向车身内侧倾斜，该角度称为主销内倾角。这样汽车本身的重力有使转向车轮回复到原来中间位置的效应，因而方向盘复位容易。前轮外倾，从前后方向看车轮时，轮胎并非垂直安装，而是稍微倾倒呈现"八"字形张开，称为负外倾，而朝反方向张开时称正外倾。前轮前束，脚尖向内，所谓"内八字脚"的意思，指的是左右前轮分别向内。采用上述的四种定位值都是前轮定位的指标。后轮定位值与前轮定位值相似，但大多数轿车的后轮定位不可调。

5. 四轮定位异常最常见的就是车辆跑偏，除了这些常见的影响之外，四轮定位不准还会导致汽车发飘、侧滑、转向不稳、悬挂系统零部件磨损异常等故障，严重影响行驶安全，所以对四轮定位有所重视是完全正确的。

思考与练习

1. 判断题

1. 从车前部看，转向节主销与轮胎垂直中心线之间的角度即为主销内倾角。 （   ）

2. 主销内倾角的作用是将汽车重量传到路面上，同时保持汽车的稳定性。 （   ）

3. 车轮定位的目的是保证汽车沿路面直线行驶。 （   ）

4. 从汽车前面看，车轮相对垂直线向内或向外偏离的角度称为主销后倾角。 （   ）

5. 完成车轮定位后，即使所有车轮角度都调整到合格范围，还应通过路试来检查定位调整的实际效果。 （   ）

2. 选择题

1. 车辆定位检测之前使用制动踏板锁顶住制动踏板是为了（   ）。

　　A. 前轴前束测量准确

　　B. 保证检测安全，防止溜车

　　C. 防止为测量主销角度而转动方向盘时，车轮前后滚动造成检测结果偏差

　　D. 以上说法都不正确

2. 轮胎气压过低对轮胎的磨损状况是（   ）。

　　A. 轮胎单侧胎磨损严重　　　　　　　B. 轮胎胎冠中间磨损严重

　　C. 轮胎两侧胎肩同时磨损严重　　　　D. 以上说法都不正确

3. 定位检测之前，应该先检查的项目包括（   ）。

　　A. 检测悬架是否明显变形或损坏　　　B. 检测四轮胎压是否符合标准

　　C. 检测轮辋是否严重变形或损坏　　　D. 以上三项都必须检查

4. 在车轮定位之前，下列（   ）可以不用检查。

　　A. 轮胎压力　　　B. 轮胎平衡　　　C. 轮胎状况　　　D. 车轮轴承调整

5. 下列（   ）会引起胎面中央磨损。

　　A. 轮胎不经常旋转换位　　　　　　　B. 外倾角不适当

　　C. 轮胎充气压力过低　　　　　　　　D. 轮胎充气压力过大

任务六　汽车尾气排放的检查

1. 了解汽车排放尾气的种类。
2. 了解汽车尾气排放对环境的危害。
3. 知道降低汽车排放污染物含量的技术手段。
4. 掌握汽车排放尾气的检测方法及国家标准。

　　一辆雪佛兰科鲁兹轿车，使用了 9 年，行驶里程到达 120 400 km，今年的年检尾气不合格，到售后维修站进行维修。如果你是维修技师，如何完成汽车尾气排放检测作业。

一、汽车尾气污染物

　　汽车所产生的污染包括排放污染、噪声污染和电磁污染等，其中排放污染的影响最大，汽车排放的主要污染物有一氧化碳（CO）、碳氢化合物（HC）、氮氧化物（NO_x）、二氧化碳（CO_2）和微粒物（PM），如图 5-6-1 所示。

　　汽油机从排气管排出的气体除原来空气中所包含的 N_2 外，大部分是完全燃烧产物 CO_2 和 H_2O，还包括一些污染物 CO，HC 和 NO_x 等。CO 是不完全燃烧

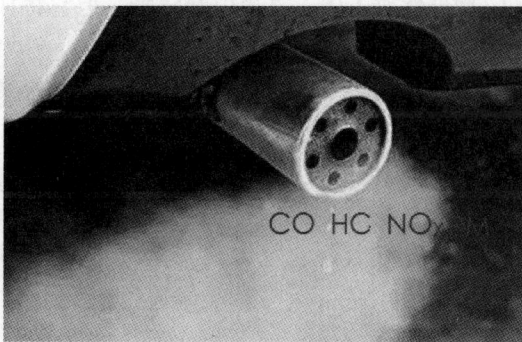

图 5-6-1　汽车尾气

的产物，在汽油机中，CO 主要由于混合气较浓；排出 HC 的原因主要是低温缸壁的冷却作用、电火花微弱不能点燃混合气而失火、气门重叠期间新鲜混合气的流出、曲轴箱窜气和燃油的蒸发等生成的不完全燃烧产物和未燃烃。NO_x 是在燃烧过程的高温条件下生成的，其生成量取决于氧的浓度、温度及反应时间。温度越高、氧浓度越大，生成的 NO_x 越多。

　　柴油机也同样有 CO、HC、NO_x 等废气产生，与汽油机相比，柴油机的平均过量空气系数大，燃烧相对较完全，CO、HC 也相对较少。由于柴油机在燃烧过程中局部温度很高，并有过量空气，NO 产生量相对较多。柴油机混合气没有汽油机混合均匀，总有部分

燃料不能完全燃烧，分解为以 C 为主体的微粒（PM），对人体的呼吸极为有害。炭烟由多孔性粒状物构成，是柴油在高温缺氧区脱氢反应所致。

二、汽车排放污染物的危害

就世界范围来说，很多发达国家的空气污染主要是交通尾气污染。我国也不例外，因为我国有着庞大的交通网络和几千万辆机动车。在车水马龙的街头，一股股浅蓝色的烟气从一辆辆机动车尾部喷出，这就是通常所说的汽车尾气。这种气体排放物不仅气味怪异，而且令人头昏、恶心，影响人的身体健康。

CO 是一种无色无味有毒的气体，极易与人体血液中用来输送氧的血红素结合，其亲和力是氧气的 200～300 倍。当吸入过多的 CO 后便阻碍血液吸收和输送氧，从而引起头痛、头晕等煤气中毒症状，严重时甚至导致死亡。

NO_x 是 NO，NO_2 等氮氧化物的总称，它刺激眼黏膜，引起结膜炎和角膜炎，严重时还会引起肺炎和肺气肿。

HC 对眼睛及呼吸系统均有刺激作用，对农作物也有害。HC 和 NO_x 在一定的地理、温度、气象条件下，经强烈的阳光照射时，会发生光化学反应，生成以臭氧（O_3）、醛类为主的过氧化物形成的烟雾，称为光化学烟雾。臭氧具有独特的臭味和很强的毒性，醛类对眼睛及呼吸道有刺激作用，妨碍生物的正常生长。

微粒（PM）直径较小，容易粘在人体鼻子的黏膜上，或通过呼吸进入肺部，引起呼吸系统疾病。

CO_2 虽然对人体不直接引起危害，但它将加速全球温室效应，破坏臭氧层。

三、如何减少车辆尾气排放对大气的危害

1. 在排气管中安装三元催化转换器，三元催化器是安装在汽车排气系统中最重要的机外净化装置，它可将汽车尾气排出的 CO、HC 和 NO_x 等有害气体通过氧化和还原作用转变为无害的二氧化碳、水和氮气，使汽车尾气得以净化，如图 5-6-2 所示。

图 5-6-2　三元催化器的结构

2. 排气再循环（EGR）就是通过回引部分废气与新鲜空气共同参与燃烧反应，利用废气中含有的大量惰性气体（CO_2、N_2、H_2O 等）具有较高的比热容特性，降低燃烧温度，从而达到降低 NO_x 的目的。

3. 汽油箱内的汽油随时都在蒸发汽化，由于油箱不可能密封，且需要有调节油箱压力的装置，汽油蒸气一旦进入大气，将造成环境污染和燃油的浪费。所以，必须严格控制汽油的蒸发。汽油蒸发控制系统将汽油蒸气收集和储存在炭罐内，在发动机工作时将其送

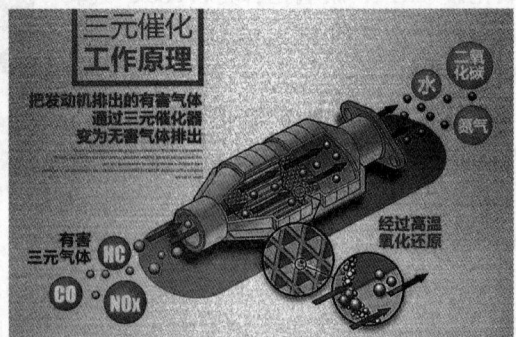

入气缸燃烧。现代车用发动机采用电子控制汽油蒸发控制系统安装燃油蒸发碳罐。

4. 采用无铅汽油，以代替有铅汽油，可减少汽油尾气毒性物质的排放量。提高汽油的标号，掺入添加剂，改变燃料成分，提升燃油品质等，比如添加千分之五左右的燃油伴侣。汽油中掺入 15% 以下的甲醇燃料，能在一定程度上减少或者消除 CO、NO_x、HC 和铅尘的污染效果。

四、定期检查汽车排放性能及国家标准

2017 年《中国机动车环境管理年报》显示，部分城市机动车排放已成为大气细颗粒物（PM2.5）的首要来源。北京、上海、杭州、广州和深圳的机动车排放为首要来源，占比分别达到 31.1%，29.2%，28.0%，21.7% 和 41.0%。南京、武汉、长沙和宁波的机动车排放为第二大污染源，分别占 24.6%，27.0%，24.8% 和 22.0%。

2016 年，全国机动车四项污染物排放总量初步核算为 4 472.5 万吨，比 2015 年削减 1.3%。其中，一氧化碳（CO）3 419.3 万吨，碳氢化合物（HC）422.0 万吨，氮氧化物（NO_x）577.8 万吨，颗粒物（PM）53.4 万吨。汽车是污染物排放总量的主要贡献者，其排放的一氧化碳（CO）和碳氢化合物（HC）超过 80%，氮氧化物（NO_x）和颗粒物（PM）超过 90%。

因此加大对机动车排放控制力度，有助于缓解污染的严重程度。贯彻《中华人民共和国大气污染防治法》，严格控制机动车污染，全面实施《轻型汽车污染物排放限值及测量方法（中国五阶段）》（GB 18352.5－2013）和《车用压燃式、气体燃料点燃式发动机与汽车排气污染物排放限值及测量方法（中国Ⅲ、Ⅳ、Ⅴ阶段）》（GB 17691－2005）中第五阶段排放标准（以下简称国五标准）要求。国五汽车尾气排放标准，相当于欧盟的欧五标准，欧盟已经从 2009 年起开始执行，其对氮氧化物、碳氢化合物、一氧化碳和悬浮粒子等机动车排放物的限制更为严苛。从国Ⅰ提至国Ⅳ，每提高一次标准，单车污染减少 30%～50%。全国将于 2018 年 1 月 1 日起实施第五阶段国家机动车排放标准。

以家用汽油轿车第一类车来说，国五排放标准一氧化碳（CO）、总烃（THC）、非甲烷烃（NMHC）、氮氧化物（NO_x）、微粒物（PM）限制分别为 1.00 g/km、0.100 g/km、0.068 g/km、0.060 g/km、0.004 5 g/km；而国四排放标准 CO、THC、NO_x、PM 对应的值分别为 1.00 g/km、0.100 g/km、0.08 g/km、0.030 g/km。

从数据可以看出 CO、THC 保持不变，NO_x 从 0.08 g/km 下降至 0.06 g/km；另外 PM 也从 0.03 g/km 下降至 0.004 5 g/km，下降幅度非常明显，由于我国的轿车车型大多从欧洲引进生产技术，中国大体上采用欧洲标准体系。

任务实施

1. 作业准备

实训设备和工具：科鲁兹轿车、尾气分析仪。

（1）开始工作之前，检查车辆驻车制动操纵杆拉起，变速杆处于 P 挡，车轮挡块安装正确，车辆停放稳固。

(2)检查常用工具、防护套件、工单等是否准备齐全。

(3)安装驾驶室防护五件套。

(4)插入点火钥匙，旋至 ON 挡(对于装备一键启动装置的车辆则轻按启动开关)。

2.确保排气管无泄漏

(1)确保安全的情况下举升车辆至高位并锁止。

(2)戴手套并从车辆后部开始检查。依次检查二级排气管、后部消音器、中段消音器、一级排气管是否有腐蚀、磕碰、变形、刮伤和损坏。

(3)检查排气管接头处是否有漏水情况。

(4)检查三元催化器是否有腐蚀、磕碰、变形、刮伤和损坏。

(5)检查合格后降下车辆，安全停放到工位上，塞好车轮挡块，拉紧驻车制动器，变速杆置于 P 挡，起动发动机。

3.尾气排放污染物成分检测

(1)连接 BEA060 设备电源线至外部供电电源，如图 5-6-3 所示。

(2)按一下设备面板上的电源开关键，启动设备 BEA060 硬件，如图 5-6-4 所示。观察设备电源指示灯状态为：橙色和绿色之间 1 s 交替闪烁。(若电源指示灯不点亮，则说明 BEA060 供电有问题。如果指示灯闪烁状态异常，则为设备硬件故障。)

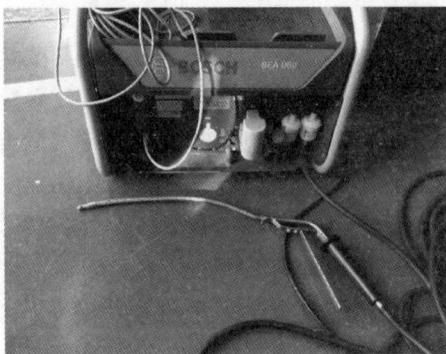

图 5-6-3　准备 BEA060

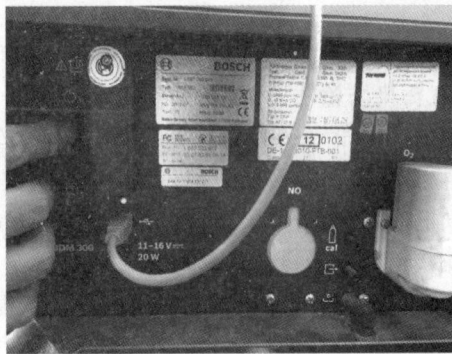

图 5-6-4　启动尾气分析仪

(3)点击计算机桌面上的 Bosch—Emission—Analysis 图标，启动排放分析仪测试软件，如图 5-6-5 所示。

(4)在测试程序的启动初始界面，点击功能键 F5[诊断测试]，测试程序进入到诊断测试界面，如图 5-6-6 所示。

(5)在诊断测试界面，点击 F12[下一步](此时测试程序默认为：发动机和尾气数据采集测试项)，测试程序进入到"零点校准"及"HC 残留测试"阶段，如图 5-6-7 所示。

(6)待设备完成自检测过程，计算机屏幕上会出现测试参数数值(如：氧气值的显示)，如图 5-6-8 所示。

(7)此时车辆已经暖机数分钟，拔下尾气抽排吸头侧面的塞堵，再从排气管上取下上尾气抽排管吸头。将尾气分析仪的取样管插入尾气抽排管上的小孔，如图 5-6-9 所示。

(8)将安装好尾气分析仪测量头的尾排管插入车辆的排气管中进行尾气检测，如

图 5-6-10 所示，确保取样管插入深度大于 400 mm 的要求。

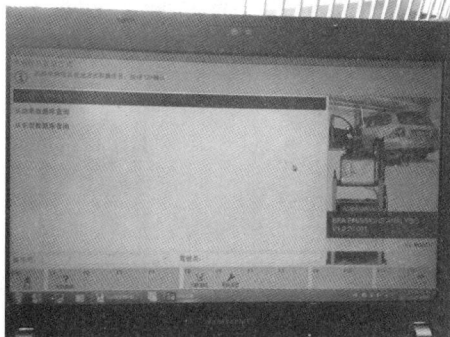

图 5-6-5　启动软件

图 5-6-6　进入检测界面

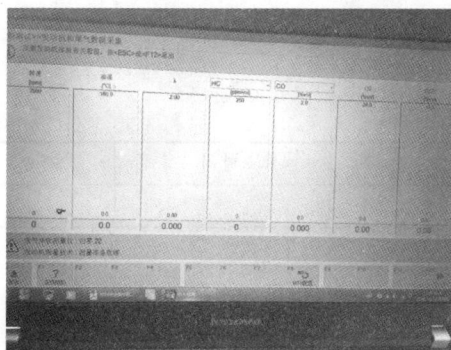

图 5-6-7　仪器归零

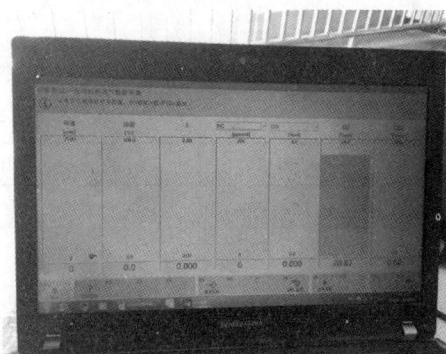

图 5-6-8　显示氧气参数

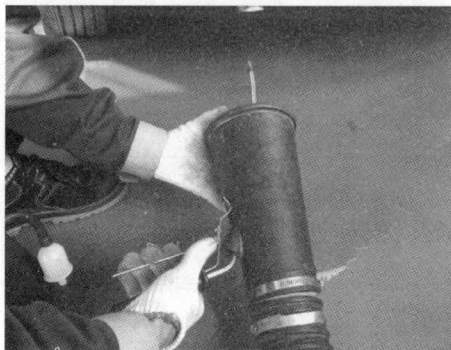

图 5-6-9　测量头插入尾排管

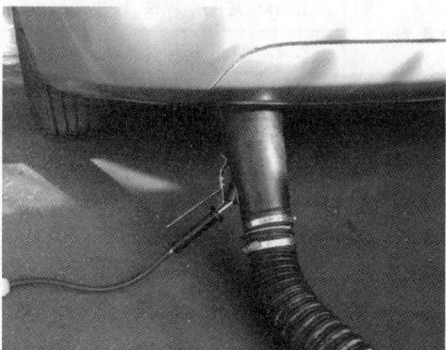

图 5-6-10　安装尾排管

　　(9)按下尾气分析仪的测量键，当计算机屏幕上的 CO_2 数值大于 6％后，开始记录 CO、CH、CO_2、O_2、λ 数值，如图 5-6-11 所示。

　　(10)点击软件 ESC(退出键)及 F4(确认键)，如图 5-6-12 所示，关闭计算机排放测试程序。

　　(11)将尾气分析仪的取样管回收至指定位置放置。

(12)待 BEA060 的抽气泵停止工作后，按住电源开关键 3 s，即可关闭尾气分析仪的电源，此时电源指示灯熄灭。

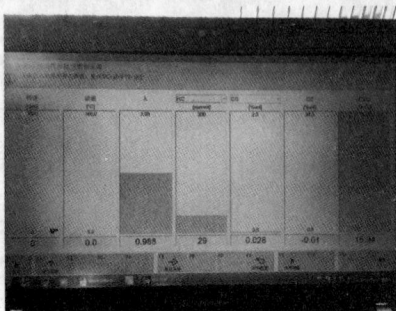

图 5-6-11　尾气数据

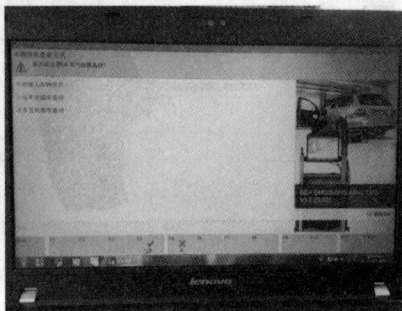

图 5-6-12　退出程序

任务检验

测量汽车尾气的工作页

班级	姓名	项目	作业时间	得分
作业准备				

作业项目	工作过程	检验结果	小组检验
打开尾气分析仪	1. 启动尾气分析仪		
	2. 打开尾气分析仪软件		
	3. 进入检测界面		
测量尾气	1. 起动发动机		
	2. 插入尾气探头		
	3. 正确读取尾气参数		
回收尾气分析仪	1. 抽出探头		
	2. 发动机熄火		
	3. 收回尾气探头		
	4. 关闭尾气分析仪软件		
	5. 关闭 BEA 060 设备电源		
5S 管理	1. 工具使用规范		
	2. 量具使用规范		
	3. 场地整洁		

任务小结

1. 汽车所产生的污染包括排放污染、噪声污染和电磁污染等，其中排放污染的影响最大，汽车排放的主要污染物有一氧化碳（CO）、碳氢化合物（HC）、氮氧化物（NO_x）、二氧化碳（CO_2）和微粒物（PM）

2. 柴油机也同样有 CO、HC、NO_x 等废气产生，与汽油机相比，柴油机的平均过量空气系数大，燃烧相对较完全，CO、HC 也相对较少。柴油机混合气没有汽油机混合均匀，总有部分燃料不能完全燃烧，分解为以 C 为主体的微粒（PM）。

思考与练习

1. 汽油机尾气检测时，最简单、最常用的检测方法为（　　）。

    A. 通用检测法   B. 怠速检测法

    C. 双怠速检测法   D. 其他

2. 汽车尾气检测结果为 $\lambda = 0.97$，说明（　　）。

    A. 混合气过稀   B. 混合气过浓   C. 为标准混合气   D. 其他

3. 汽油车排放中三种主要有害成分是（　　）。

    A. HC、NO 和硫化物   B. CO_2、CO 和 HC

    C. CO、HC 和 NO_x D. CO、HC 和碳微粒含量

4. 用尾气检测仪检测汽车尾气成分为 CH＝120 ppm，CO＝0.4％，该结果为（　　）。

    A. 排放合格   B. 排放不合格

    C. 不能确定，因为没有显示 NO 值   D. 其他

5. 车辆尾气检测时，尾气检测管插入排气管长度为（　　）。

    A. 1020 cm   B. 2030 cm   C. 3040 cm   D. 其他

6. 经济混合气的过量空气系数在（　　）之间。

    A. 0.850.95   B. 0.951.05

    C. 1.051.15   D. 1.151.25

7. 光化学烟雾是指（　　）。

    A. CO 和 HC 在阳光下发生化学反应而产生的刺激性产物

    B. CO_2 和 HC 在阳光下发生化学反应而产生的刺激性产物

    C. NO_x 和 HC 在阳光下发生化学反应而产生的刺激性产物

    D. CO 和 NO_x 在阳光下发生化学反应而产生的刺激性产物

8. 汽油发动机废气排放中的 CO 超标，最可能的原因是（　　）。

    A. 怠速太低   B. 点火时间过早

    C. 混合气太稀   D. 混合气太浓

任务七　复检及保养周期复位

学习目标

1. 了解二级维护竣工检验标准。
2. 知道二级维护竣工检验方法。
3. 掌握二级维护验收的项目操作。

任务导入

一辆科鲁兹轿车在维修厂做了二级维护之后，刚将车开出厂区，发现仪表灯点亮，随即返回维修厂进行检查，经检查发现是冷却液有泄漏所致，驾驶员继续行驶将出现发动机缺水拉缸。如果你是维修技师，你将怎样进行二级维护后的竣工作业。

知识储备

一、汽车二级维护后进行竣工检验

汽车在维修企业进行二级维护后，为了确保汽车的各项目参数符合国家或行业及地方标准，需要对维护后的车辆进行检验，对于检验不合格的车辆应进行进一步的检验、诊断和维护直到达到维护竣工技术要求为止，竣工检验合格的车辆填写维护竣工出厂合格证后方可出厂。

二、车辆在维护完交付给客户之前的工作

(1)操作人员应对车辆进行全面的清洁。
(2)车辆在举升机上，检验员对维护项目进行抽检。
(3)检验员对车辆进行路试操作。

三、二级维护竣工检验的标准

二级维护竣工技术要求如表5-7-1所示。

表 5-7-1 二级维护竣工标准

序号	检验部位	检验项目	技术要求	检验方法
1	整车	清洁	全车外部、车厢内部及各总成外部清洁	检视
2		紧固	各总成外部螺栓、螺母紧固，锁销齐全有效	检查
3		润滑	全车各个润滑部位的润滑装置齐全，润滑良好	检视
4		密封	全车密封良好，无漏油、无漏液和无漏气现象	检视
5		故障诊断	装有车载诊断系统(OBD)的车辆，无故障信息	检测
6		附属设施	后视镜、灭火器、客车安全锤、安全带、刮水器等齐全完好、功能正常	检视
7	发动机及其附件	发动机工作状况	在正常工作温度状态下，发动机起动三次，成功起动次数不少于两次，柴油机三次停机均应有效，发动机低、中、高速运转稳定、无异响	路试或检视
8		发动机装备	齐全有效	检视
9		行车制动性能	符合 GB 7258 规定，道路运输车辆符合 GB 18565 规定	路试或检测
10		驻车制动性能	符合 GB 7258 规定	路试或检测
11	转向系	转向机构	转向机构各部件连接可靠，锁止、限位功能正常，转向时无运动干涉，转向轻便、灵活，转向无卡滞现象	检视
12			转向节臂、转向器摇臂及横直拉杆无变形、裂纹和拼焊现象，球销无裂纹、不松旷，转向器无裂损、无漏油现象	
13		转向盘最大自由转动量	最高设计车速不小于 100 km/h 的车辆，其转向盘的最大自由转动量不大于 15°，其他车辆不大于 25°	检测
14	行驶系	轮胎	同轴轮胎应为相同的规格和花纹，公路客车(客运班车)、旅游客车、校车和危险品运输车的所有车轮及其他机动车的转向轮不得装用翻新的轮胎，轮胎花纹深度及气压符合规定，轮胎的胎冠、胎壁不得有长度超过 25 mm 或深度足以暴露出帘布层的破裂和割伤以及凸起、异物刺入等影响使用的缺陷	检查、检测
15		转向轮横向侧滑量	符合 GB 7258 规定，道路运输车辆符合 GB 18565 规定	检测
16		悬架	空气弹簧无泄漏、外观无损伤。钢板弹簧无断片、缺片、移位和变形，各部件连接可靠，U 形螺栓螺母扭紧力矩符合规定	检查
17		减振器	减振器稳固有效，无漏油现象，橡胶垫无松动、变形及分层	检查
18		车桥	无变形、表面无裂痕，密封良好	检视

续表

序号	检验部位	检验项目	技术要求	检验方法
19	传动系	离合器	离合器接合平稳，分离彻底，操作轻便，无异响、打滑、抖动和沉重等现象	路试
20		变速器、传动轴、主减速器	变速器操纵轻便，挡位准确，无异响、打滑及乱挡等异常现象，传动轴、主减速器工作无异响	路试
21	牵引连接装置	牵引连接装置和锁止机构	汽车与挂车牵引连接装置连接可靠，锁止、释放机构工作可靠	检查
22	照明、信号指示装置和仪表	前照灯	完好有效，工作正常，性能符合 GB 7258 规定	检视、检测
23		信号指示装置	转向灯、制动灯、示廓灯、危险报警灯、雾灯、喇叭、标志灯及反射器等信号指示装置完好有效	检视
24		仪表	各类仪表工作正常	检视
25	排放	排气污染物	汽油车采用双怠速法，应符合 GB 18285 规定。柴油车采用自由加速法，应符合 GB 3847 规定	检测

任务实施

1. 准备工作

实训设备和工具：实训车辆、LED 手电筒、手套、抹布。

将实训车辆安全放置举升机上，安装车轮挡块，安装车内防护套，拉紧驻车制动器，将变速器置于 P 挡，打开发动机舱盖，安装翼子板布。

2. 复检发动机舱液位

(1)检查发动机机油液位，如图 5-7-1 所示。

(2)检查发动机冷却液液位，如图 5-7-2 所示。

图 5-7-1　检查机油

图 5-7-2　检查冷却液液位

(3)检查制动液液位，如图 5-7-3 所示。

3. 检查发动机舱内是否有液体泄漏

（1）起动发动机，检查机油滤清器是否泄漏，如图5-7-4所示。

（2）检查发动机冷却管路是否泄漏，如图5-7-5所示。

（3）检查发动机燃油管路安装状况，如图5-7-6所示。

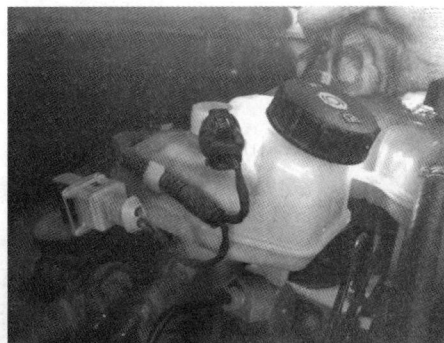

图5-7-3　检查制动液液位

图5-7-4　检查机油滤清器

图5-7-5　检查冷却管路

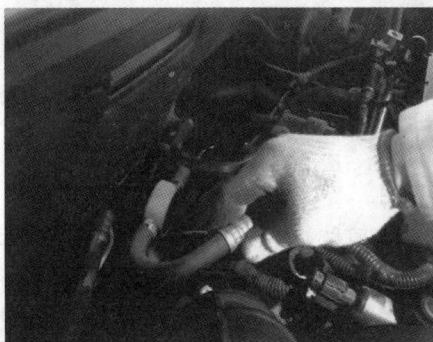

图5-7-6　检查燃油管路

（4）检查完毕后发动机熄火。

（5）使用气枪清洁发动机舱内部，如图5-7-7所示。

4. 清除科鲁兹保养提示灯

（1）仪表板出现更换机油提示，如图5-7-8所示。首先接通点火装置。

图5-7-7　清洁发动机舱

图5-7-8　提示更换机油

（2）按下转向信号开关的"菜单"按钮 A。

（3）使用调节轮 B 并选择菜单"车辆信息系统"。

（4）使用调节轮并选择菜单"机油寿命系统"。

（5）按下转向信号开关按钮 C"Set/Cir（设置/清除）"并同时踩下制动踏板，如图 5-7-9 所示。

5. 清洁车辆

（1）清洁车辆内部驾驶室台、仪表板、烟灰缸等，如图 5-7-10 所示。

图 5-7-9　保养灯控制键

图 5-7-10　清洁车辆内部

（2）收回防护五件套，如图 5-7-11 所示。

（3）收回翼子板布及前格栅布，如图 5-7-12 所示。

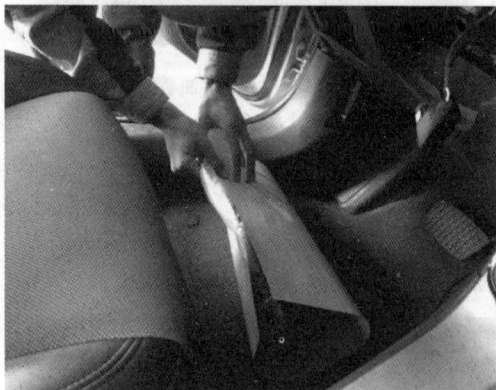

图 5-7-11　收回防护五件套

图 5-7-12　收回翼子板布

（4）关闭发动机舱，清洁车辆外部车身，如图 5-7-13 所示。

6. 清洁工具设备

按要求丢弃废弃物，清洁工具，清洁车身，清洁场地。

任务检验

车辆维护后复检的工作页

班级	姓名	项目	作业时间	得分

作业准备	

作业项目	工作过程	检验结果	小组检验
检查发动机舱油液	1. 安装车辆防护		
	2. 检查发动机机油液位		
	3. 检查冷却液液位		
	4. 检查制动液液位		
检查发动机舱内是否有液体泄漏	1. 检查冷却液管路		
	2. 检查燃油管路		
	3. 检查机油滤清器		
清除科鲁兹保养提示灯	1. 按下转向信号开关的"菜单"按钮 A		
	2. 使用调节轮 B 并选择菜单"车辆信息系统"		
	3. 使用调节轮并选择菜单"机油寿命系统"		
	4. 按下转向信号开关按钮 C"Set/Cir（设置/清除）"并同时踩下制动踏板		
清洁车辆	1. 清洁车辆内部		
	2. 收回防护五件套		
	3. 收回翼子板布		
	4. 清洁车辆外部		
清洁工具场地	1. 清洁工具		
	2. 清洁设备		
	3. 清洁车辆		
	4. 清洁场地		
5S 管理	1. 工具使用规范		
	2. 量具使用规范		
	3. 场地整洁		

任务小结

　　汽车在维修企业进行二级维护后，为了确保汽车的各项目参数符合国家或行业及地方标准，需要对维护后的车辆进行检验，对于检验不合格的车辆应进行进一步的检验、诊断和维护直到达到维护竣工技术要求为止，竣工检验合格的车辆填写维护竣工出厂合格证后方可出厂。

汽车零部件拆装与检修

任务一　汽车修理基本工艺

学习任务

1. 了解汽车修理制度。
2. 知道汽车维修工艺。
3. 掌握发动机气门拆装与检查的方法。

任务导入

当你坐在汽车中准备启程时，却发现发动机无法起动，这是令人十分懊恼的事。可是有的时候，发动机不能起动，只是由于一些小毛病造成的。如果你成为一个维修技师如何掌握汽车修理基础知识，能尽快地解决基本问题。

知识储备

一、汽车维修制度

汽车维修制度是指为保证汽车完好技术状态，实施汽车维护修理工作所采取的技术组织措施的规定。体现技术维护和修理的性质和原则。车辆技术维护和修理的性质分为计划预防性和非计划预防性两种。前者规定以预防为主，强制维修，或强制维护、视情况修理的原则；后者则规定视情维护和修理的原则。现代汽车对主要总成和机构设置了有关主要技术状况的监测装置，更由于汽车不解体检测诊断技术的发展，得以实现以诊断为中心的维修制度。

中国近代的汽车维修制度作为政府的法规于 1952 年、1954 年、1964 年、1965 年、1980 年和 1990 年共颁布了六次被称为"红皮书"的规定。前五次"红皮书"都属计划预防性维护与维修原则。1990 年颁布的第六部"红皮书"，即"汽车运输；车辆技术管理规定"，贯彻了以预防为主，强制维护、视情修理的原则。采用三级维护制（日常维护、一级维护、二级维护），并在二级维护前强制进行检测诊断，根据诊断结果按不同作业范围和深度进行视情修理。修理分四类：车辆大修、总成大修、车辆小修和零件修理。

（1）汽车大修工艺则是指汽车大修所必须完成的各项技术措施。主要包括汽车和总成解体、零件清洗、零件检验分类、零件修理、配套和装配、总成磨合和测试、整车组装和调试等。汽车大修，需对汽车全部总成解体，并对全部零件进行清洗和检验分类，更换不可修复零件，修复可修件，按大修技术标准进行装配和调试，以达到全面恢复汽车技术性能的目的。

（2）汽车小修，是一种运行性修理，主要消除汽车在运行中或在保养作业中发生的故障隐患或局部损伤。有些按自然磨损规律或根据总成的外部迹象能预先估计到小修项目，可集中组织计划性小修。汽车小修时，不应扩大修理范围，并在保证汽车技术性能和行车安全的前提下，尽量利用修复旧件，以降低修理费用。

（3）总成大修是总成经过一定使用里程后，基础件和主要零件破裂磨损、变形，需要拆散进行彻底修理，以恢复其技术性能的修理作业。通过总成大修，使汽车各总成的工作寿命趋于平衡，延长汽车大修间隔里程。

（4）汽车零件修理是汽车修理作业的重要组成，是一种恢复损伤汽车零件性能和寿命的作业，采用适合损伤零件性质的加工工艺，按技术要求恢复其使用性能的方法。汽车损伤零件修复方法有两种：修理尺寸法，对已磨损的零件进行机械加工，恢复其正确的几何形状，但改变了原有尺寸。名义尺寸法，利用堆焊、喷涂、电镀、镶嵌和胶粘等方法增补磨损或损伤部位，然后再进行机械加工，以恢复其原件的使用性能。

二、汽车修理工艺

汽车修理工艺过程是指按一定方式组合，顺序、协调完成汽车修理各种工艺作业的过程。采用就车修理法的汽车修理工艺过程次序是验收、外部清洗、汽车与总成解体、检验分类、零件修理、总成装配与试验、汽车装配与试验。其特点是从车上拆下的总成、组合件经修理后装回原车。采用总成互换修理法的修理工艺过程特点是用修好的（或新的）周转总成代替从车上拆下的原车总成装配汽车，从而减少停厂待修的车日，如图 6-1-1 所示。

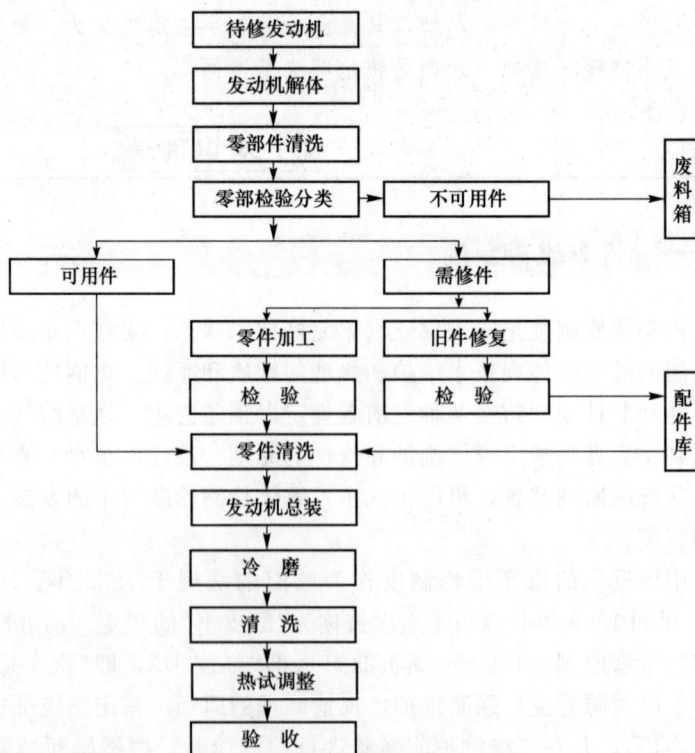

图 6-1-1　维修工艺

三、汽车维修工艺组织形式

汽车修理作业的组织形式，包括修理的基本方法、作业方式和劳动组织形式三个方面。修理企业只有根据自己的生产规模、设备条件、人员素质及外部环境等因素，合理地组织生产，才能获得良好的经济效益。

1. 汽车修理的基本方法

汽车修理的基本方法可分为就车修理法和总成互换修理法两种。

(1)就车修理法：指在修理过程中，从汽车上拆下的零件、组合件及总成，除报废更换外，其余修理后仍装回原车。该方法停修时间较长，适用于生产规模不大、承修车型复杂、送修单位不一的修理厂。

(2)总成互换法：指在修理过程中，除了车架和车身之外，其他零件、组合件及总成都换装已经修好的备用品。换下来的总成及部件修理好后作周转用。该方法车辆停修时间短，但需有一定量的备用周转总成。适用于生产规模大、送修单位及车型单一的修理厂。

2. 汽车修理的作业方式

汽车修理的作业方式，一般分为固定作业法和流水作业法。

(1)固定作业法：是指汽车的拆装作业固定在一定的工作位置上进行。占地面积小，所需设备简单，适用于小型的修理厂。

(2)流水作业法：是指由各专业工组在流水线相应的工位上顺序完成汽车的拆装及修理作业。其专业化程度高、修理质量好、生产效率高，适用于规模较大的修理厂。

任务实施

拆装和检查发动机气门

1. 准备工作

实训设备和工具：科鲁兹发动机、扭力杆、世达150件套工具、游标卡尺、外径千分尺、高度尺、测量平板、手套、抹布。

2. 拆卸发动机凸轮轴和气门

(1)观察进排气凸轮轴的识别标记、轴承定位标记及朝向标记。若无则要添加标记，按照一定的顺序拆卸凸轮轴轴承盖，取下进排气凸轮轴，拆卸气缸盖螺栓时有顺序要求，一般离气缸盖中心最近的螺栓先拆卸，然后成对角依次拆卸其他气缸盖螺栓，最后拆卸气缸盖中间的螺栓，如图6-1-2所示。

(2)用弓形气门拆装钳压缩并

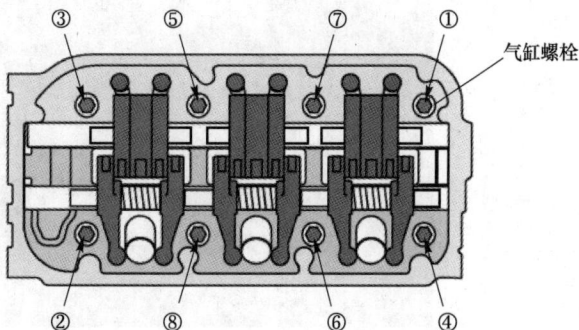

图 6-1-2 拆卸顺序

拆下气门锁片，如图 6-1-3 所示。

图 6-1-3　拆卸气门锁片

（3）用气门油封拆卸工具拆下油封，如图 6-1-4 所示。

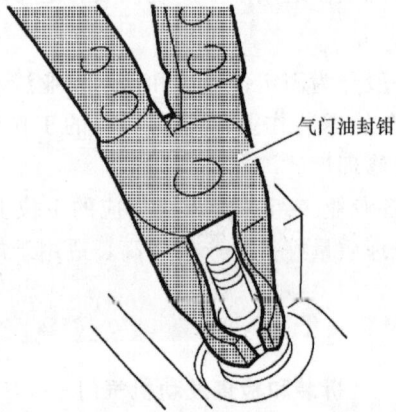

气门油封钳

图 6-1-4　拆卸油封

（4）拆下弹簧座圈、气门弹簧和气门，如图 6-1-5 所示。

图 6-1-5　拆卸气门

（5）用压缩空气和磁棒，吹入空气以拆下气门弹簧座。将拆下的零件按顺序和组别放好。

3.检查气门

（1）气门的目视检查。检查气门头到气门杆是否存在气门座部位点蚀、气门余量厚度不足、气门杆弯曲、气门杆点蚀或严重磨损、气门锁片槽磨损、气门杆顶端磨损。如果存在上述任何一种情况，则更换气门。

（2）进排气门长度测量，使用高度尺在平台上测量，如图6-1-6所示。

（3）进排气门头部直径测量使用外径千尺，如图6-1-7所示。

图6-1-6　测量气门高度

图6-1-7　测量气门头部

（4）进排气门座接触面宽度测量，红印油均匀涂抹气门锥面上，用足够的压力抵着气门座转动气门，使用钢板尺或游标卡尺对气门座圈上红印油接触印迹宽度，如图6-1-8所示。

（5）进排气门锥面接触面宽度测量，使用钢板尺或游标卡尺测量气门锥面上的红印油接触印迹宽度。

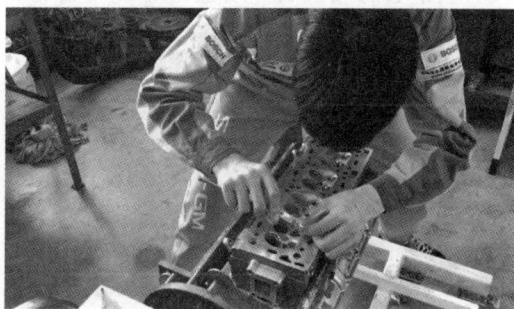

图6-1-8　测量气门座宽度

（6）进排气门对气门座同心度检查，检查气门锥面上红印油印迹，围绕整个锥面的红印油印痕应是连续的。

4.装配气门和凸轮轴

（1）清洁润滑气门及各部件，如图6-1-9所示。

（2）在新油封上涂抹一薄层发动机机油，安装气门油封，如图6-1-10所示。

图6-1-9　清洁零部件

图6-1-10　安装气门油封

（3）在进气门的顶部涂抹足量发动机机油，将气门、压缩弹簧和弹簧座圈安装到气缸盖上，如图 6-1-11 所示。

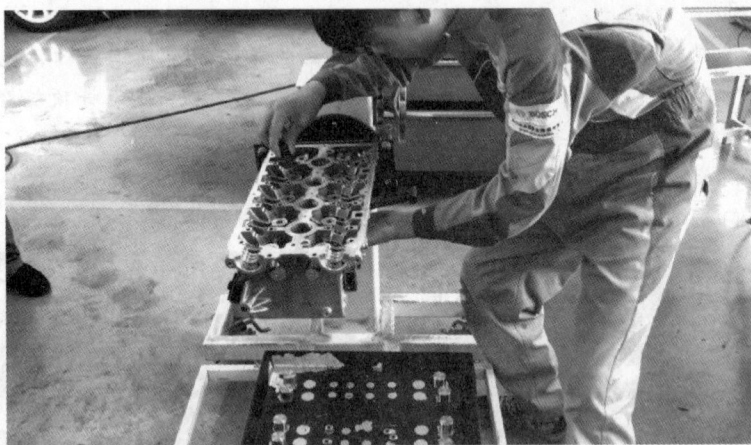

图 6-1-11　安装气门弹簧

（4）用弓形气门拆装钳压缩弹簧并安装 2 个座圈锁片，如图 6-1-12 所示。

（5）润滑凸轮轴表面，安装进排气门凸轮轴，如图 6-1-13 所示。

图 6-1-12　安装气门锁片

图 6-1-13　紧固凸轮轴

　　清洁并润滑进气凸轮轴承座及吹螺栓孔，将进气凸轮轴放置在轴承座上，装上 4 个进气凸轮轴轴承盖及螺栓，用棘轮扳手按照规定的装配顺序预紧至少 2 次，然后用扭力扳手按照规定顺序拧紧到 8 N·m。

（6）按照装配顺序装上第一道凸轮轴轴承盖螺栓，按照手册给出的顺序安装第一道轴承盖螺栓，使用扭力扳手分两次上紧轴承盖。第一次 2 N·m，第二次 8 N·m，如图 6-1-14 所示。

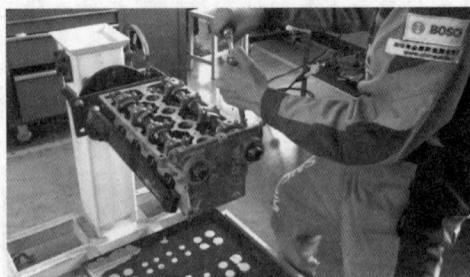

图 6-1-14　紧固轴承盖螺栓

5. 清洁工具、设备及场地。

任务检验

完成以下测量项目

发动机气门机构的拆卸、检查和装配维修记录表

学生姓名		分数		老师签字	

按维修规范要求完成：

◆ 进、排气凸轮轴拆卸、组装；

◆ 全部气门挺柱的拆卸、组装；

◆ 对指定的一个气缸的两组进、排气门进行拆卸、组装；

◆ 对该气缸两组进、排气门中指定的其中一组进、排气进行下列项目的检测：

　　◇ 进、排气门外观目视检查；　　　　　　◇ 进、排气门的长度测量；

　　◇ 进、排气门头部的直径测量；　　　　　◇ 进、排气门锥面上的接触面宽度的测量；

　　◇气缸盖上该组进、排气门座的接触面宽度测量；

　　◇该组进、排气门对气门座的同心度检查，　　◇气门锥面上与气门座接触面的位置检查。

◆ 填写《发动机气门机构的拆卸、检测和装配维修记录表》。

注：上面的顺序仅是整个维修需要完成的工作，不是实际的维修作业顺序。

二、维修记录单

1．气门外观目视检查

检查部位＼气门	座部位点蚀	头部余量厚度	杆部弯曲	杆部点蚀磨损	锁片槽磨损	杆顶端磨损
进气门						
排气门						

注：根据检查结果填写合格"√"或不合格"×"，处理意见：正常"√"或不正常请标注出维修方案。

2．气门长度检测

测量及结果＼项目	进气门	排气门
测量值（mm）		
结果判断及处理		

3．气门头部直径检测

测量及结果＼项目	进气门	排气门
测量值（mm）		
结果判断及处理		

注：表2测量值保留小数点后2位；表3测量值保留小数点后3位；结果判断及处理栏内仅需根据检查结果；正常"√"，不正常给出维修方案（维修、更换、调整）。

4. 气门锥面上的接触面宽度

项目 测量及结果	进气门	排气门
测量值（mm）		
结果判断及处理		

5. 气门座的接触面宽度测量

项目 测量及结果	进气门	排气门
测量值（mm）		
结果判断及处理		

注：测量值保留不少于小数点后 1 位；（根据使用量具而定），结果判断及处理栏内仅需根据检查结果；正常"√"，不正常给出维修方案（维修、更换、调整）。

6. 进、排气门对气门座的同心度检查

项目 测量及结果	进气门	排气门
测量值（mm）		
结果判断及处理		

7. 气门锥面位置检查

项目 测量及结果	进气门	排气门
测量值（mm）		
结果判断及处理		

注：结果及处理；正常"√"，不正常给出维修方案（维修、更换、调整）。

5S 管理	1. 工具使用规范	
	2. 量具使用规范	
	3. 场地整洁	

任务小结

1. 汽车维修制度是指为保证汽车完好技术状态，实施汽车维护修理工作所采取的技术组织措施的规定，体现技术维护和修理的性质和原则。车辆技术维护和修理的性质分为计划预防性和非计划预防性两种。

2. 根据诊断结果按不同作业范围和深度进行视情修理。修理分四类：车辆大修、总成大修、车辆小修和零件修理。

3. 汽车修理工艺过程是指按一定方式组合，顺序、协调完成汽车修理各种工艺作业的过程。采用就车修理法的汽车修理工艺过程次序是验收、外部清洗、汽车与总成解体、检验分类、零件修理、总成装配与试验、汽车装配与试验。

发动机控制系统诊断原理与故障诊断

任务一　发动机控制系统的组成

学习目标

1. 了解汽车发动机电控系统的组成。
2. 知道传感器的组成及作用。
3. 知道控制器的组成及作用。
4. 知道执行器的组成及作用。

任务导入

一辆科鲁兹轿车在行驶途中，发现车辆怠速抖动，发动机故障灯亮起，车辆随即拖到售后服务站进行修理。如果你是维修技师将如何处理？

知识储备

一、发动机电控系统的组成

发动机控制系统，又称为发动机管理系统（EMS），由传感器、控制器、执行器三大部分组成。它能最大限度地提高发动机的动力性，改善经济性能，同时降低汽车尾气中有害物质的排放量，如图 7-1-1 所示。

二、汽车电控系统传感器的组成

传感器的作用是将汽车各部件运行的状态参数（各种非电量信号）转换成电信号并输送到各种控制器，用以监测各部件运行情况和环境条件，以下只介绍部分代表性的传感器。

（1）空气流量传感器——监测吸入发动机的进气量，并将信号输入给 ECM，以便确定喷油量的多少，是燃油喷射重要的参考信号。

（2）进气歧管压力传感器——测量进气管绝对压力间接检测进气量，并将信号输入给 ECM 以确定喷油量，也是燃油喷射过程中重要的参考信号。

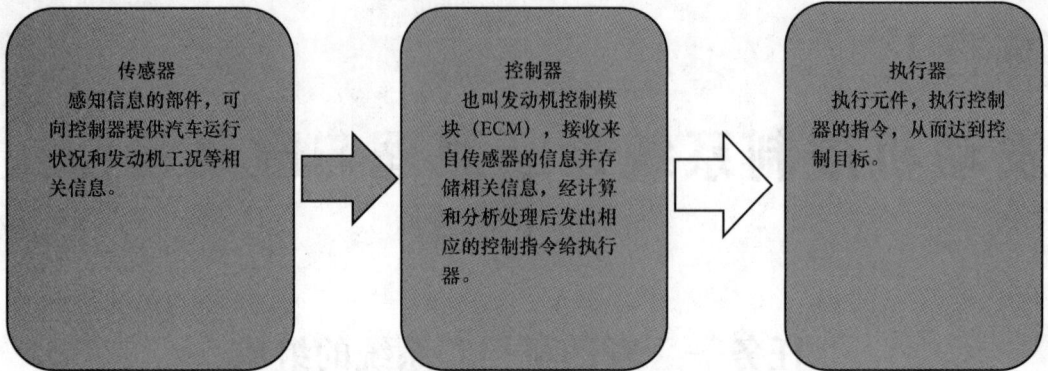

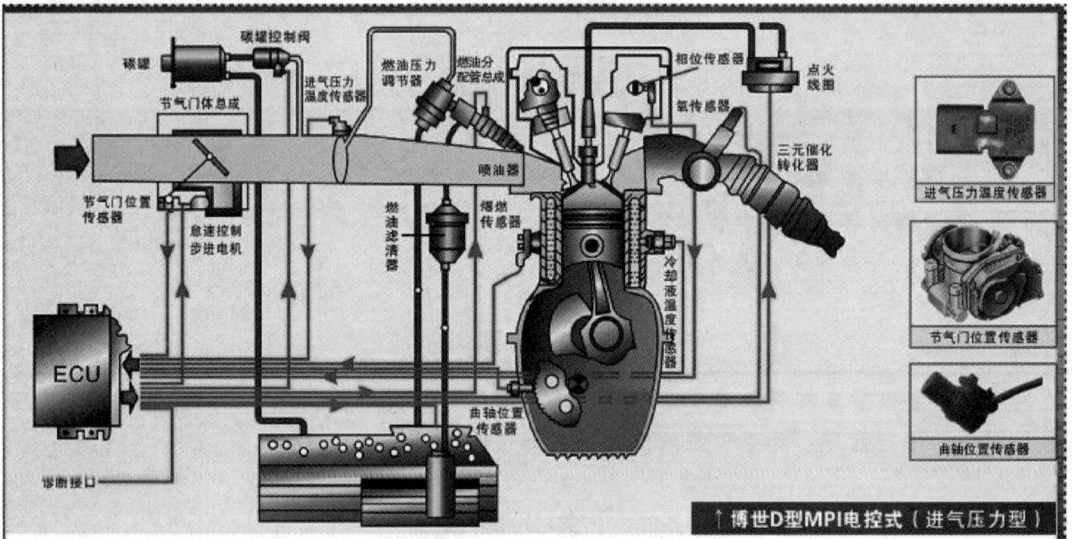

图 7-1-1　发动机电控系统

（3）节气门位置传感器——监测节气门的开度（如节气门全闭、部分开启和全开等）及开度变化情况，并将信号输入给 ECM，以此对燃油喷射及自动变速器换挡等进行控制。

（4）曲轴位置传感器——称为发动机转速传感器，它检测发动机曲轴的转速与转角，并将信号输入 ECM，以便控制喷油提前角和点火提前角的大小，是燃油喷射和点火控制的主控制信号

（5）凸轮轴位置传感器——检测活塞上止点位置信号（又称为气缸识别传感器），以便控制喷油和点火时刻，是点火控制的主控制信号。

（6）氧传感器——检测废气中氧气的含量，向 ECM 输入可燃混合气空燃比反馈信号，以便修正喷油量并实现空燃比的闭环控制。

三、汽车电控系统控制器的组成

控制器 ECM 包含硬件和软件，是发动机控制系统的核心，可被视为发动机控制系统

的大脑，具有强大的数学运算、逻辑判断、数据处理与数据管理等功能，其作用主要体现在以下几个方面：

(1)给传感器提供参考(基准)电压。

(2)存储分析计算所用的程序、车型的特点参数、运算中的数据及故障信息。

(3)运算分析，即根据信息参数求出执行命令并输出给执行器。

(4)将输出的信息与标准值对比，查出故障并输出故障信息。

(5)自我修正(自适应功能)。

四、汽车电控系统执行器的组成

电子控制系统的执行机构，执行器接收 ECM 发来的各种指令，完成具体的执行动作。

(1)电动燃油泵——供给燃油喷射系统规定压力的燃油。

(2)喷油器——根据 ECM 的喷油脉冲信号精确控制燃油喷射量并喷入进气管(或气缸)内。

(3)急速控制阀或电子节气门——根据发动机的负荷情况，控制发动机的急速转速。

(4)蒸发排放电磁阀——根据 ECU 的控制指令精确控制碳罐中所储存的汽油蒸气进入进气歧管参与燃烧，以减少排气污染。

此外还有点火线圈、凸轮轴位置执行器、EGR 阀、冷却风扇等等。

◆ 任务小结

1. 发动机控制系统，又称为发动机管理系统(EMS)，由传感器、控制器、执行器三大部分组成。

2. 传感器的作用是将汽车各部件运行的状态参数(各种非电量信号)转换成电信号并输送到各种控制器，用以监测各部件运行情况和环境条件。

3. 控制器 ECM 包含硬件和软件，是发动机控制系统的核心，可被视为发动机控制系统的大脑，具有强大的数学运算、逻辑判断、数据处理与数据管理等功能。

4. 电子控制系统的执行机构，执行器接收 ECM 发来的各种指令，完成具体的执行动作。

任务二　发动机电控系统故障诊断与维修

◆ 学习目标

1. 了解 OBD—Ⅱ 的功能。

2. 熟悉故障码的解释、类型。

3. 掌握读取故障码的方法。

任务导入

一辆科鲁兹轿车在停车加油后不能发动，发动机故障灯亮起，车辆随即拖到售后服务站进行修理。经过维修工的检查发现发动机凸轮轴传感器有故障，进行更换后车辆起动，故障灯熄灭。

知识储备

一、汽车电控系统故障检查

随着技术的进步，汽车上使用的电控系统越来越多，出现故障的概率也越来越高，在汽车维护的过程中要及时发现电控系统的故障，确定附加作业，保持汽车的使用性能。

在维护过程中电控故障检查层次主要是电控系统的外观和常规检查、使用检测设备检测电控系统和利用工作原理和电路图解析电控系统故障。

汽车电控系统外观和常规检查主要依靠视觉、听觉和数字万用表，主要适用于存在明显外观故障和外观缺陷的电控系统传感器、执行器、线路和插接器等。对于非外观故障则优先考虑使用汽车诊断仪来检测电控系统故障，诊断仪是通过车载网络或诊断线（K 线）来诊断故障的。

另外，现在汽车还带有车载自诊断系统（OBD—On Board Diagnostics）。目前使用的是 OBD—Ⅱ系统，其工作原理是汽车在正常运转时，汽车的电子部件控制系统输入信号和输出信号（电流或电压）会在一定的范围内有一定规律的变化，当电子控制系统的信号出现异常且超出了正常的变化范围，并且这一现象在一定时间（3 个连续行程）内不会消失，则 ECU 判断为这一部分出现故障，故障警报灯点亮。同时监测器把这一故障以代码的形式存入内部的故障存储器中，被存储的故障代码在检修的时候可以通过故障指示灯或 OBD 检测仪读取，如果故障不再存在，监控器连续 3 次未收到相关信号后，将指令故障显示灯熄灭，故障指示灯熄灭后发动机暖机循环约 40 次，后故障代码会自动被清除，如图 7-2-1 所示。

维修人员通过故障诊断仪可以将故障代码从发动机电脑中读出，能迅速准确地确定故障的性质和部位，提升故障诊断的效率，如图 7-2-2 所示。

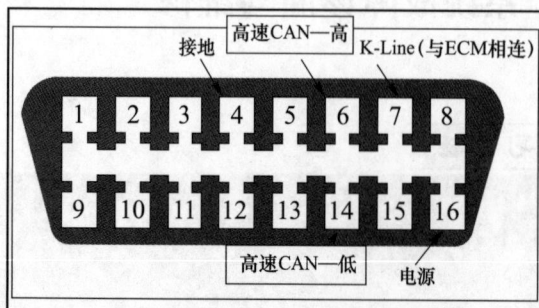

图 7-2-1　OBD—Ⅱ接口

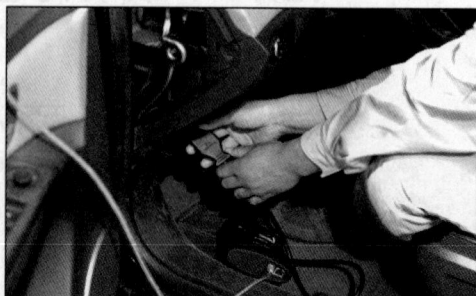

图 7-2-2　接入诊断仪接口

二、科鲁兹轿车故障码类型

(1)A类故障码与排放相关，在首次检测到此类故障时即点亮故障指示灯，故障可能会导致三元催化器的损坏。

(2)B类故障码出现以后，第二个连续驾驶循环中再次出现，将会点亮故障指示灯，警示驾驶员本次诊断测试未通过。

(3)C类和D类故障码(C类故障码——C1故障码，D类故障码——C0故障码)，C类和D类故障码用来表示与排放无关的故障。

三、科鲁兹轿车故障码组成

OBD—Ⅱ故障码由1位字母和4位数字组成，包含四部分信息。

P0 302是SAE定义的通用型故障码，表示发动机第二缸失火。代码区域为0099，不同区段的两位数代码代表不同的传感器、执行器和电路，如图7-2-3所示。

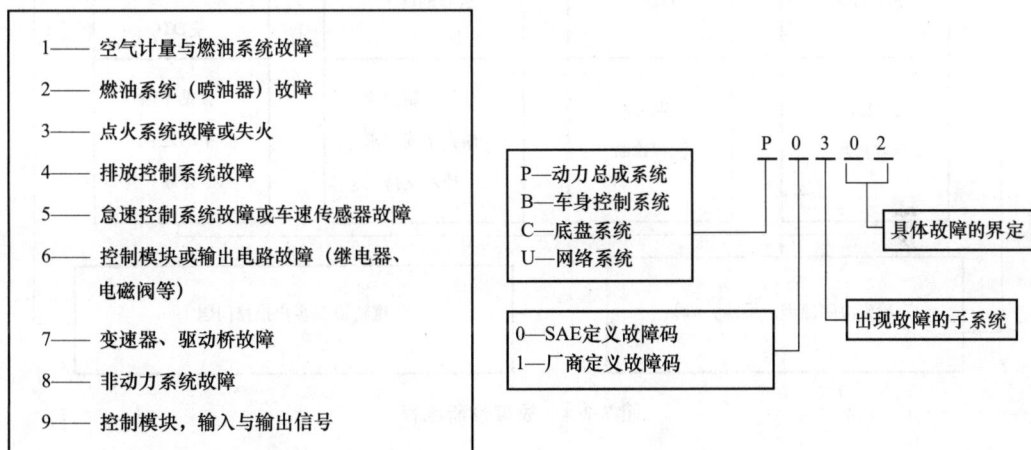

图 7-2-3　故障码的组成

四、科鲁兹轿车的维修策略

基于策略的诊断提供了针对诊断每一个故障时的诊断指导，在维修时使用相似的诊断思路，得到最佳的效果，如图7-2-4所示。

1. 理解并确实客户报修

本步骤需要尽可能多了解客户报修的问题：车辆上是否加装了售后附件？何时出现该状况？何处出现该状况？该状况持续了多长时间？该状况多久发生一次？

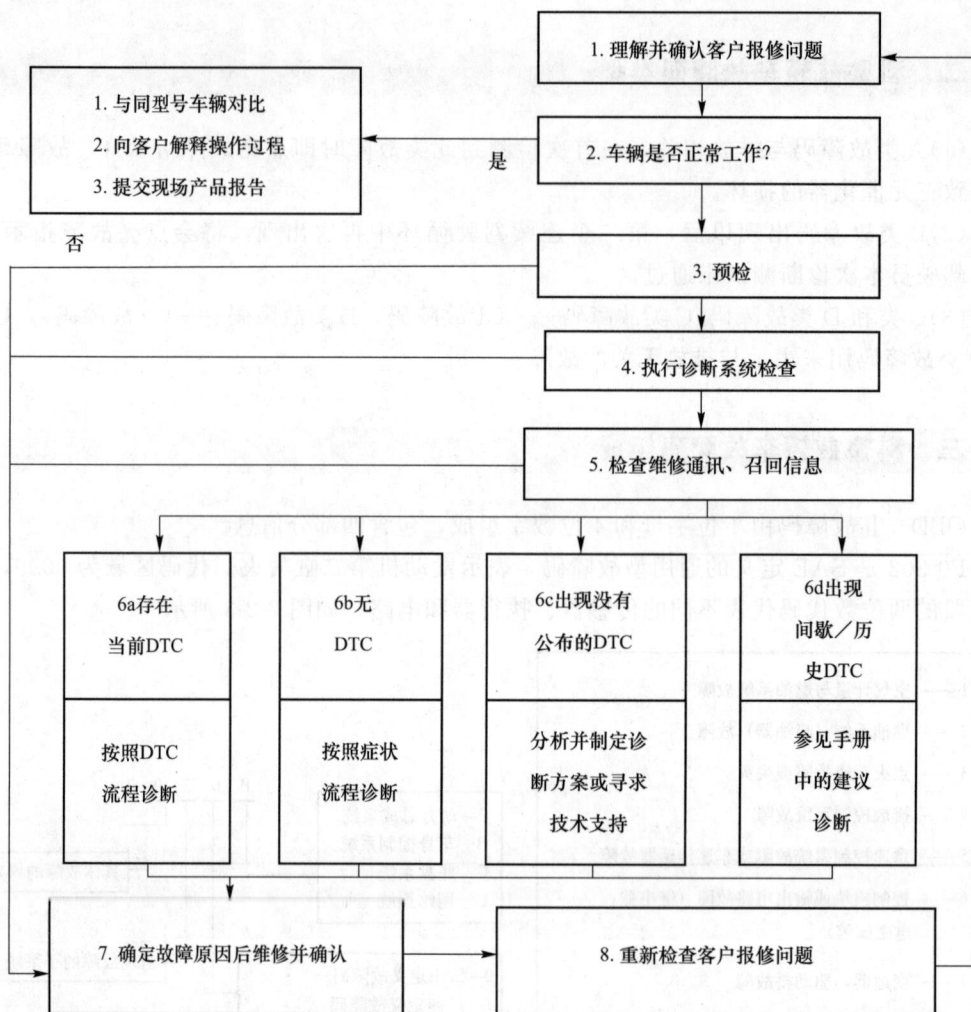

图 7-2-4　故障诊断流程

2. 车辆是否正常工作

客户描述的情况可能属于正常情况。与操作正常的类似车辆进行比较向客户解释发现的结果和系统操作情况，提交一份现场产品报告。

3. 预检

全面的目视检查，查看维修历史记录，检测是否有异声或异味，采集诊断故障代码。

4. 执行诊断系统检查

根据维修手册"诊断系统检查"步骤确认系统工作是否正常。

5. 检查维修通讯、召回信息

查阅相关的维修通讯、召回信息。

6. 根据故障代码进行诊断

(1)6a 存在当前 DTC——参考维修手册中相应 DTC 的诊断流程进行诊断，并进行有效的修理。

(2)6b—无 DTC——参考维修手册中合适的症状诊断流程，按照诊断步骤或建议完成修理。

(3)6c—出现没有公布的 DTC——利用维修手册中的线路图、系统说明和操作以及系统电路说明，分析报修问题，制订诊断方案。

(4)6d—出现间歇/历史 DTC——间歇性故障是由电气连接器和线束故障、部件故障、电磁或无线电频率干扰、行驶状况或售后加装设备导致的。

7. 确定故障原因后维修并确认

确定故障原因后维修并确认——找到根本原因后，通过执行操作"诊断修理效果检验"，进行修理并检验操作否正确。

8. 重新检查客户报修问题

重新检查客户报修问题——未能找到问题所在，则应重新检查，重新确认问题。

▶ 任务实施

五、如何利用诊断仪检测故障

使用专用诊断仪 TECH—2 检测

TECH—2 诊断检测仪由液晶显示屏、四个"软键"、标准键盘、车辆通信接口模块和 RS—232 通信端口组成，通过更换不同的插接卡片可以测试不同的车型，如图 7-2-5 所示。

1. 准备工作。

(1)将车辆停放至举升机中央位置，拉起驻车制动器、挂 P 挡(或空挡)，安装防护五件套。

2. 连接诊断仪并读取故障码。

(1)接通电源，仪器进入自检状态，屏幕进行"SYSTEM INI-TIANLIZING(系统初始化)"约 4 s；当仪器发出一声蜂鸣提示音后，屏幕将会显示仪器的版本信息。

(2)按回车键进入主菜单，通过上下光标键选 F0 功能，按回车键确认。

图 7-2-5　专用诊断仪 TECH—2

(3)进入车辆规格选项，通过移动光标键选择年款，按回车键，进入车辆系统，选择合适类型，再按回车键进入系统选择菜单，选择"F0—发动机动力"并回车，选择对应的发动机型号。

(4)选择 F0—故障代码(DTC)，按回车键，进入诊断代码功能。选择"F0—DTC 信息"并回车，仪器显示故障代码并读取故障代码。

(5)返回，选择 F1，按回车键确定，进入故障查询界面，此时可通过故障代码的输入，查询所指代的故障，并提供有关帮助信息。

3. 清除故障码。

(1)返回，选择 F2，按回车键确定，屏幕提示：真的要清除吗？（Y/N），按 Y 键清除。

4. 再次读取故障码。

(1)选择 F0－故障代码(DTC)，按回车键，进入诊断代码功能。选择"F0－DTC 信息"并回车，仪器显示故障代码并读取故障代码。

5. 现场整理。

(1)收回防护五件套，关闭发动机舱盖，锁好车门。

(2)清洁地面、将工具清洁并归回原位。

任务小结

1. 在维护过程中电控故障检查层次主要是电控系统的外观和常规检查、使用检测设备检测电控系统和利用工作原理和电路图解析电控系统故障。

2. 维修人员通过故障诊断仪可以将故障代码从发动机电脑中读出，能迅速准确地确定故障的性质和部位，提升故障诊断的效率。

3.OBD－Ⅱ故障码由 1 位字母和 4 位数字组成，包含四部分信息。

思考与练习

一、判断题

1. 诊断仪关机前应先退出系统(进入初始界面)，诊断仪关机后方可关闭点火开关、拆除连接线束。　　　　　　　　　　　　　　　　　　　　　　　　　　　　　　　　（　　）

2. 故障代码所反应的是某个器件的状态，而不是某个系统的状态。　　　　（　　）

3. 在根据故障代码进行故障诊断时，维修技术人员一定要考虑该元件所处的工作环境。　　　　　　　　　　　　　　　　　　　　　　　　　　　　　　　　　　　　（　　）

4. OBD－Ⅱ是第二代随车自诊断系统，它的主要特征是接口有 16 脚。　（　　）

5. 为了防止外界电磁干扰和数据传输时对外辐射，CAN－BUS 数据总线采用双绞线连接方式。　　　　　　　　　　　　　　　　　　　　　　　　　　　　　　　　　　（　　）

6. 未进行保养初始化操作，不影响汽车的正常工作。　　　　　　　　　　（　　）

7. 不同厂家生产的汽车所有故障代码的含义完全一样。　　　　　　　　　（　　）

8. 随着汽车电子技术的发展，车载故障自诊断系统可以诊断出汽车中各种类型的故障。　　　　　　　　　　　　　　　　　　　　　　　　　　　　　　　　　　　　（　　）

二、单选题

1. 在 OBD 系统中给出的 P0 300 故障代码的含义是"检测到发动机不规则缺火"。其中的"火"是指（　　）。

    A. 点火　　　　　　　B. 燃烧　　　　　　　C. 喷油　　　　　　　D. 蓄电池

2. 在汽车遭受碰撞使气囊引爆后，ECU 引爆状态的故障代码一般不能直接清除，因此在气囊引爆后必须（　　　）。

    A. 更换碰撞传感器   B. 更换 SRS ECU

    C. 更换转向盘   D. 更换点火开关

3. 车载故障自诊断系统的英文简称是（　　　）。

    A. DT   C. BOBD   C. CAN－BUS   D. ABS

4. 行车电子稳定程序英文缩写为（　　　）。

    A. CVT   B. ABS   C. ESP   D. VVT

参 考 文 献

[1] 卜显平．汽车修理工[M]．2版．北京：中国劳动社会保障出版社，2011.

[2] 冯汉喜．汽车维护[M]．北京：人民交通出版社，2012.

[3] 朱军．汽车维护[M]．北京：人民交通出版社，2011.

[4] 李春生．汽车使用与维护[M]．北京：人民交通出版社，2017.